語りと教育の近代史

児童文化の歴史から
現代の教育を問い直す

松山鮎子

大学教育出版

語りと教育の近代史

―児童文化の歴史から現代の教育を問い直す―

目次

序章　「語りと教育の近代史」を始めるにあたって

第1節　本書の見取り図

（1）「語り」との出会い

筆者が、本書のテーマである「語り」に関心を持ち始めたのは、大学生のときである。きっかけは、学部生のときから数年間携わった子ども支援のボランティア活動だった。筆者は、さまざまな事情で学校に通うことが難しくなってしまった子どもたちへ個別支援を行う民間団体に学生スタッフとして関わってきた。その施設に通っていた子どもたちの多くは、知的障碍や発達障碍などの特性をもっており、中には、公的支援とつながらず行き場を失っていたところ、ようやくここにたどり着いたという子どもや家族もいた。

たとえば、最初に出会ったA君（小学4年生の男児）の例を挙げる。A君は、言語の発達にやや遅れがあったことに加え、集団行動も苦手な子で、そのために学級に馴染めず不登校となっていた。また、不登校となってから通いだしたフリースクールでは、A君が職員の手に負えないほど暴れたために受け入れを拒否されてしまった。保護者によれば、そこから支援先を転々とするが、A君が安心して居られるところをなかなか見つけることができず、この施設に来てようやく落ち着いたとのことだった。筆者がA君に初めて会ったのは、そうした経緯で彼が施設に来るようになってから、1、2年ほど過ぎた頃であったと思う。

A君に対する支援プログラムは、遊びが中心だった。週に1回1時間、スタッフ2、3名と自由に過ごし、その時間内のどこかで5分から10分ほど「お話の時間」があり、スタッフの語る昔話や創作物語などのお話を聴くというのが、彼のプログラムのルーティンである。特にA君が好んだのは、チェロやハープなどの楽器の旋律にのせて語られるお話を聴くことだった。筆者にとって、このときの彼の姿がとりわけ印象深い。A君はお話が始まると、まるで体全体で音を感じ取っているかのようにその場にじっとうずくまり、ストーリーに聴き入るのである。筆者のA君に対する第一印象は、その様子から、穏やかで感性の豊かな、集中力のある子というものだった。だからこそ、来所に至った背景をスタッフや保護者から聞かされたときは、筆者の知る姿とのギャップに驚き、その話がにわかに信じられなかったことを覚えている。

A君の他にも、「お話の時間」に子どもたちの意外な一面にふれる機会は多かった。たとえば、知的障碍のある小学生のB君は、スタッフが語るお話を聴いた後、今度はそれを自分なりのストーリーに仕立て、喜々として演じてみせてくれた。また、対人関係に困難を抱えるアスペルガー症候群の高校生のC君の場合は、お話を聴くだけでなく、その子自身がスタッフに創作物語を語ってくれることもあった。

子どもたちの様子で最も興味深かったのは、普段は人とのコミュニケーションが苦手とされる子ほど、「お話の時間」にスタッフとの言葉のやり取りを自由に楽しんでいるように見えたことだった。その様子は、筆者自身が小学校から大学まで、学校と名のつく場所で経験してきた言語コミュニケーションのいずれとも異なるように思えた。「お話の時間」と学校の授業における言語コミュニケーションは、どちらも教師（「お話の時間」の場合、厳密には教師に準ずる立場のスタッフ）から子どもへ語り聞かせる、一方向の関係で成り立っている。このように同じ形式をもつにもかかわらず、「お話の時間」において子どもたちはスタッフの言葉を受け止め、それをコミュニケーションとして自由に楽しむことができていたように感じた。一方、学校の授業場面では、筆者自身の経験に照らしても、そのような子どもの姿を見られることはほとんどないといえる。では、お話の語り聞かせは、教師と子どもとの間で行われる学校現場のコミュニケーションと何が違うのだろうか。この疑問が、「語り」における教育者と子どもの関係に、筆者が関心をもつきっかけとなった。

（2）教育的営為としての語る行為

お話とは何か、と問われて、まず多くの人が思い浮かべるのは、夜寝る前に母親が子どもに物語を話して聴かせる場面だろう。人によっては、そのときの布団のぬくもりと母親の優しい声のひびき、そうしたものが子どもの頃の幸福な時間として、物語の内容とともに思い出されるかもしれない。こうした私的なお話の語り聞かせは、図書館における子どもへの絵本の読み聞かせの普及や、自治体のブックスタート事業[1]の広がりにともない、１９６０年代以降に行政政策として領域化され、その「おはなし」の光景もごく自然なものとなりつつある。この「おはなし」の主な対象者は、子どもたちである。

語る行為そのものに着目すると、日本は「話芸の国」といえるほど長い時間をかけて豊かな語りの文化を育んできており、その源流は、稗田阿礼らにより口承で『古事記』が編纂された時代にまでさかのぼることができる。特に鎌倉時代以降になると、琵琶法師の弾き語る「平曲」のように、もともとの琵琶楽のもつ宗教性を脱し、音楽にのせた物語を人々が楽しむ「語りもの」が出現した。また、本来話し相手の機嫌をとったり慰めたりすることを意味した「お伽話」は、戦国時代から江戸時代にかけて、将軍や大名に仕えた御伽衆《おとぎしゅう》のまとめた昔話や、彼らが講釈した話の形式で人々の間に広まった。そして、こうした語りのジャンルが、後に、講談や落語、漫談、浄瑠璃、能狂言、歌舞伎など、現代人にもなじみのある芸能へと発展していったのである。さらに、娯楽としての語りのみならず、農山漁村においては昔話の語りが暮らしの中で日常的な言語行為の一つとして行われていたことから、日本では貴賤都鄙を問わず、豊かな語りの文化が蓄積されてきたといえる。

　このような語る行為が、子どもを対象にして、いわゆる教育的営為として立ち上がってきたのは、日本の近代国家の形成期、つまり明治以降の近代化の過程において、学校制度が整備されてからのことであった。この教育的営為としての語る行為が、草創期の児童文化運動において確立された、「口演《こうえん》童話」と呼ばれる営みである。

　口演童話は、明治半ば頃に誕生、普及した、「おはなし」とは異なる形式を備えた子どもへの語り聞かせの呼称である。「おはなし」が、少人数の子どもを対象として、親しい関係において大人から子どもへ語りかける形式を基本としており、また、その主な語り手が女性であるのに対して、口演童話は、誕生当初、語り手の大半がプロの口演童話家の男性であり、対象は大人数の子ども集団であった。また、たとえば現在のおはなし会で、語り手が椅子などに座り、少人数の子どもたちに向けて語るスタイルとは違い、口演童話家は、壇上に立って何百人という子どもたちを前に語りを行った。そのため、会場として使用される施設は、小学校の講堂や劇場など大勢を収容できる場所であることが多かった。つまり、口演童話と「おはなし」は、同じように子どもを対象としつつも、教育的な意図の違いによって、語り手の属性や規模、語りの技法などさまざまな面で異なっていたのである。

　この口演童話が明治期に初めて登場し、「おはなし」に比べ活動の規模は小さいながらも今日まで存続している点に注目すると、旧来の語る行為から口演童話が誕生したとき、そこには当時の時代状況や人々の意識の在り方に何らかの変化があり、それが時代の変遷とともに変容し、現在まで引き継がれ、その過程で「おはなし」が語る行為から枝分かれして、今日に至っていると考えられるのではないだろうか。

（3）　学校教育の誕生と口演童話

『図書館情報学用語辞典』（第4版、2013）を繙くと、「おはなし」は「ストーリーテリング」とも呼ばれ、「語り手が物語を覚えて、聞き手に語ること」と説明されている[2]。物語を覚えて語るという行為、いわゆる「語り」には、文字に書かれた物語を暗記して語る場合と、口承の物語を記憶して語る場合とがある。「おはなし」の語り手は、両者のうち、文字に書かれた物語を覚えて語ることの方が多い。そのためここでは、前者の意味で、「おはなし」を書かれた物語を覚えて他者に語るという行為・実践までをも包含する概念として使用することとしたい。

この「おはなし」と同様に、口演童話は書き言葉を基本として、子どもたちに語りかける「語り」という形式をとる。だが一方で、既述のとおり、両者の間には空間や子どもとの関係の在り方に大きな隔たりがある。たとえるなら、口演童話の形式は、学校の授業で教師と生徒の間で交わされるコミュニケーションに、「おはなし」は親子の間の親密な空間で行われるコミュニケーションの形式に近いものである。つまり、口演童話は講義または授業に、「おはなし」はいわゆる「語り聞かせ」に近いといえる。口演童話のこうした特徴が示すのは、それが書き言葉が主流となり、国家の要請として学校教育が制度化されることとなった近代社会の成立と密接にかかわりつつ、発展した営みだったということである。

ところで、学校教育の制度化には、18世紀後半、イギリスで展開した産業革命により、資本主義的生産様式が本格的に確立したことが密接にかかわっている。社会学者の木村元は、次のように述べている。

> 産業革命は、技術革新に伴う生産技術の発達とそれに伴う産業・経済・社会の大変革であり、近代学校の原形はこのなかで形づくられた。産業革命の進展を担うことを求められた近代学校においては、もっぱら学ぶことによってなされてきたこれまでの文化伝達とは違った、明確な意図をもって工場生産に必要な知識を教えることによる文化伝達が課題とされ、「教える」ことだけのための特別な時空間での文化伝達が組織化されることになった[3]。

木村の論を整理すると、近代社会における学校は、産業の革新によって社会の発展を目指すという、いわば実利的（功利的）な価値の実現を志向し、そのために必要な個人の能力開発を合理的に行うため、日常生活の文脈から切り離された特有の時空間として設計されたといえる。

また、そのような特徴をもつ学校教育を「立身出世の制度化」と評したのは、同じく社会学者の桜井哲夫である[4]。桜井は、木村のいう資本主義的生産様式の確立とともに実現した市場経済（資本制経済）とは、「人も自然も物もすべて、商品、貨幣、資本という経済様式のなかに組みこまれ、同質化されてしまうシステム」にほかならず、ここに見られる「平等化（均質化）」が、近代社会を貫く論理であると指摘する[5]。そして、この平等化（均質化）の論理が、学校教育においては、対等な個人が対等の条件で同じ土俵の上で競い合う、すなわち、貧富貴賤を問わない競争の論理に組み替えられ、さらに、競争の結果、誰でも能力があれば社会的に上昇し、新たな役割を獲得できるという立身出世の価値を生み出したのである。桜井によれば、とりわけ日本では、1872年に「学制」の公布とともに布告された「学事奨励ニ関スル被仰出書（学制序文）」の中に、「人能ク其才ノアル所ニ応シ勉励シテ之ニ従事シ、而シテ後初テ生ヲ治メ産ヲ興シ業ヲ昌ニスルヲ得ヘシ、サレハ学問ハ身を立ルノ財本共云ヘキ者ニシテ人タルモノ誰カ学ハスシテ可ナランヤ」とあるように、学問をすることが立身出世につながるという考えが、明治以降の社会の基本的信念となったという[6]。

これらのことを考え合わせると、近代社会における学校教育は、社会的な資源を量的に拡大させることによる国家の発展と、個人の能力の開発とそれによる高い地位の獲得がもたらす民衆（国民）の生活の向上、言い換えれば、国家の繁栄と個人の生活上の利益の獲得の両方を同時に実現する手段であったといえる。また、その意味で学校教育は、「江戸時代においては、個人の欲とは抑えられるべきものであり、倹約や忍耐といった価値観が美徳とされ、分をわきまえた生き方が『善い』とされてきた」のに対して、「『欲』の肯定とその充足が、結果として経済活動を活発化し、富国の目標が達成できるとする」、いわゆる功利主義思想に支えられた制度であったと考えられる[7]。

こうした特徴をもつ学校教育には、江戸時代以前の階層別に固定化されていた教育および職業選択の在り方を、平等かつ自由なものへと変化させた一面があると思われる。ただその反面、立身出世の制度化ともいうべき学校教育の出現は、その当然の成り行きとして、勉学の手段化を促進したとも評されている[8]。

また、既述のとおり、学校教育における競争は、出自や個性などを問わない平等性と均質性を前提としているがゆえに、その優劣を決める際には、たとえば試験の点数などに基づく数量的差異化が行われることになる。こうした定量的評価の導入は、子どもの能力を合理的に比較する基準を教師らに与えた一方で、教育を試験に対する準備としか見なせないような状況をつくり出し、さらに試験の技術が一般化していくにつれ、青少年の自殺者の増加など社会病理の発生の一因となったといわれる[9]。それに加えて、桜井は、たとえば1880年代に「無償・義務・非宗教」の公教育制度が実現したフランスにおいて、学校に適応できない子どもたちが、「情緒不安定児童」「知恵遅れ児童」「精神薄弱児童」と名付けられ、その処遇が問題化したように、教育の義務化にともなって、学校を支配する「余計なもの、秩序をみだすものを排除する規範」が、新たな社会階層化の原理を生み出したとも指摘している[10]。

他方、哲学者の池谷壽夫は、近代以前の生産拠点と生活拠点が一体化していたところでおりなされていた共同体での、生産を介した教育を含めた多様な人間関係が、近代以降、生産拠点と生活拠点の分離（職住分離）がなされたことで切り崩され、その結果、近代家族という新たな人間関係を共同体から「自立」させたと述べたうえで、この変化は、近代以前の教育的関係が、生産から切り離された学校での直接的な「教師―生徒」関係と、それを補完する家庭での「親―子」（より厳密には「母―子」）関係という二つの「教育」的な関係に狭められたこと、すなわち、従来の共同体におけるタテ・ヨコ・ナナメの人間関係が、「子どものため」のタテの「教育」関係に狭隘化されたことに対応していると指摘する[11]。

このように、学校教育によって、誰もが知識を得ることで新たな地位を獲得できる道が拓かれた反面、それは新たな画一性の規範を生み、またその中での競争を組織し、学業達成度によって子どもを序列化するという一元的な評価体系をつくり出したといえる。その意味で、学校教育はきわめて平等でありながら、同時に、抑圧性や差別性を有した制度であったと考えられる。

ここまで述べてきたことをふまえると、既述のような筆者が経験した子どもたちの姿、すなわち、「障碍をもった子ども」として学校からも社会的にも排除された子どもたちが、いわば学校という社会的な制度から解放された場所において見せるお話への態度には、その場のお話が、授業における教師と生徒間のコミュニケーションではなく、親子の間の親密な空間で行われるコミュニケーションの形式、すなわち「おはなし」に近いものであること、また、そこに「おはなし」という「語り」のもつ豊かな性質が示されているといえないだろうか。言い換えれば、それは学校という制度をもつ社会、すなわち近代産業社会が、「語り」という、古くから人々の生活や感情に根ざし営まれてきた行為そのもの、またそこにある、人々の心と身体を揺さぶり、時に変化させるような豊饒さを、「教師―子ども」という、ある種の制度化された関係へと変じてしまったことを、筆者がふれた子どもたち自身が指し示しているとはいえないだろうか。

(4) 口演童話に見られる二つの論理

学校に不適応であり、いわば社会から排除された子どもたちは、功利主義にはなじまない存在として、社会的には分類されている。その子たちが見せるお話への態度こそ、「語り」本来のもつ豊かさを示し、同時に、現代社会のもつ功利主義の抑圧性を告発していると考えられる。つまり、今日の学校現場における教師と子どもの間の言語コミュニケーションが、いかに「語り」からかけ離れ、評価を基本的性格とする抑圧に満ちたものとなってしまっているのか、さらに学校をもつ社会そのものが評価に適応的ではない存在をいかに抑圧し、排除しているかということが明らかになってくるのである。

そして、このような社会の抑圧性は、近代社会の形成過程に随伴したものであった。繰り返しになるが、「語り」の在り方が大きく変化したのは、文字に書かれた物語を大勢の子どもたちに語る口演童話が誕生、発展した明治期以降のことである。ここに見られる文字と語りの一体化、それは社会の規範化と抑圧性の強まり、すなわち功利主義による教育の国家的な再編成を促すものだった。その意味で、口演童話は学校化の一つの手法であったと考えられる。

しかし同時に、口演童話には、変動する時代状況の中で生じた新たな「社会」の課題が、社会の「弱い環」である子どもたちへのしわ寄せとなって表れていることに対し、その状況を改善するための文化・教育実践として発展した側面もある。児童文化運動の草創期は、明治維新により幕藩体制が崩壊し、庶民を包摂していた藩単位のセーフティネットが失われたことで、都市・農村部を問わず「貧困」が社会問題として浮上してきた時期にあたる。この時期、慈善事業や社会事業に取り組む民間の人々が増えていっただけでなく、教育界においても新たな教育方法が模索されるようになった。そしてその運動が、画一性よりも、子どもそれぞれの興味・関心に根差した教育方法の創造を目指す、大正自由教育として花開いていった。口演童話は、まさにこの時代の教育界の動きに呼応して、従来の大衆的な語り口から、教育者と子どもとの間の一対一の関係を基礎にした語り口へとその特徴を変化させていったのである。

ここには、口演童話が近代学校教育の確立期に随伴して成立し、社会統合に向けた子どもたちへの教育手段として実践された反面で、子どもの個性を尊重しつつ、その伸長を促す営みとしての性格をもっていたことが示されている。言い換えれば、そこに、口演童話が社会統合と個性の伸長を二つながらに実現するという、一見相反するかのような時代の要請を引き受けることができた実践の論理をもっていたことが見て取れると思われるのである。そして、こうした相反する時代の要請を引き受けようとした口演童話の在り方は、それが学校に随伴してきたことをふまえると、むしろ学校の授業における言語教育が功利主義的でありながら、その実、子どもたちの日常生活において個性の伸長へとつながる、いわば言語の多義性を発現させる可能性をもっていたことを示すとも考えられるのではないだろうか。

（5）「語り」と教育のかかわりが紡ぎ出す「近代」

本書では、これまでに述べたような口演童話の実践の在り方、あるいはその話材となった童話が、社会の転換期にどのような変容を来し、またそれがどのような役割を果たしてきたのかということに着目する。そしてそれを、「語り」本来のもつ双方向性という性質をふまえて、子どもと教育者との関係の視座から解明し、さらにそれを通して、従来は功利主義的であり、上下の管理・抑圧という二項対立的な関係でとらえられていた近代の学校における教育者と子どもの関係について、その豊かな可能性の一端を明らかにすることが、本書全体の目的である。

またそれゆえ、本書は、今日の「おはなし」を「語り」の文化・歴史の延長線上でとらえようとする、従来の見解を否定することにはならない。むしろ、子どもと教育者の関係という視点から口演童話の性質を問うことには、それが帯びている近代社会の規範性や効率性を指摘するだけでなく、「語り」が時代を越えて双方向性をもつものとして構造化された行為であること、つまり「おはなし」と通底する性格をもったものでもあることをあらためて確認する意味がある。本書が主眼とするのは、「語り」の歴史を貫くそのような特徴をふまえ、口演童話の全体像を解明することによって、教師と生徒、あるいは大人と子どもという二項対立的な「近代」の見方を克服し、当時の教育活動が、より複雑で豊かな人々の結びつきによって展開されていた点を示すことである。

そしてさらに、本書は右記のような課題意識をもって口演童話をとらえ返し、そこから「語り」の新たな可能性を見いだすことで、現代の教育における言語コミュニケーションの在り方を問い直すための契機を得たいと考えている。この点について先に結論を述べると、「語り」の今日的意義は、その場に、言語の有する自由で相互的（インタラクティブ）で、しかも偶発性に満ちた性質が表れているということである。

これらをまとめると、本書が目指すのは、口演童話という近代社会に特有な語り聞かせの形式と実践を取り上げ、その変容と役割、論理を検討することを通して、「語り」と教育の豊かな関係を解明し、さらにそれによって、学校をもつ社会とは何であったのかをとらえること、つまり、「語り」と教育のかかわりが紡ぎ出す「近代」とはどのような社会であったのかを再検討することである。

このような本書の大まかな見取り図をふまえ、次節において、口演童話とは何であり、歴史的にどう位置づけられてきたのかを概観したうえで、第3節で口演童話にかかわる言説を検討しつつ、本研究の課題の詳細を述べたい。

第2節　口演童話の歴史的な位置づけ

（1）草創期の口演童話

口演童話の創始者とされる人物は、児童文学者である巌谷小波《いわやさざなみ》と久留島武彦《くるしまたけひこ》、幼児教育家の岸辺福雄《きしべふくお》の3名である。この3名は後年「童話界の三大家」と評されるが、その関係は同列ではなく、彼らのうち久留島、岸辺は巌谷の口演の影響を受けていたといわれる[12]。また、彼らの語り口も三者三様であった。たとえば、自分自身も口演童話家であった内山憲尚は、巌谷の口演童話には「技巧がなく、淡白で料理でいえば江戸前」、久留島は「しっかりした音声で」、「ゼスチャーを大きく加えて感動を与えねば置かない」、「厚いビフテキといった西洋料理」[13]、岸辺は、「一人一人の子どもによりそって、ささやくように話した」と表現している[14]。

このように、語り口の面でそれぞれ異なる特徴のあった彼らの口演童話について、その思想や方法の相違点を明らかにした児童文学者の上地ちづ子は、3名の最も顕著な共通点として、口演童話を始める以前から、それぞれ話すことに関心を寄せていた点を指摘している[15]。具体的には、巌谷は学生時代および、尾崎紅葉らの設立した文学結社「硯友社」に所属していた時代から、文学作品の創作を通して「新しい話術」を模索していた。また、久留島は、学生時代からキリスト教の日曜学校を運営し、街頭での伝道活動に勤しむ中で、自らの話法の基礎をつくり、岸辺は、若い頃から創作的な「足柄山の金太郎」を幼児に話して聞かせていたという。ここから考えられるのは、同じく話すことに関心をもちながら、実際の語り口において違いが見られる3名の口演童話は、その「近代性」にも異なる点があるということである。つまり、巌谷の口演童話の語り口は、落語や講談をモデルとしたもので、そこには、硯友社の特徴であった江戸時代の文学との折衷的な創作の特徴が見られる。また、久留島においては、そこに西洋の雄弁術の影響が見られ、岸辺においては自らの幼稚園での園児とのやり取りから、その語り口が生まれたものと思われるのである。

草創期の口演童話の内容面の特徴に関しては、それが、徳目主義、あるいは教訓的な説話を教師から子どもへ一方通行で与えるような「教育」的性格をもつものだったと評価されている[16]。また、国内での活動に加え、巌谷や久留島は、大正期に入ると植民地であった朝鮮と満州にも遠征し、現地の子ども向けの口演童話会を積極的に開催してきたことも明らかとなっている[17]。この取り組みは、朝鮮における児童文学の誕生を促した側面がある一方、文化統治の高度な技術として用いられたと指摘されている[18]。このように、口演童話の創始者らによる活動は、先行研究においては総じて、「近代」的な教育を一方的に与えるようなものととらえられてきた。

（2） 学校教育における口演童話の誕生

次に、大正期の口演童話は、その題材の内容から三つの形態に分類することができる[19]。その第一は、初期の口演童話家の語る「お伽話」、第二は、仏教やキリスト教の宗教者が語ったお話、第三は、教師の語る「教室童話」である。これらのうち、教室童話は、師範学校の卒業生や在学生らを中心に始まったとされる。具体的には、1915年、東京高等師範学校に、師範学校では初となる口演童話の実践および研究の組織である「大塚講話会」が設立された。この大塚講話会は、校外で大人数向けの語り聞かせを盛んに行い、それが後に、多くの師範学校に童話研究会が組織されるきっかけとなった[20]。また、大塚講話会の設立者の一人である下井春吉の「お伽話論」を扱った有働玲子の研究によれば、下井は「お伽話」を「児童相手に聞かせる噺」に限るのではなく、「地理や歴史の博物等の学術講話・道徳講話・衛生講話・絵ばなし、幻燈……なんでもよい」、いわば「通俗講話」であるとして、広い領域をその内容ととらえていた[21]。

大塚講話会の実践した口演童話の内容面については、児童文学者の滑川道夫が、「当時全国に乱立した○○子ども会、童話会、童話と童謡の会・お伽会などと異なり、講話の名が示すように口演童話を主体にした教育性が堅持されていた」と指摘している[22]。さらに、明治期の巌谷小波らによる口演童話が、「つねに一方通行で、倫理道徳をやさしく説き聞かそうとする目的」の「徳目主義の加味された教訓的説話」であるのに対して[23]、先述の有働は、それが児童心理などの研究成果に裏づけられ実施されていたという意味で、今日の「おはなし」に通じるものだったと述べている。

一方、大塚講話会に影響を受けて1917年に生まれたのが、青山師範学校における「青山講話会」である。その実践を調査した浅岡靖央によると、大塚講話会は、講堂で開かれる子ども会などを活動の場としていたため、日常的に直接児童と接する機会をもつことがなかった。これに対して、当初は大塚講話会と同様に講堂等で行われていた「青山講話会」の活動は、小学校教員らによって、本来の意味の「教室」内で行われるようになった。浅岡はそうした変化の理由の一つとして、交通費や参加費などのかかる子ども会に参加できるのが、当時は一部の富裕な家庭の子どもに限られていたという点を挙げている。つまり、「あらゆる子どもにとって口演童話が有意義」としながら、現実にそれを享受できたのは、限られた子どものみだった。そこで、「一人でも多くの児童に公平に童話を与える」ために担任が受け持ちの児童に童話を語り聞かせる動きが生まれ、これが、小学校教員らによる口演童話活動という新たな局面を切り拓いたのである[24]。

このように、学校教育における口演童話の誕生には、師範学校において口演童話を研究し、そこで学んだことを生かし現場の教育活動を行った教師らの果たした役割が大きかった。既述のとおり草創期の口演童話は、徳目主義、あるいは教訓的な説話を教師から子どもへ、一方通行で与えるような「教育」的性格をもつものだったと今日では評価されている。それに対して、大正期の口演童話は、科学的な知見に基づいた「教育」といえる内容であったとされる。つまり、この時期の口演童話は学校教育と接近していく中で、その方法や内容が、いわゆる国語教育に近いものに変わっていったと考えられる[25]。

（3） 口演童話のもう一つの側面―児童文化運動の前史としての性格―

大正期、学校に広がった口演童話は、既述のとおり「一人でも多くの児童に公平に童話を与える」という、福祉的な性格を帯びていた。実はこうした特徴は、草創期の口演童話にも当てはまるものである。たとえば、神戸の関西学院で教会の日曜学校の主任を務めたことのある久留島武彦は、自身にとって初となる口演童話会を「お伽倶楽部」と名づけ、メソジスト教会で開催している。

また、名古屋とその周辺地域で行われた口演童話を調査した磯部孝子によれば、明治末期にキリスト教の影響を受けて開始された仏教界の日曜学校でも、口演童話が頻繁に行われていたという[26]。これらの宗教界で広まった口演童話は、日露戦争後、都市部・農村部の「貧困」が社会問題となり、児童の福祉を目的に日曜学校の活動がいっそう発展したことで、大正期から昭和期にかけて最盛期を迎えることとなった。このように社会事業的な一面をもつ口演童話は、現在の子ども会の原型であると評価され、学校外教育および児童文化運動の前史と位置づけられている[27]。ただ、それはその点で一定の価値は認められるが、「上から与えるようなかたち」であったとも指摘されている[28]。

ところで、児童文化運動の中で展開された活動は、遊びや玩具、音楽、美術、児童文学、児童劇、紙芝居、人形劇、ジャーナリズム、映画、ラジオなど多岐にわたる[29]。また、それらの総体である「児童文化」は、大正デモクラシー下で起こった教育・文化運動をきっかけに、大人たちが、子どもの学校内外の生活を教育的な目線で包括的にとらえようとしたことから生まれてきた考え方である。そして、その先駆的な活動の一つが、１９１８年に創刊された雑誌『赤い鳥』を舞台とする芸術教育運動であった。

この運動を主導したのは、文芸的に価値ある児童読み物の創作を目指した、鈴木三重吉ら若い文学者たちである。『赤い鳥』の誌面からは、新美南吉による童話「ごん狐」や、北原白秋作詞・山田耕筰作曲の童謡「からたちの花」など、現代でも子どもの頃に一度はふれたことのある作品が、当時の文学者や詩人、音楽家らの手により数多く生み出されてきた。中でも、子ども自身が身近な生活に関するまとまった文章を書いた作品、いわゆる「綴方」を雑誌に掲載したことが、子どもの創造性や主体性に価値を置く文化活動として広く教育者らの共感を呼び、昭和初期、学校教師による生活綴方教育へと発展したのだった[30]。

一方、こうした『赤い鳥』を中心とする動きを一部の特権階級の児童のためにあると批判し、社会主義思想に基づく活動を展開したのが、教育家の松永健哉らである。１９３３年、東京帝国大学の学生だった松永らは、大学内に組織したセツルメント児童部の中に「児童問題研究会」を創設し、この研究会の活動を通して、お話や紙芝居、演劇、人形芝居など、様々な子ども向けの文化活動を実施した。こうした活動の背景には、１９３０年代頃から経済状況の悪化にともない労働運動・農民運動が頻発化したことを機に、ピオニール（労農少年団）などの子どもを対象としたプロレタリア教育運動が活発化したことがあった。つまり、その当時、貧困などの社会問題に接した松永は、子どもたちにとって必要なのは『赤い鳥』に見られるような芸術的価値の高い「文化」ではなく、活動を通じて子どもの主体性や協働・連帯精神が涵養されることで、過酷な現実生活が変革され、新たな社会の創造がなされるような「文化」だと考えたのである[31]。「児童文化」という言葉そのものは、こうした松永らの考えに基づく「児童問題研究会」の実践が「校外教育」と名づけられ、理論化される過程で生み出されたものだった。

滑川は、民間の児童文化運動は、『赤い鳥』を中心とする芸術教育運動と、松永らによる「校外教育」の実践の二つの流れに分けられるが、両者とも当時の学校教育への批判に端を発しながら、実質的にはその不足を補った点で共通していると指摘する[32]。滑川の指摘をふまえると、これらの運動は、いずれも学校教育の補足として、学校外の子どもの生活環境を教育的な視座でとらえ、それを童心主義や社会主義といった各々の重視する教育的価値に基づく文化活動を通して健全化しようとしたという点で、同じ枠組みにおいて展開されたと考えられるのではないだろうか。

第3節　口演童話にかかわる言説―学校外教育としての口演童話―

（1）　校外教育における口演童話の位置づけ

既述のとおり、口演童話は、児童文化運動の前史に位置づけられているだけでなく、同じように校外教育の歴史においても、その前史であったと指摘されている[33]。校外教育の研究は、1970年代以降、「学校外教育」という用語が生まれたことで盛んになった。その画期となったのは、教育学者の小川利夫による、松永健哉の実践および理論に関する研究である。

小川は、松永が自らの実践を構想するにあたり、児童の学校外での生活や学習の状況を「校外教育問題」という枠組みでとらえ、その「校外教育」における活動が学校教育の補足ではなく、「第三の教育体系」として独自性をもつものと考えたことを高く評価した[34]。また、海老原治善は、松永による「校外教育」の実践は、大正から昭和にかけて実施された文部行政による「校外教育」の組織化の動きへ抵抗を示しながら、児童の自主性を重んじて取り組まれたものだったと指摘している[35]。両者の見解をふまえると、松永らの「校外教育」は、歴史的に学校教育との対比関係において、その補足や抵抗という位置づけで把握されてきたといえる。

また、小川の論を継承し、同じく「校外教育」に着目した畑潤も、松永の著した『校外教育十講』（1937、第一書房）は、戦前戦後を通じて最も洗練された実践および理論の一つであると述べている[36]。とりわけ、畑は、松永が児童による主体的、創造的な文化活動を、「社会科学的な認識の発達」のために有効な方法であると考え、自らの実践に組み込んだ点に、「子どもの発達の保障」を重視する、今日の学校外教育に通ずる慧眼があると評価している[37]。

このように、松永を中心とした戦前の校外教育史は、戦後、学校外教育の研究者らにより一定の評価を得ていると思われるが、一方で、松永の実際の活動の多くが、ボーイスカウトや子ども会など、青少年の集団形成と組織的な指導に力点をおいており、その意味で、そこには国家の教育政策の一環として発展した側面があったとも指摘されている[38]。たとえば、黒澤ひとみは、松永らの発刊した『児童問題研究』が児童を「社会の積極的成員」かつ、文化の創造者として認識し、児童の自主性を重視する姿勢を示しつつも、国家的な立場からその意義を述べているという点では、必ずしも体制批判を行うものではなかったと述べている[39]。

このような「校外教育」に関する研究は、いずれも学校教育に批判的な立場から、昭和期の民間教育運動における「民主的」な教育実践の在り方を評価し、その「学校外教育思想の歴史的遺産」[40]の中から、現代に継承できる価値を導きだすことに主眼が置かれていたといえる。先行研究のこうした観点をふまえると、従来の校外教育史における口演童話の位置づけをめぐる議論もやはり、ある種の価値志向性をもち、現代への継承を志向する中で展開されてきたと思われる。

これに対して、本書は、「校外教育」の前史とされた口演童話が、昭和期、学校教育と民間教育運動という対立にとらわれない枠組みで展開された点に着目したいと考える。そのような立場から、「校外教育」に関する議論の枠組みをあらためて問い直してみると、そこに自明の前提とされる「発達」のとらえ方が含まれていることに気がつく。つまり、これまでの議論は、近代学校の成立期に発展した「校外教育」の示す「発達」の在り方を、今日自明とされる「発達」の視座から評価しつつ、価値的に継承し、さらにその視点から口演童話をはじめとする過去の様々な子どもの教育・文化的営みにおける「発達」の在り方を評価し返すという、いわば閉じられた循環の中に成立してきたものと思われるのである。この閉じられた循環を抜け出た地点から、新たに口演童話の価値を検討するために、まずはそうした既存の「発達」観そのものを問い返してみる必要があるだろう。

（2） 教育における子どもの「発達」

一般的な定義によれば、「発達」とは、「①生体が発育して完全な形態に近づくこと、②進歩してよりすぐれた段階に向かうこと。規模が大きくなること、③個体が時間経過に伴ってその心的・身体的機能を変えてゆく過程。遺伝と環境とを要因として展開する」（広辞苑・第6版）ことを意味する。ここから「発達」は、「完全」で「よりすぐれた」状態へと至るという積極的価値を含む、生き物などの変化の過程を指した言葉であると理解できる。この発達に含有された価値について、それが「近代主義的な進歩観」に基づくものである点を指摘したのが、児童学者の本田和子である。本田はその点について、たとえば次のように説明している。

> 考えてみれば、「発達」といい、「適応」というのも、いずれも子どもの「異和性」に捧げられた一つの「しるし」である。何故なら、一定の成熟に到達して安定期に入った「大人」に対して、不断に変化し続けるのが「子ども」。その変化し続ける彼らのありようが、「発達」というメタファーで把えられたのだ。「発達」という概念は、おそらく近代主義的進歩観と連動したであろうから、それ自体が一つの価値を負荷された。すなわち、発達することは「よいこと」であり、「発達する存在」なるべき「子ども」が、発達しないことは困ったこととなる。そして、彼らの「発達」を促し助けることが大人の債務とされた[41]。

本田によれば、今日自明視されている「発達」は普遍的な概念ではなく、成熟に到達して安定期に入った大人が、不断に変化し続ける子どもを大人になる前段階にいる未熟な存在ととらえたことから生み出された、近代特有の概念の一つである。このような進歩的発想に基づく「発達」概念において、子どもは常に大人を基準とした尺度の中で、大人ならざるもの、未熟なものとして、かつ常に「成長」の途上にあるものとして把握されることになる。本田は、特に20世紀は、こうして子どもの異質性を「成長・発達」と特徴づけ、「科学的に究明しようと情熱を傾けた」時代であったと指摘している[42]。つまり、この時代、発達して大人になることが「よいこと」であるという一つの価値観のもと、発達のメカニズムを科学的に解明することが目指され、さらにその理論に基づいて子どもの発達を促進・援助することが大人の使命とされたのである。

そして、そうした大人の使命を具現化したのが、学校を中心として展開された教育の営みであったと考えられる。既述のとおり、民間教育運動の一つである校外教育の実践では子どもの発達を促進することが重視され、学校教育に批判的な立場から、特に彼らの主体性や自主性を尊重した文化活動が展開されたが、その一方、活動の中で集団形成や組織化のための指導が行われていたという点で、学校教育と同様に国民形成の論理に絡めとられたものだったと評価されてきた。では、ここで校外教育と対比される学校教育において、「発達」はどのように位置づけられるのだろうか。これについて、たとえば教育学者の牧野篤は、近代の学校教育制度を、「平等」と「自由」という二つの相反する価値と、それらの併存を可能にさせる社会の拡大再生産の論理との関係でとらえ、次のように説明する。

（学校教育において）すべての子どもたちは、その日常生活のもつ固有性から切断されて囲い込まれ、彼ら個人に帰責できない出自などの属性は捨象され、普遍的で権威主義的な知識の体系を受け入れることで、自らの能力を開発することと、その結果のみが重視されることとなる。しかも、各自の能力は努力によって開発され得るというのが学校を支配する科学的・経験的な知見である。いわば、平等と画一性のフィクションによって構成されている場所が学校という時空なのである。

他方、学校では、限られた社会的な資源の分配と所有をめぐる争いが起こることで社会が混乱するのを避け、かつ社会を発展させるために、民衆の国民への育成は、（論理的に無尽蔵である）知識の分配と所有による個人の内的な価値の実現として制度的には機能することとなる…（中略）…この自己実現は社会の進歩・発展と表裏の関係にあり、自己の成長・発達そして内的な価値の実現が、社会の発展と同一視され、国民の統合へと作用しているのである[43]。

牧野によれば、学校教育は、一方で普遍的で権威主義的な知識を与え、身体的な規律訓練を施すことを通じて、すべての子どもの平等かつ画一的な社会化を目指し、もう一方でそのような知識体系を受け入れることによる、子ども各々の自由な内的価値の実現を重視するものである。言い換えれば、学校教育において、画一的な社会化と自己実現の自由という一見相矛盾する二つの価値は、既存の社会の存続と、より調和のとれた社会への発展という二つの方向の目的が制度の論理に折り込まれることによって両立可能となっているのである。

さらに、ここで着目したいのは、社会が漸進的に発展していくように、子どもも教育を通じ段階的に成長・発達を遂げていくと、子どもの成長・発達を動的なプロセスとしてとらえることで、画一的な社会化（「平等」）と内的な価値の実現（「自由」）の両者の間にある矛盾が先送りされている点である。つまり、学校教育の論理において、子どもは一方で「平等」の価値、もう一方で「自由」の価値を実現するものとして、大人から二つの方向性によってとらえられるが、両者は別々に切り離され存立するのではなく、社会の絶えざる拡大再生産と表裏の関係にある「発達可能態」という子どもの存在の在り方を示す概念によって互いに結びつけられている。言い換えれば、学校教育もまた、校外教育が子どもそれぞれの自主性の発揮を重視しつつも、実質的には彼らの国民化を推し進めたと評価されたように、社会統合と新たな社会創造の双方をその論理に組み込んでいたということである。

このように、教育史上における「平等」と「自由」の対立は、子どもが現在を超えて未来へと発達する存在であるという、先送りの論理を共有すること、すなわち、社会の進歩や発展という近代産業社会の論理、いわゆる拡大再生産の論理を共有することで折衷されてきたと考えられる。そう考えると、これまでの「発達」観は、社会の拡大再生産をめぐる議論に絡め取られていたという意味で、一定の限界があったといえないだろうか。

ところで、教育学者の大江洋によれば、種々の批判はありつつも、大人から見た子どもの「未熟さ」を、「子どもの発見」という視点で最初に問題提起したのが、フィリップ・アリエス（Philippe Ariès）である。彼は、16世紀から18世紀にかけてのアンシャン・レジーム期、フランス社会における「小さい人々」の生活を、肖像画や挿絵、日記、家屋の構造などさまざまな資料を駆使して検証することで、「子ども」の観念そのものが、近代的な家族の形成にともなって出現した一種の「制度」であったことを明らかにした[44]。

アリエスによれば、この時期から大人たちは、子どもの純真さや無垢さ、精神的かつ肉体的な未熟さといった特徴が神から祝福されており、子どもは神に恩寵を与えられる、いわば「聖なるもの」と結びついた存在であると考えるようになった。また、子どもの親は、そうした「聖なる子ども」が十分に成熟していないからこそ、彼らに愛情を注ぎ、教育と保護の対象とみなし、自らにその役割を担う責任を課すようになった。そして、このような親の子どもたちへの新たな教育的配慮に後押しされ発展していったのが、世間から隔離された均質な空間において、子どもに道徳的、身体的な規律訓練をほどこす学校という場であった[45]。

アリエスの指摘から分かるのは、この時代に見いだされるようになった子どもの未熟さや無垢さといった特徴が、大人とは異なる存在であるという意味の「異文化」としての「聖性」ではなく、大人になる前の段階にある未熟なものとして解釈される「聖性」と理解されていたという点である。また、アリエスによれば、未熟さを含有する「聖性」を帯びた子どもは、小さく幼いもの、無垢なものに対する愛情に裏打ちされた親の保護と教育を通じて、成熟した大人へ成長・発達することが期待された。ここでは、先ほどの学校教育に関する議論と同様に、「聖性」と発達可能態という子どもの存在を表す二つの価値が、社会の拡大再生産の論理によって結びつけられているといえる。

柳田國男によれば、日本においてはすでに江戸期に、親が子どもに教育的なまなざしを向けていたという[46]。また、中世の絵巻物にもしばしば神仏の化身としての子どもが描かれており、子どもと「聖性」とのかかわりそのものの歴史は古いといえる。これに対して、近代産業社会の形成とかかわるアリエス的な「子ども」観は、大正期から昭和初期にかけて出現した、都市部の新中間層家庭を中心に広まったとされている。

他方、１９００年、スウェーデンの教育家であるエレン・ケイ（Ellen Key）の『児童の世紀』が発表されると、同書は欧米のみならず日本でも大きな反響を呼んだ[47]。エレン・ケイは、大人とは異なる独自の存在として子どもをとらえ、教育の役割として、彼らを社会に適応させること以上に、子どもの個性を伸ばすことで、彼らに新たな価値を生み出し社会を発展させていく力をつけさせることが重要であると主張した。今日、エレン・ケイの教育思想は、優生学と素朴な進化論によって形成されたものであったとも指摘されるが[48]、このような考え方、いわゆる児童中心主義の思想は、日本の大正期の自由主義教育運動に影響を与えたといわれている。

これらをふまえたうえで、あらためて口演童話の歴史をふり返ると、１９２０年代前後の時期、口演童話という語りの形式およびその話材となった童話は、近代産業主義社会の発展期に生じた子どもの教育問題等に対応して変化・発展しており、その意味で、それは当時の社会の変化と密接に関連しながら、校外教育の一つのジャンルを形成してきたといえる。それゆえ、口演童話を取り上げて語りの性質を検討することは、教育史においてこれまで前提とされてきた子どもの「発達」の在り方そのものを問い、その概念規定をとらえ返すことにつながると考えられる。

さらに、教育学者の宮澤康人が指摘するように、教育の歴史において「子ども」は、その存在そのものが関係概念としてとらえられるものである[49]。そのように考えれば、「子ども」と「大人」の存在は、子どもと大人がそれぞれ実体としてまずあり、両者の間に関係が結ばれているととらえるのではなく、むしろ、そのような実体論的な発想とは逆に、大人―子ども関係の中で初めて大人が成立し、子どもが成立すると想定できる。これは、冒頭で述べた筆者の経験したお話の時間の子どもたちに重なるものでもある。つまり、語りは、まさにそうした双方向の関係によって成立する場であり、そのような視点から語りの意義をあらためて問い直してみる必要があるのではないだろうか。

そして、右記のように既存社会へ適応していく規範性と、量的に拡大し、社会を変革していく拡大再生産の視座から見た、従来の「発達」観に基づいて生産性の論理で子どもをとらえるのではなく、そうした論理には組み込めない子どもの存在が、大人との双方向の関係の中で立ち現れてくることに価値を見いだし、その意味を考えることの中に、今日の教育への重要な示唆があると思われる。そのような問題意識から、本研究は、社会の転換期における口演童話の実践の論理を明らかにすることを、本研究の第一の目的とする。

第4節　口演童話をとらえることで見えるもの ― 研究の課題と仮説 ―

ここまでの議論に基づいて、本研究では次の課題を設定する。

第一は、口演童話の誕生とその展開を探究していくにあたり、基本的な視点として、そもそも「語る」行為がどのようなものなのかを問うことである。

ウォルター・J・オング（Walter J.ONG）は、言葉の媒体となるメディアを「声」と「書くこと」、それに付随する「読むこと」の技術に分類し、これらが人間の記憶や思考の様式、世界の認識の仕方に与える影響を明らかにした。また、こうしたメディアの技術が変化することによってもたらされる、人々の意識や文化の移り変わりには、「一次的な声の文化」「手書き文字の文化」「印刷文化」「二次的な声の文化」の四つの段階があると指摘した[50]。オングの理論の中で特に着目したいのが、1900年代初頭、ちょうど口演童話が最盛期を迎えるのと同時期に起こった印刷文化の勃興というメディアの革新を、彼が時代の転換点ととらえていたことである。既述のとおり、口演童話は、本などに印刷された文字の言語をあらためて声にするという手順を踏んで行われるものである。そこで、ここではそのような方法での「語り」と、一次的な声の文化としての「語り」の性質の相違点を明らかにすることを課題とする。

次に、第二の課題は、口演童話が誕生し、発展していく一連の流れを、当時の社会的な背景とともに描き出すことである。ここでは、口演童話が当時の社会状況との往還関係の中で、どのような性格の実践として生み出され、それが広まる過程でどのように変質していったのかを明らかにすることとする。

最後に、第三の課題は、口演童話が第二の課題で扱うような時代状況の中で変化を遂げ、結果的にどのようなものになったのかを明らかにすることである。これについては、口演童話の実践家がどのような子ども観や教育観、実践理論をもって活動を行ったのかを明らかにすることで検討することとしたい。

これらの三つの課題を検討することで得られる結論の仮説は、次のようなものである。

まず、第一の課題について、口演童話、あるいは現代の「おはなし」の語り聞かせの、物語を「語る」という点に着目すると、それは語り手と聞き手が場を共にして成立する言語的な相互行為と特徴づけられる。また、こうした特徴をふまえると、「語り」はコミュニケーションの単なる前提ではなく、「相互主観的な関係のなかで意味が成立する場」[51]であるととらえられ、そうだとすれば、文字化された童話が語り手の声によって聞き手に届けられる際、そこには物語の変容の可能性、ある種の余白のようなものが生じると思われる。本書では、「語り」のこのような場の力学に目を向けつつ、口演童話の内容や技法の変容の在り方を明らかにすることで、そこに現代の「おはなし」へと結びついていく特性を見いだしたいと考える。

次に第二の課題について、先行研究によれば、口演童話は、変動する社会状況を背景として、子どもたちの生活に何らかの問題が生じてきたという大人たちの認識が生まれたことをきっかけに誕生したといえる。とりわけ、初期の口演童話は、子どもたちの問題に対応しきれない当時の学校に代わって、それに批判的な立場の民間の実践家たちにより生み出されたものだった。一方、大正期以降になると、そのような民間の口演童話が学校と接近することで、その実践の内容が「教育性」を帯びたものに変わっていき、さらに、学校教育そのものを変化させていくことにつながった。このように、口演童話は学校教育へ対抗的な性格を帯びて誕生したが、その発展過程で学校教育を補完するものへと変質し、さらに、従来の学校教育とは異なる教育的要求に応える中で、学校教育そのものの変化を促した実践であったと考えられる。そこで、本書では口演童話の誕生から発展までの流れを、当時の社会状況をふまえ、学校教育との関係においてとらえることで、その実践の歴史的位置づけを明らかにすることとしたい。

最後に、第三の課題について、口演童話が隆盛した昭和初期は、児童文化運動や校外教育の実践および理論が確立された時代である。これらの新たな活動は、童心主義、あるいは社会主義思想といった特定の思想をもつ実践者たちによって展開されてきたものだった。昭和初期の口演童話を推進してきた教育者たちも、そうしたさまざまな価値観やそれに基づく実践が社会的に形成されていく過程に身をおいていたと考えると、彼らの取り組みもまた、時代の流れの中で変化し深まっていったものと想定できる。とりわけ、この時代の新たな思潮にふれることで、口演童話はその内容を、現代に通ずる「発達」観を反映したものへと、また、その語り口をいわゆる学校の授業のような形式から、現代の「おはなし」のような、子どもと大人の親密な関係に基づくものへと変化させていったと考えられる。ここでは、当時の子どもをめぐるさまざまな実践の展開と、口演童話の実践の理論および形式に着目することで、今日に続く「おはなし」との結節点を明らかにすることとしたい。

第5節　本書の構成

右記の課題と仮説を受けて、本書の構成を次のとおりとする。

第1章では、現在、ボランティア活動の一つとして行われている「おはなし」の語り聞かせについて、語り手へのインタビュー分析を基にその実践の論理を検討する。本書は口演童話をテーマに扱っているが、補足的に現代の「おはなし」を扱うことで、既述のような「語り」の歴史を貫く性質を描き出し、口演童話とは何であったのかについてとらえ返す一助としたい。第2章では、オングの言う「一次的な声の文化」である日本の「昔話」という語りの形式の性質について、語りの語源および日本における昔話の語りの「座」の性質、さらに、昔話の物語形式の三つの側面から明らかにしていく。これにより、近代以前の昔話が、語りの座の在り方、物語の形式、内容いずれにおいても共同体の秩序構造の中に埋め込まれ機能していながら、それが「語り」であるゆえに、語り手と聞き手の間で物語を変化創造させていく可能性を秘めたものであった点を示したい。

第3章では、児童文学作家で、口演童話活動の創始者の一人である巌谷小波に着目し、巌谷により「お伽噺《とぎばなし》」が生み出された経緯やその理論を明らかにすることで、初期の口演童話の性質を検討することとする。第4章では、久留島武彦と岸辺福雄の活動と理論を手がかりに、同じく初期の口演童話の特徴を明らかにする。これによって、当時の口演童話が、都市の新中間層の家庭と結びつきながら「大衆性」を強めていったのに対し、やがてそれが学校教育と結びつくことで、子ども一人ひとりに語る技法が生まれる土壌が育まれていった点を指摘したい。

第5章では、口演童話家の松美佐雄の「動的」概念に焦点を当て、運動の主な担い手である小学校教師たちの童話の学習と実践の内容について検討する。当時の口演童話は、新教育の児童観と親和的であり、また、国民国家の形成という学校教育の目標とも重なり合ったものだった。だがそれは、たとえば少年団のように規律訓練による身体の統制を重視した活動とは異なっており、教育者と子どもが上下関係ではなく、「まなざし」の交流を中心とした相互の「信頼」によって結びつくことで「動的」に展開するものであったことを、ここでは明らかにする。第6章では、社会変動期における創作童話の語り聞かせの活動に着目する。具体的には、戦後の山形県で教育・文化運動の中心的役割を担った須藤克三の教育実践を取り上げ、童話の創作やその語り聞かせが、須藤の教育思想や実践全体にどのように位置づけられるかを明らかにする。それによって、現代の「おはなし」へと連なる、教育的営みとしての「語り」の性質を検討することとしたい。

これらを通して、第7章では、あらためて本書全体を俯瞰したうえで、口演童話を通してとらえられる「語ること」の論理構造とその可能性、さらに、それが現代の教育にどのような示唆を与えるかを検討する。具体的に、口演童話における教師と子どもの相互関係は、教師が常に自らを物語と子どもという二つの対象の「間」に置きつつ、それを組み替えて、新たな「間」へと止揚し続けるプロセスであり、また、そのように両者の関係がたえず組み替えられていく場であるからこそ、そこに教えられる側の子ども自身の変化や、物語の変容の可能性があるという点を示すこととしたい。

注

1　ブックスタートは、赤ちゃんと保護者がふれ合うきっかけをつくるため、市区町村自治体が行う0歳児健診などの機会に、絵本とそれを楽しむ「体験」を届ける事業である。1992年、イギリスで"Share books with your baby!"のキャッチフレーズとともに始められた取り組みがその原型である。現在、世界ではドイツ、ベルギー、韓国、タイ、コロンビアなどでも実施されている。また国内においては、2001年の東京都杉並区の事業を皮切りに、1051市区町村が取り組みを行っている（2020年2月29日現在。NPOブックスタートホームページ http://www.bookstart.or.jp 2020年4月20日取得）。

2　「ストーリーテリング」は、アメリカの図書館業務における児童奉仕の取り組みの一つとして、明治末期に日本の図書館へ紹介されたものである。アメリカで図書館学を学び、ストーリーテリングの先達の一人となった松岡享子は、これを日本では「おはなし」と表現するのがよいとした。そのため、図書館等では「おはなし会」という表現を通常使用していることから分かるように、「おはなし」の方が今日身近であり、「ストーリーテリング」は、適当な訳語がないまま今日に至っている。しかし、実質として、それらは同義のものである（山本道子（1993）「ストーリーテリング」『童話の語り発達史』勢家肇編、海鳥社、74頁）。

3　木村元（2016）「〈シンポジウム1 戦後教育史と近代教育学批判 報告論文〉生きられた学校と近代学校批判」『近代教育フォーラム』第25巻 第0号、87頁

4　桜井哲夫（1984＝1995）『「近代」の意味――制度としての学校・工場（NHKブックス470）』日本放送出版協会 7頁

5　同右『「近代」の意味――制度としての学校・工場（NHKブックス470）』29頁

6　同右『「近代」の意味――制度としての学校・工場（NHKブックス470）』178頁

7　市川圭・渡邊弘（2012）「日本における功利主義の流入と教育――明治期の『立身出世』を手がかりとして――」『宇都宮大学教育学部 教育実践総合センター紀要』第35巻 第61号、57‐64頁

なお、市川・渡邊によれば、日本に功利主義の思想が流入したのは明治初期のことである。特にいち早くその思想を学んで国内に紹介したのは、イギリスのJ・ベンサムに啓発され、政府内から制度改革を進めた陸奥宗光と、同じくイギリスのJ・S・ミルの影響を受けて国民の啓蒙活動を行った西周であった。

8　前掲4『「近代」の意味――制度としての学校・工場（NHKブックス470）』72頁

9　桜井は、ルイ・プロールの『教育と子供の自殺』（1907）に依拠して、当時、青少年の自殺が都市を中心に大幅に増加していたこと、また、いくつかの事例を紹介しながら、その要因が学校生活、とりわけ試験の失敗にあったことを指摘している（同右『「近代」の意味――

—制度としての学校・工場（ＮＨＫブックス４７０）』73-76頁）。
10 前掲４『「近代」の意味——制度としての学校・工場（ＮＨＫブックス４７０）』87頁
11 池谷壽夫（２０００）『〈教育〉からの離脱（シリーズ現代批判の哲学）』青木書店、21頁
12 日本童話協会編（１９７２）『日本口演童話史』文化書房博文社、31頁
13 同右『日本口演童話史』14-15頁
14 同右『日本口演童話史』29頁
15 上地ちづ子（１９９７）『児童文学の思想史・社会史（研究 日本の児童文学２）』日本児童文学学会編、関口安義ほか著、東京書籍株式会社、１７２頁。
なお、岸辺福雄の口演童話の思想や方法に関して研究したその他の研究として、是澤優子（２００８）「子どもに語る「お話」の方法論に関する研究——岸辺福雄の口演理論」（『東京家政大学研究紀要』第48巻第1号、67-74頁）などがある。
16 小川利夫（１９９４）『社会福祉と社会教育——小川利夫社会教育論集 第5巻』亜紀書房、４５３頁
17 大竹聖美（２００５）「朝鮮・満州巡回口演童話会——児童文学者の植民地訪問」『東京純心女子大学紀要』第９巻、1-11頁
18 金成妍（２０１０）『越境する文学——朝鮮児童文学の生成と日本児童文学者による口演童話活動（比較社会文化叢書XVI）』花書院
19 有働玲子（１９９２）「大正期の口演童話——下位春吉・水田光を中心にして——」『研究紀要・第二分冊・短期大学部（I）』第25巻、１９９-２００頁
20 島田剛志（２０１２）「教育的文化活動に関する歴史的考察——口演童話を中心として」『教育デザイン研究』第３巻、58-65頁
21 前掲19「大正期の口演童話——下位春吉・水田光を中心にして——」
22 滑川道夫（１９８９）「口演童話史上の大塚講話会」『実演お話集 第９巻（復刻版「解説・史料編」）』大塚講話会編、大空社、20頁
23 遠藤滋（１９７５）「口演童話の時代」『かたりべ日本史』雄山閣、１５０頁
24 浅岡靖央（２０１１）「口演童話と『教室』——青山師範学校における口演童話運動の系譜——」『子ども学論集』第４巻、23-30頁
25 このことを示すように、大塚講話会の出身で後に国語教育学者となった倉沢栄吉は、自らの国語教育の観点から口演童話理論をまとめている（木村太郎（２００７）「倉沢栄吉の口演童話論の内実考」『学芸国語教育研究』第25巻、14-24頁）。
26 磯部孝子（１９９３）「名古屋と周辺地域の口演童話活動——明治末期から昭和前期まで——」『文化科学研究』第４巻第2号、17-29頁および、磯部孝子（１９９５）「仏教日曜学校の成立と口演童話活動」『文化科学研究』第６巻第2号、79-93頁

27　田中治彦（１９８８）『学校外教育論』学陽書房
28　前掲16『社会福祉と社会教育――小川利夫社会教育論集 第5巻』４５３頁
29　たとえば、滑川道夫（１９９３）『体験的児童文化史』国土社、上地ちづ子（１９９７）『紙芝居の歴史』久山社、春日明夫（２００７）『玩具創作の研究――造形教育の歴史と理論を探る』日本文教出版、船木枳郎（１９６７）『日本童謡童画史』文教堂出版など。
30　川勝泰介（１９９９）『児童文化学研究序説』千手閣、岡本定男（１９９３）『子ども文化の水脈』近代文芸社、浅岡靖央（２００４）『児童文化とは何であったか』つなん出版
31　菅忠道ほか編（１９６０）『日本教育運動史 第3巻　戦時下の教育運動』三一書房
32　滑川道夫（１９７０）『児童文化論』東京堂出版、79頁
33　前掲27『学校外教育論』
34　小川利夫（１９９４）「学校外教育思想の歴史的遺産――学校外教育論序説」『学校の変革と社会教育――小川利夫社会教育論集 第4巻』亜紀書房 １４７頁
35　海老原治善（１９７５）「学校外教育の民主的組織化と其の実践」『現代日本教育実践史』明治図書、30頁
36　畑潤（１９７８）「戦前における学校外教育実践・理論の成立と展開」酒匂一雄編著『地域の子どもと学校外教育――日本の社会教育』第22巻、38頁
37　同右「戦前における学校外教育実践・理論の成立と展開」45頁
38　同右「戦前における学校外教育実践・理論の成立と展開」45頁
39　黒澤ひとみ（２００８）「松永健哉の校外教育論に関する研究――『児童問題研究』における理論展開を中心に――」『日本社会教育学会紀要』第44巻、31-40頁
40　前掲34「学校外教育思想の歴史的遺産――学校外教育論序説」１４７頁
41　本田和子（１９８９）『フィクションとしての子ども』新曜社、２３７-２３８頁
42　本田和子（２０００）『子ども１００年のエポック―「児童の世紀」から「子どもの権利条約」まで』フレーベル館、85頁
43　牧野篤（２０１５）「分配から生成へ、または省察的関係論的視点へ――教育学のエビデンスを問うために――」『教育学研究』第82巻第2号、２８９頁
44　宮澤康人（１９９８）「大人と子供の関係史序説――教育学と歴史的方法』柏書房 12頁

45　Philippe Ariès（1960=1973）“L’ ENFANT ET LA VIE FAMILIALE SOUS L’ ANCIEN REGIME”, Editions du Seuil, Paris〔杉山光信・杉山恵美子訳（１９８０＝１９８３）『〈子供〉の誕生――アンシャン・レジーム期の子供と家族生活』みすず書房、３８４-３８８頁〕

46　柳田は、たとえば盆の時期の成女式を例に挙げ、「子どもが大人になる境目をかなりはっきりと区切っている」と指摘する（柳田國男（１９４２）『こども風土記』朝日新聞社、71頁）。

47　『児童の世紀』は、１９０６年にドイツ語学者の大村仁太郎によってドイツ語版が翻訳され、次いで、１９１６年に教育学者の原田実により英語版が翻訳された。

48　エレン・ケイの思想は、ダーウィンの進化論やニーチェの超人思想を源流とした優生学の考え方に強く影響を受けている。たとえば、以下のような文章にそれが表れている。「自然科学―そのなかに心理学も含む―は、教育学の場合と同じく、法律学の基礎になるべきこと、人は自然淘汰の法則を十分に学びとってこの法則の精神に従って行動すること、社会的制裁は社会の発展に役立つように行われて自然淘汰を推進する手段になること、などである。これはまず第一に、犯罪者タイプ―その特性を認定することのできるのは科学者だけである―の遺伝を妨げ、その特性が一切子孫に継承されないように処理することが必要である」（Ellen Key（1900）“Barnets Arhundrade”, Albert Bonniers Forlag, Stockholm〔小野寺信・小野寺百合子訳（１９７９）『児童の世紀』冨山房、39頁〕。

49　前掲44『大人と子供の関係史序説――教育学と歴史的方法』48頁

50　Walter J.ONG（1982）“ORALITY AND LITERACY: The Technologizing of the Word” Methuen & Co.Ltd.〔桜井直文・林正寛・糟谷啓介訳（１９９１）『声の文化と文字の文化』藤原書店〕

51　吉見俊哉（２００４）『メディア文化論――メディアを学ぶ人のための15話』有斐閣アルマ、８頁

第1章 語り聞かせにおける大人と子どもの関係性
―「おはなし」の実践を事例として―

はじめに

児童書の出版数が大きく飛躍した1960年代は、次々と新たな児童文学作家や絵本作家が誕生した時期でもある。この頃から、それまで家庭などで私的な営みとして行われてきたお話の語り聞かせだけでなく、図書館等で行われる「おはなし（ストーリーテリング）」の活動も活発化し始めた[1]。また、市民活動の一環として子どもの読書推進運動が開始されると[2]、図書館員などを対象にした講習に加えて、市民向けのストーリーテリングの講座も開催されるようになり、そこで学んだ地域の母親たちがボランティアとして学校や保育園などを訪れ「おはなし」を語るようになった。1980年代から本格化したこの動きは、その後20年余りで急速に発展し、今日に至っている[3]。

お話の語り聞かせは、何代にもわたって語り手が口から口へと伝えてきた「伝承の語り」（口承の語り）と、本などに書かれた話を口語りに直して語る「新しい語り」（「おはなし」もしくは「ストーリーテリング」）の二つの形式に分類されている[4]。これらのうち、新しい語りの現代的な特徴として、次のようなことが指摘されている[5]。第一に、新しい語りは、語りの場が図書館や学校、公共施設などで、不特定多数に開かれていること、第二に、聞き手は主に子どもで、多くの語り手がボランティアで語り聞かせを行っていること、第三に、語り手の語る物語は、通常、本などのテキストに基づいていること、第四に、この新しい語り聞かせの活動の広がりは、伝承の語りの再認識にもつながり、今日では両者が互いに連携して組織され、一丸となって語りの活動を推進していることである。

特に、第三の観点について、「おはなし」は、語り手が本などに書かれた物語を覚えて、主に子どもに対して語り聞かせるものだが、物語を語る際は、ただ暗唱するのではなく、物語を語り手自身のイメージを通して聞き手に伝える、いわば「お話と一体になる」ことが重要であると指摘されている[6]。「おはなし」とは、暗唱や、絵本等を読み聞かせる行為とは異なり、そのように文字化された物語を語り手が身体化して、聞き手に伝える行為、さらに言えば、演出家の竹内敏晴が「その場に居合わせるものだけが共有し、理解、というよりは驚きながらその意味に目ざめ、世界とその人とが今までとは全く異なったものとして見えてくるような経験をもたらす」[7]と指摘したような特徴をもつ言語コミュニケーションであると考えられる。本章ではこうした考えをふまえ、語り手にとって「おはなし」とはどのような行為なのかを検討することにより、「語り」の性質の一端を明らかにし、口演童話とは何であるのかをとらえる一助とすることとしたい。

第1節　研究対象と調査の方法

(1)　研究対象

研究対象は、現在、図書館等で「おはなし」のボランティア活動に取り組んでいる語り手である。具体的には、「おはなし」の語り聞かせを行っている者が多数所属する国内のボランティア団体（ここでは、団体Aとする）に在籍する語り手を対象とした。

団体Aに所属する語り手を調査対象に選定した理由の第一は、この組織が絵本の読み聞かせではなく、お話の語り聞かせをメインに活動している点にある。本研究では、本などに書かれた物語を声に出して語るという、語り手の行為に着目しているため、研究対象はこの条件に当てはまる実践を行っている者であることが望ましい。そのため、「おはなし」の語り聞かせの活動に中心的に取り組んでおり、中でも、比較的会員数の多い団体Aを研究対象に設定した。また、団体Aの会員は地域のボランティア活動を基本としながら、さまざまな「語り」関連の取り組みにも携わっている者が多い。その点、それぞれの活動内容や活動範囲の面で会員に多様性があり、さまざまなパターンの語り手たちに出会える可能性が高いと思われた。これが、団体Aを研究対象とした第二の理由である。

本調査のインタビュー対象者は、団体Aの会員で、現在、地域でボランティア活動を行っている語り手10名である。対象者の内訳は、男性が2名、女性が8名である。また、10名中8名が、団体A以外にそれぞれの住んでいる地域の図書館や公民館を拠点とする小規模なサークルにも所属しており、そこで日常的に語り聞かせの学習と実技の練習を行っている者である。さらに、インタビュー対象者の中の1名は、「おはなし」の会だけでなく民話の会にも所属しており、他の1名は語り聞かせのプロとして、舞台公演も経験している者であった。そのほか、図書館等の語り聞かせの講座で講師を務めた経験のある者が3名いた。

インタビュー対象者の活動年数は、最長で20年以上、最短で約1年であった。また、普段語り聞かせを行っている場所は、小学校が最も多く、その他に中学校や高校、大学、保育園、幼稚園、福祉施設、病院などが挙げられた。語り聞かせの題材は、書籍としてまとめられている昔話や、絵本や小説などに書かれた国内外の創作物語であった。ただし、インタビュー対象者のうち4名は、幼い頃に口伝えのお話を周囲の大人から聴いた経験もあった。

なお、分析結果の記述においては個人が特定されないよう、右記の属性をふまえず、単に「語り手」、もしくは「語り手A」などと表記してインタビュー内容を示すこととする。

（２）調査の方法

調査方法には、半構造化インタビュー[8]を採用した。また、インタビュー内容は、対象者の許可を得て、ＩＣレコーダーを用いて録音した。インタビューの手順として、調査依頼の段階で研究の目的や内容、方法、主な質問内容などを対象者に伝え、調査の許諾を得た。また、調査当日もはじめにインタビュアーから簡単な自己紹介を行い、研究の目的や内容、方法、倫理的配慮、研究中および研究後の対応について説明し、各人が納得し、同意が得られた後に面接を開始した。

さらに、インタビュー前にあらかじめ質問項目を伝えていたが、その場では、内容を限定してしまうことで、インタビュー対象者の回想の範囲が狭められてしまうことや、質問項目を意識しすぎるあまり、聞き手の求めに応じて、聞き手が満足することを語ろうとする恐れがあることなどに考慮し、なるべく自由に語ってもらうことを意識した。とりわけ、インタビュー対象者の話の中で繰り返し言及される話題や、インタビュー対象者の想いの強さが感じられた話題について、さらに質問を重ね、内容を掘り下げていくことを重視した。なお、初回のインタビューの後、追加の質問があった場合は、メール上のやり取りで回答を得た。事前に準備した主な質問項目は、次のとおりである。

①基礎情報（年齢／家族構成／国籍／本人の職業／親の職業など）
②子ども時代の生活環境
②現在の生活環境と語り聞かせに関する活動内容
③語り聞かせを始めた動機と経緯
④活動の中で楽しいと感じること
⑤活動で苦労していること、悩んでいること
⑥自身の活動に関する今後の希望や願い

第2節　分析の方法と結果

（1）　分析の方法

本調査で得られた音声記録はテキストデータ化し、KJ法を用いて分析を行った[9]。次に、作業手順に沿いながら分析過程の詳細を説明する。

まず、10名それぞれのインタビューの内容から特徴的な語句を取り出し、それを一つひとつカードに記入していった。具体例として、ある語り手に「高齢者の通ってくる福祉施設で語るとき、気をつけていること」を質問した際に得られた回答を挙げてみる。

まず一番気を遣うのは、高齢者に尊敬の気持ち、いつもお話させていただきますって言って、言葉も。それにたとえば、日本の昔話でしたら、高齢者は分かることが多いでしょ。出てくる言葉でも。子どもは分からないことが多いから、言い換えをしますけど、高齢者の場合はそのままできますし、それからやっぱり、いつも尊敬の気持ちをもって語らせていただいていますよね。

右記の場合、「高齢者には尊敬の気持ちをもって語る」「子どもに分からない言葉は、言葉の言い換えをする」「高齢者は昔話を理解（共感）しやすい」という3点を特徴的な語句として取り出し、それぞれ別のカードに要点をまとめた文章を記述した。

次に、こうして書き出したすべてのカードのカテゴリー分けを、模造紙上で行った。最初に、内容の酷似したカードを重ねていき、次いで、似通った内容のものは近づけて配置していった。さらに、ある程度まとまりができた段階で、各カテゴリーにそれを代表する見出しをつけていった。

これらの作業を繰り返し、カテゴリーが4、5個になったところで作業を終了し、各カテゴリーどうしの関連を検討した。右の分析の過程を経て得られた、四つのカテゴリーは、次のとおりである。

カテゴリー1：子どもの「発見」
カテゴリー2：物語に魅せられる経験
カテゴリー3：物語の「自分化」
カテゴリー4：自己のとらえ直し

次項では、各カテゴリーの詳細を説明することとする。

(2) 分析の結果

①子どもの「発見」

インタビューの中で複数の語り手がさまざまなパターンで繰り返し言及したのが、語り聞かせのコミュニケーションを通じた「子どもの『発見』」というキーワードである。とりわけ女性の場合、たとえば左のように、それが、子育てとの関係で語られる点が特徴的であった。

(子どもが体調を崩すたびに) 小児科の先生が、お母さんちょっと忙しすぎませんかって、必ず言われて。要するに、私としては、ちゃんと食べるものは食べさせ、寝る時間から何から見ているつもりだから、何にも問題ないと思うのですが、そうはいかないのですね。(中略) お話の世界に名を借りて、それで夜は出ない、昼はめいっぱい動きましたけれど、土日も出歩かない。完全に息子に合わせるっていう暮らしで。そうして、子どもの幼稚園から中学生くらいになるまで、お話をしていましたね。

このように、ある語り手（ここでは語り手Aとする）は、子育てをしながらフルタイムで仕事を続け、さらにさまざまな地域の活動にも携わっていた。そのようにせわしなく日々を過ごしているうちにいつしか、子どもの体調が目に見えておかしくなった。そこで、語り手Aは仕事や地域活動をセーブして、できる限り子どもと家に居ようと考えを改め、そのときから、一緒に過ごす時間にお話を語ってあげるようになったという。

また、次の語り手Bも、語り聞かせに興味をもつようになったきっかけの一つとして、子育て中、子どもとお話を通じてコミュニケーションをとっていたことを話した。

（子どもが）小学校の1年から2年になるとき、小学校に入る5歳くらいのときって、保育所の子もそうでしたけど、うちの子も典型的にそう言うの。「僕は死ぬの？」、「いつか必ず死ぬの？」とか、「人は必ず死ぬんだよね？」とか。ちょうど近所のおじいちゃんとか、おばあちゃんとかが亡くなるから、そういうときに重なるからですかね。そのときに、毎晩寝るときにわらべ歌を毎日歌っていて、いろいろな子守唄を歌っていたのです。

小学校1年から2年になるときには、学校で孤立したり何かあったのですかね、夜中に叫んで飛び起きたり、「それは違うぞ」って怒鳴って飛び起きたりとか、うなされるときがあって。そのときは寝る前に、『ピーターパン』だとか『不思議な国のアリス』だとか、そういうのを次から次へと、小学校のね、1年生の後半3学期くらいから3年生が終わるまで、4年の初めくらいまで読みましたね。（中略）小学校のもう2年か3年にもなって、向こうも照れくさそうだったけど、子守唄なんか歌って寝かしつけていましたね。

子どもの頃に、死について疑問を感じたり、不安になったりすることは誰しもある経験だろう。語り手Bの場合、そのような疑問をきっかけとして子どもに不安が生じたときや、学校で抱えていた問題によって子どもが不安定になったとき、お話や子守唄を通じてコミュニケーションをとることで、子どもの心が和らげられると感じたことが、語り聞かせに興味をもったきっかけであった。

さらに、語り手Cも、語り聞かせの活動の存在を知ったきっかけは、次のとおり子育てに不安を感じていたことであった。

この世界に入るきっかけになったのは、うちの息子が小学校1年生のときにちょっと上の子、人見知りすごく激しくて、幼稚園にも学校にもなかなか慣れなかったの。そうなんだけど、お話会っていうのがあって、そのお話会に行って帰ってきた日だけは、お母さん、今日のお話はおもしろかったんだよって言う子だったの。それで「何やったの?」って聞くと、「紙芝居をやってくれたり絵本をやってくれたりお話をしてくれて」ってめったに言わない子がこれは言うなんてめずらしいって思って、ちょっと見学させてくださいって先生にお願いして見学に行ったの、そのお話会を。そしたら、私がはまっちゃったのよ。

このように、語り手Cは、最初はお話そのものというよりも、コミュニケーションの苦手な自分の子どもが、学校のお話会については毎回楽しそうに話すことに気がつき、お話とは何なのか、興味をもつようになったという。

また、語り手にとって、自分の子どもは最も身近な聞き手となる。語り手Dの言葉を借りると、語り聞かせの活動を行っている親をもつ子どもは、しばしば「語りの実験台」にされるのだが、その経験を重ねることで、子どもがお話の「良い聞き手」に変わっていく面があるという。そのような子どもの変化が、語り手である母親には子どもの「成長」ととらえられ、お話の活動を続ける動機の一つとなっているのだ。次に、それに関する語り手Dの言葉を引用する。

子どもたちが、うんと、いい聞き上手な子どもたちがいっぱい育っていて(中略)自分の子どもっていう聞き手がおりますでしょ、目の前に。それからお友達の子どもとか。そういう人がおりますので、(お話の活動を続けることが)手探りといっても目の前で子どもに聞かせているっていうので、子どもは実験台にはされましたけど、お互いに豊かな時間を共有できたと思うのですよ。

(語り聞かせの練習時)自分の子どもに、「悪いけど聞いててくれる? 眠っていてもいいからさ」って言って、子どもが同じ部屋で枕でしてるところで聞いてもらって、それが15歳過ぎてからですよね。そうしたらやっぱり、子どもの頃に聞いているせいか、的確な感想を言ってくれるんですよ。

このように、調査において語り手である母親たちの多くが、子育てを通じて語り聞かせに関心をもち、また、語り聞かせを行い子どもとコミュニケーションをとる中で、子どもの変化や成長を実感したことに活動継続の動機があったと話した。

さらに、子育て以外の場面でも、語り聞かせを通じて子どもとコミュニケーションをとったときに、子どもの意外な一面を発見し、それが活動のきっかけとなった語り手もいる。たとえば、語り手Eは、次のような出来事について話した。

（子どもたちと）山小屋に一泊することになって、夜、山小屋っていうのは、次の日に出発する人が朝早いものですから、4時、5時くらいに明るくなったらすぐ出発しますから、もう夜の6時、7時にはランプの火を落としてしまうのですね。ところが普段、子どもたちは下界で、自分の家で9時、10時までテレビゲームをしたり、テレビを見たり、おしゃべりしたり、遊んだりしているわけですから、そんなに早くランプを消されると、何をやっていいか分からない、もうドタバタドタバタ騒ぐわけですよね。そうすると、山小屋のご主人から怒られる。静かになさいと。それで、母親たちも一緒について行ったのですけど、どうやって子どもたちを静かにさせていいか分からない。

そこで、私はたまたま子どもの本にはある程度目を通していましたので、じゃあ、お話をしてあげようっていうことで、私がボーイスカウトのとき、キャンプのとき、チーフとかリーダーとかがしてくれたことも思い出して、怖い話だとかいくつか話をしてあげたのですけども、ところが、子どもたちは三つ四つでは足りなくて、次から次に、「もっと話をしてもっと話をして、もっと話をしてくれ」って言って。もう四つ目五つ目くらいから自分の頭の中で次々に作りながら、子どもたちにお話をしていたのですね。（中略）もう子どもたちが周りにいっぱい集まって「話をしてくれ」って言うわけだけれども。（中略）その経験で山から下りてきて、これはきちんとこういう勉強をしなきゃいけないなと思って。

語り手Eは、以前から子どもと身近に接する機会をもっていた。そのため、ある程度は子どもの扱いにも慣れていたが、あるとき、テレビもゲームもない山小屋で、子どもたちは「何をしてよいのか分からない」状況に置かれ、ドタバタ騒ぎを始めてしまった。母親すら子どもたちをおとなしくさせることができない中で、たまたま普段から読んでいた児童書の物語を語り聞かせてあげたところ、そのお話が子どもたちに大変喜ばれた。こうして、日常とは異なる環境に置かれたことで、偶然に子どもたちがお話を強く求めているということに気がついた。語り手Eは、このような経緯で、子どもたちとかかわっていくにはお話が必要だと実感し、語りの活動を始めたのだった。

ここでも、先ほどと同様に、語り手が語り聞かせを行う中で、お話に惹きつけられる子どもの新たな一面を発見し、語り聞かせそのものに興味をもつようになったということが示されていた。

他方、語り聞かせを通じたコミュニケーションについて、たとえば、語り手Fは次のように話した。

（保育士として）５人子どもを受け持ちで預かっていたとしたら、五人五様なわけですよ。それをあなた一色にするのは子どもに対して失礼だしかわいそうだと、その５人の個性がそれぞれ発揮できるように、そういうための保育に一番最適なのが、わらべ歌保育だと思って、私は取り組んでいるって言われて。毎日とっても充実していました。明日はあの子たちとどうやって（わらべ歌で）遊ぼうって、（中略）毎日お母さんたちに一言子どものことを書く連絡帳っていうのがあるのですけど、（中略）なんとかいいことを見つけなくちゃ、いいとこを見つけなくっちゃで、あれは毎日発見でしたね。

保育士であった語り手Fは、あるとき、先輩の保育士に「あなたが保母としてどうしよう、こうしようというのが、本当の保育じゃない」と指摘された。彼女はそのとき、さまざまに異なる家庭背景をもち、性格もまったく違う子どもたちと接する際に、保育士自身が「主体」となっていては、子どもが自主性を発揮できなくなってしまうと考えた。そのような悩みに直面し、子どもたちとどう接すればよいのか考えていたときに、わらべ唄で子どもと遊び、コミュニケーションをとる保育の方法を学ぶようになった。そして、毎日わらべ唄を用いて子どもたちと接することで、子ども一人ひとりの「個性」を発見し、充実した日々を送れるようになったという。

また、次の語り手Gの言葉には、お話を通じたコミュニケーションによって、子どもたちの意外な一面や、大人とは異なる「子どもの世界」と呼べるものの存在を発見した心境が表れていた。

２年前、３年前の６年生が、もうすごい学年でしてね、あれは強いっていうのですかね。すごい大変問題を起こす学年だったんです。それはもう学校中で、父兄も巻き込んで大変だったのですね。それで、その学年にもちろんお話を届けに毎月毎月通ったのですけども、そのときにね、そこにいてくれて、とりあえず、こっちに顔を向けて聞いているふりをしていても、あんたたち聞いてないのでしょって分かる。とりあえずさ、そうやってガチッと固まったりとか、聞いてないふりしていてもなんとか聞かせようとすると、とりあえずいるからいいじゃんみたいなね、それでもね、やっぱりお話が耳に、耳がこうやって塞がれているっていうことが語り手としては分かるから、なんとか耳を開かせようとしてすごく格闘した学年が２年前にあったのですね。

（しばらく経ってから子どもたちに）「あのときのあれはいったい何だったの？」って聞いたら、教えてくれたの。自分たちの中だけで成立しちゃって、すごく楽しかったんだって。もう自分たちのいる、作っている世界があまりにも良くって、周りの世界なんかはっきり言ってどうでもよくって。（中略）子どもたちって、そういうふうに力でお互いに結びついちゃっているときって、それって現実の自分たちがすごく充実していると、お話に、先生や大人のお話なんかぽーんとバリア作っちゃって受け付けなくて、子どもたちだけでそうやって成立するのだなっていうことを教えてもらいましたね。

さらに、次の語り手Hの言葉から、このような語り手と子どもとのコミュニケーションは、「目の交流」が中心であることが読み取れる。

もう絶対にお話を聞ける子どもというのは、信頼できる子どもたちですね。ちゃんとこうお話って目を見て聞いてくれますよね。それで初めはなかなかあっち向いたりこっち向いたりしている子も、毎月、毎月行き、いろんな手遊びだなんだでもってひっぱると、自然にこちらのペースに入ってきますよね。そして、絵本のおもしろさ、お話のおもしろさに目覚めると、その後、本当にこちらの言うことを注目して聞いてくれる。

そして小学校へ行っても（中略）道の途中なんかで会っても、普通に会話できる。それは、月に1回でもお話を通して交流しているせいかなと思うんですけれど。ただ小学校5、6年になると男の子には敬遠されます。こっちはうれしくてニコニコって思うと、すーっと道を避けられたりしちゃって。それで、中学くらいになるととても愛想良くなって、高校生になると、このあいだ初めてA高校に行ってきました。そして、あの見慣れた顔があったので、「あら、あなたB学童なんかでお話を聞いてもらった、B小学校の子よね」って言ったら、「ついこのあいだも自転車でもってすれ違いましたよ」って言われちゃって。覚えていてくれたんだって。身体も大きくなっちゃうし、でも目だけは変わらなくて。


右記によれば、語り手は、語り聞かせにおける子どもとのコミュニケーションにおいて、子どもの目の表情によって、子どもがお話を「本当に聞いているかどうか、楽しんでいるかどうか」を判断していると分かる。

また、次の語り手Iの言葉には、語り聞かせを通じたコミュニケーションにおける子どもの表情や仕草、態度にふれることが、語り手の活動のおもしろさや活動継続の動機となっていることがうかがえる。


たとえば子どもに語って、すごく子どもとぴたっと合うときが年に何回かあるわけよ。そうなったら、やっぱりやめられない。やっぱり楽しいもん。

子どもと一緒に聞いてケラケラ笑うのも楽しいし、自分の言ったことで子どもが驚いたり、笑ったり、なんかウェーブのように子どもたちがバタバタバタッとか倒れたりすると、なんかね。私のこんな一言でこんなに変わるのかって思ったら、やめられない。おもしろいもん。

やっぱり嬉しいのは、こんなのあるよ、こんなお話なんだよとお話をしてると、「ああ、あるある、そうだよね、怖いよね」とか相槌うってくれるとなんかこっちも安心をしますけどね。

小学校行って子どもたちがたまたまその直前まで喧嘩をしていて、すごくそっぽ向いたとか、悲しい顔したこととかもあるわけですよね。そのときに、お話しをすることでふっと気が変わって、耳を開いてくれて、心を開いてくれて、だんだん寄ってきてくれるなんていうのを見るときに、ああ、やった、よかったなって思いますよね。なんていうのですかね……武者震いはしますけどね、緊張っていうのは今でもあまり人前でしないんですよ。あの、なんていうんですかね、やはり、聞いてる側の方たちと一緒にこの場を楽しみたいっていうのがありますから。

このように、分析から明らかとなったカテゴリーの一つ目は、語り聞かせのコミュニケーションを通じた「子どもの『発見』」、すなわち、子育てや仕事を通じて日常的に子どもとふれ合う中でも特に、お話を聴くときに見ることができる子どものまなざしや表情、態度、あるいは変化や成長を、語り手が新鮮さや喜びをもって受け止めているということである。このような特徴をもつコミュニケーションが、語り手にとって活動のきっかけや活動継続の動機、語り聞かせの魅力そのものとして語られていた点から、それは語り手のとらえる「おはなし」の中心的な要素であると思われる。

②物語に魅せられる経験

次のカテゴリーは、語り手自身の「物語に魅せられる経験」である。たとえば、これは語り手Aの次のような言葉に表れている。

子どもが生まれて、３歳児の母と子の教室で出会って、絵本の会に入ったのですけど、そこでSさんは最後に「おはなし」をしてくださったんです。（中略）そしたら、３歳の子どもたちがとてもよく聴くのですよ。それでもう、私すっかり（「おはなし」の）虜になっちゃって、Sさんの「おはなし」で絵本の良さもいっぱい身にしみました。

語り手Aは、初めて「おはなし」を聴いたとき、子どもがとてもよく聴いている様子を見て驚き、それをきっかけに自分も「おはなし」の世界に没入していき、さらに「おはなし」の魅力を知ることが、「絵本の良さ」をとらえ返すことにもつながったと話した。また、ここでは、語り手自身が「おはなし」に惹きつけられることが、子どもが物語に魅せられることに関連して語られている点も特徴的である。

同様に、語り手Bも、子どもを通じて物語を知ることで、今までは興味がなかった分野にまで視野が広がり、物語の世界がいっそう好きになったと話した。

たとえば王子と王女の本とか、あんなのも小人の本か何かを、息子がちょっと読んでおもしろいよって言われて、私も読み出したのかな。子どもにつられて読んだのですね。

それから宮沢賢治は、私、ちっともおもしろいと思わなかったんです。（中略）子どもが読んでおもしろがっていろいろ説明してくれるのですよ。それで、今度は子どもの目を通してっていうか、聞いた声を通して読んだら、へーって。あらためておもしろくて全部読めました。子どもが18になるまでの間に、子どもに教わって読んだ本はすごくたくさんありますね。

このように語り手Bは、自分が今まで好きではなかった物語も、子どもを通して受け取ることで、そこにおもしろさを見いだしたと話した。

さらに、次のように語り手Cも、子どもたちの感性を通じて物語の魅力に気がつき、それが語り聞かせの活動のおもしろさとなっていったことを話している。

（語りが本当におもしろいと思い始めたのは、）絵本のもつ存在、力、子どもたちへの影響に出会ってから、その中に書かれている昔話のおもしろさっていうのに出会ってからでしょう。

他方、次の語り手Dのように、大人になってから初めてできた「子どもらしい」経験が、物語の世界に魅せられることにつながった例もある。

「おはなし」をする先輩がいて、もうすっごい最初に聞いたのが怖い話で、鳥肌がさーっと立つくらい。大人になってそんな経験ないじゃない。それで「次の日もあるからおいで」って言われて行ったら、それはものすごくおもしろい話で、もう涙が出るくらい笑っちゃったのね。そこで、一気にファンになっちゃって。

語りたいのじゃなくて聴きたい。こんな大人になって笑わせてくれて、怖がらせてくれて、そんな世界ないと思って入って、ちょっとやらせてください、見学だけって言って、入ったのがそもそものきっかけ。

語り手の中には、このように、最初から自分がお話を語りたいと考えてこの活動を始めたわけではない者、中には、「まさか自分には語れないと思っていた」と話す者もいる。右記の語り手Dの例は、子どもを通じてというだけでなく、自分が子どもに戻ったような感覚で笑ったり、怖がったりしたことが、語り聞かせを始めることになったというものであった。

さらに、次の語り手Eと語り手Fは、「おはなし」の題材である物語そのものに対する関心の深まりについて話している。

【語り手E】（語りの学習サークルに）A先生が、月1回とか2年から3年くらい来てくださって、昔話の勉強会をしてくださったのですね。それで結局、語りっていっても、日本の昔話の世界にはこれだけ奥深くって、（中略）時代に応じてもこんなふうに、テーマ一つでも変わるのだとかそういう勉強をさせてもらってね。やっぱり奥深さを教えてもらったっていうのも大きかったですよね。それでこういう豊かな世界があるのだってことを。

【語り手F】私たち現代の「おはなし」をする語り手は、ご承知のようにこういう本を読んで、文字の上からしかお話ってのはつかめませんけれども、それを研究することによって、そのお話がどういう形で伝承されてきたか、どういう社会的な、あるいは日常的な暮らしの中で、そのお話がどう変遷してきたか、それぞれにまあ民族やそれを伝えてきた個人がどういう思いをもってそのお話にかかわってきたかっていうことを、（中略）その背景をずっと考えることによって、自分たちが今語り手として、一人の語り手として、あるいは語りそのもののこれからの将来を伝えていくために、そういう意味をもっているのかっていうことを考えることは必要なのでしょうね。

語り手Dと語り手E、語り手Fは、目の前にいる子どもとの関係だけでなく、自分自身が子どもに戻った感覚を呼び覚まされたり、物語の変遷やそこに込められた思いなどを学び、想像することでその奥深さを感じたりするなど、物語そのものによって、いわば時空を超えて自分が開かれていくような意識が生じる点に「おはなし」の魅力を見いだしていることが読み取れる。

さらに、次の語り手Gのように、特定の語り手の「おはなし」を聞くことで「物語に魅せられる経験」をすることもある。

語っているうちに、先輩が、K先生を知っている先輩がいらっしゃって、その方が「方言で語ったらどう?」って言ってくださって。それまではお話のリストとか、グリムの話とかそういう話をやっていたんだけど。「えっ、でもそんなの聞いたことないし」って言ったら、K先生がお話会やるよって、一般の人向けで舞台とかじゃないからって、いいじゃないって連れて行ってもらって、K先生にお会いしたときに、もうK先生の大ファンになっちゃって。

この語り手Gは、それまでグリム童話の物語など、テキストによってお話の活動をしていたのだが、あるときに紹介されたK先生が、自分と同じ故郷の方言を使って語り聞かせを行っているのを聴いた。そのK先生の語り聞かせの「大ファン」になり、それが、方言による語り聞かせの魅力に気づくきっかけとなったという。

これまで述べてきたことをまとめると、「おはなし」の語り手は、目の前にいる子どもや、ある特定の語り手を通してそれぞれの物語のおもしろさに気がつき、また、物語の背景を学んだり想像したりする中で、時間や空間を超えて自分が開かれていくような感覚をもち、物語の奥深さを実感していた。このような「物語に魅せられる経験」は、語り手のとらえる「おはなし」の要素の一つであると考えられる。

③物語の「自分化」

第三のカテゴリーは、「物語の『自分化』」である。冒頭で述べたように、現代の「おはなし」の語り手の特徴の一つは、本などに書かれた物語を覚えて語るということである。ただし、語り手が物語を覚えて語る際、物語を暗記するのではなく、「自分のもの」にして語ることが重要とされている[10]。そのため、絵本の読み聞かせなどの活動をする者の中には、読み聞かせならばそれほど躊躇なく取り組めるが、語り聞かせとなると二の足を踏んでしまう人も多いという。では、「おはなし」の語り手は、物語を「自分化」する語り聞かせをどのようにとらえているのだろうか。例として、2人の語り手（A、B）を取り上げる。

【語り手A】絵本の読み聞かせをしていて、普通の共通語の語りをしているうちに、なんかすごくこう、息苦しくなってきたっていうか、きつきつに、アクセントをこういう風に直したりしているときに、なんか生き生きできないなって思って。こんな息苦しい感じで趣味、趣味でしょだから、趣味でやってるのに、なんか違うよなって思ったときに、ああそうだ、昔聞いていたときはすごく楽しかったたっていうのを思い出してからですね。

【語り手B】自分の言葉を大事にするっていうふうにやらせてもらったら、なんかね、グリムの話とか他の話とか語るじゃない。それより楽に語れるの。方言で語ると。だからテキストどおり覚えなくちゃいけなくて、物語を伝えるとかそういうのがすごく難しいって思っていたのだけど、方言で語る方が精神的にすごくリラックスしていて楽だったのね。

前者の語り手Aの場合、語りを始めるきっかけは、たとえば絵本の読み聞かせをしているときに、言葉を発するのに「息苦しさ」を感じたことにあった。また、後者の語り手Bも同様に、以前は語ることに「難しさ」「窮屈さ」を感じていたが、自分がもともと使っていた方言で語ったとき、初めてリラックスできたと話した。このように、語り手は、語り聞かせを、書かれたとおりに読むことに比べて、生き生きと、楽に語れる行為ととらえている。

次に、左記のとおり、語り手Cの話からは、自分なりに語ることの「気楽さ」が楽しみとなり、それがさらに「自由に語りたい」という欲求へと結びついていったことが読み取れる。

(以前は)物語を楽しむ前にこうしなきゃとか、間違っちゃいけないとか、なんだろう、そっちの方にばっかり気を取られて。ちゃんとやらなくちゃいけない、きちんと覚えて、きちんと語らなくちゃいけない、表情は動かしちゃいけない、首はあまり動かしすぎちゃいけない、手は出しちゃいけない、演技しちゃいけないっていうダメダメ項目がいっぱいありすぎて。それにとらわれちゃって、全然語りがうまくいかないっていうか、なんとなく自信がない、楽しめない、自分も。最初はずっとそうだったんだけど、他の研究会に行くようになって、もうちょっと自由にお話を楽しみたいなっていう気持ちが出るようになるじゃない。

語り手Cは、現在、語りの身ぶりや言葉の使い方を自由にアレンジすることを推奨するサークルと、定型どおりに語ることを重視したサークル、二つの異なるスタイルの組織に所属して活動している。前者のサークルを知る以前、語り手Cは、型どおりにうまく語れないことで自信を失っており、その頃に、自分の言葉で自由に語るという、これまでとは別の方法に出会い、それによって語り聞かせの楽しさをあらためて認識したのだった。つまり、身ぶりや表情、言葉の発音、そういったものすべてにおいて、型にはまらずのびのびと語る、いわば物語を「自分化」することが、語り手Cにとっての「おはなし」といえる。

一方、語り手Dの場合は、物語の「自分化」を、「自分のもっている良いもの」を相手に伝えることととらえている。

どんな人でも、絵本を読んでいるときはたぶん自分のもっている一番いい声が出ると思うの。まして、語ってあげようなんていうときでは、自分のもっている良いものが出ると思うのね。だって、いらいらしながら話しかける、自分の子どもに語ってあげられないでしょ。語っているときだけ100%いい人なの。私のお話の原点は、お話とともに人として良いものを受け取る体験をしたのでね、だからそういうふうに語っていきたいなって思うのですよね。

さらに、語り手Eは、次のように、物語を「楽に語れる」ようになったことが、子どもと「おはなし」を楽しむ気持ちを生み、それがまた、自分の幼少期の父親との記憶を呼び覚ますきっかけになったと話す。

テキストどおり、あぁ間違えたっていうことをしなくていいじゃない。誰も知らないしとか思って。だから間違っても楽に語れる。「あっ」って顔にも出ないし、「すみません」「ごめんね」って謝らなくてもいける楽さ加減。だからきちんと語らないといけないのではなくて、子どもたちとお話を楽しもうよっていうふうになれたら、そういえば昔、父から聴いていたなっていうふうになって。それをここ2、3年くらいで思い出して、最近はそういうものも語ったりして。

語り手Eは、幼い頃に父親からお話を聴かせてもらう経験をしてきたが、その記憶は、長らく思い起こされることはなかった。それが、「おはなし」を「自分のもの」として語れるようになった頃、その記憶が蘇ってきたのだという。

また、語り手Fは、次のように、語り聞かせは単なる文字を読むことではなく、声として立ち上がってくるようなもので、そうなると、本に書かれたとおりではないかたちで語れるようになると話す。

本を読んだ途端に字が、なんでしょうね、活字なのだけど声が聞こえるように立ち上がってきて、もう言葉のとおりではなく語るのですよね。

さらに、語り手Gは、本の暗記ではなく、自分の言葉で語ってあげたときの父親の安心した様子から、自分の言葉で語ることの意味を見いだしている。

うちの父ちゃんね、しーんとなるのが苦手な人なのね。私もそうなのだけど、沈黙がくると息苦しくなる、だから「お前何かしゃべれよ」って言われて。外で覚えた昔話とか、今やっているやつとか、そういうのをずっとしゃべっていたの。そうすると、ぼそっと感想を言ってくれて。

日本の話とか、土臭い話とかすごく好きなのね。笑い話とか、馬鹿な話とか。（中略）またそこで、あ、方言で語ろうかっていうか、自分の知っている言葉で語る心地よさ。寝られなかったりすると、歌を歌ったり、「何かしゃべって」って言って、話したりすると、すごくね、ほーっと安心するのね。それ見てて、やっぱりそのときに、たとえば覚えて語った話じゃなく、本当に昔から知っている話、私が。そういう話をしてあげると、父の顔の緊張度が全然違うんだよね。

このように、語り手Gは、お話を方言で語ってあげたときの父親の反応から、自分の言葉で語ることの意味を感じ取っている。

他方、語り手Hは、物語を「自分化」することで、自分自身がとらえ返されることがあると話す。

途中から自分に気づくっていうか、自分が分かるっていうか、無意識に選んでいるお話っていうのが、ああってなんかふり返ったときに、ああそっか、私はこうやってお話を選んで語って、気がつかないうちに自分を励ましていたのだなっていうことに気がつくことはあるのですね。

語ることで私は、がんばっている女の子のイメージが自分の中ですごく育ってくることによって、自分自身を励ましてこうやってきている。

このように、語り手Hによると、語り聞かせの活動を続けるうちに、表現上、自由に語る方が楽で楽しいということに気がつくだけでなく、それが自分を内省することに結びつき、さらに、語ることで自分自身へ励ましのメッセージを送っているような感覚になるという。

また、語り手Iは、自分の方言で語り聞かせをすることが、コンプレックスを自信に変えてくれたと話した。

とにかく方言を、まず隠そう、出さないようにっていうのがプレッシャーでしたよね。

私のアイデンティティは方言が凝縮されている昔話のところにいっちゃうわけです。方言を解放、完全に自分で解放できる場は昔話しかないわけですよ。（中略）そういうときが一番自分としてはある種の開放感というか。なんて言ったらいいのかな、自分の本当の安心していられる場所に戻ったような気持ちになるような気がしているの。

　語りっていうのは自分の体の中に、自分の生まれ育った土地の風景と生活習慣に合致するもの、そういったものが全部入っているから、方言を愛するっていうか、方言に対する、なんて言うのかな、ある種の尊厳っていうか、自分の血を形成しているものの一つであって、重要な要素であるということを体で知ることによって、ある意味での自信というかね、安心して語っていいのだよという、そういうことにつながっているような気がするんですよ。


ここから分かるのは、語り手Iにとって、方言の昔話を語ることが、自分を解放できる行為、安心感を得られる行為であるということである。つまり、昔話によって幼少期の安心できる場所、そこでの家族や友人らとのつながりを思い起こすことが、語り手Iにとって語り聞かせを続ける意味となっており、それが同時に、これまでの自分の方言に対するコンプレックスをとらえ直し、生き直すことにも結びついているといえる。

民族音楽研究家のスティーブン・フェルド（Steven Feld）は、声には「公にされた主観性として外部や内部に向けて発せられる」という特徴があり、また、そうした「聴くことと声を出すことの響き合い」によって、「自己の存在と記憶」の感覚が「経験的な力として身体化」されると指摘している[11]。そのように考えると、「おはなし」における物語の「自分化」は、語り手が既成の物語を自分の声で、自分の解釈と表現で自由に語れるということだけでなく、こうした行為が語り手にとって、自らの記憶を呼び覚まし、内省を促し、さらにそれが自分自身の肯定にもつながることで、「もっと語りたい」いう意識が駆動されるようなものでもあると考えられる。

④自己のとらえ直し
最後のカテゴリーは、「自己のとらえ直し」である。ここでいう「とらえ直し」には、二つの意味がある。第一は、

それを意識的に行うことで過去の自分の経験を現在と関係づけて再解釈するというもので、第二は、無意識のうちに経験されていたことが、あるときふと思い起こされ、今の自分に結びつくというものである。まず、第一の点から見ていくと、「おはなし」の語り手は、意識的に昔の記憶をたどり、蘇らせる一種の訓練を積んでいる。これについて、たとえば、語り手Aは次のように話した。

（語り聞かせの講習会で）「おはなし」をする人は自分のちっちゃいときの記憶をちゃんと思い出して、そのときの気持ちがどんなものだったかをちゃんと自分の中に呼び覚ますようなことをしなきゃだめだよっていう、そういうふうにやっぱり、ワークみたいなのを受けて、で、そのときに一番、眠っているっていうか、昔の記憶は何かなっていった時に、たどり着いた記憶だったので、たぶん普通にこういうふうに練習をしなかったら、私はそこまできっと自分の最初の思い出はなんだろうなんて、呼び覚まさなかったと思いますね。

また、語り手Bは、語り聞かせの活動を始めたことで、自分の幼少期に周囲の大人たちからたくさんのお話を聴かせてもらい育てられてきたことに気がついたと話した。

「お話なんて聞いていません、聞いていません」って、あの、「むかしむかし、あるところに」っていう形では聴いてなかったものだから、Aさんには「私、昔話聞いていません」って言っていたら、（中略）読んだときにはそう思えないのだけど、人から聴くと、「あそこらへんと、あそこらへんは聞いたことがある」とか思えて。

昔話といってもそういうような、身につまされるような怖い話をいっぱいにふんだんに散りばめられた暮らしっていうか、そういう中で暮らしてきたのだなと思います。

語り手Bが話したように、語り聞かせをきっかけとした記憶の呼び起こしが、語り手にとっては、自分の幼少期の生活のとらえ直しになっているといえる。

同様に、語り手Cも、語り聞かせの活動を始めたことで、自分の口調が祖父に影響を受けたものであったと気がついたエピソードを語った。

うちのおじいちゃんっていう人は、よく言えばおっとり、悪く言えばもったりとした人で、ほとんど話さなかったのね。「うん、うん」って言うくらいの人だったんだけど、仕事とか行くときについていくと、その辺に生えてる草とか虫とかのことを、これはな、この花どうのこうのってちょっとしたいわれ話みたいなのをしてくれて。だから語りなのかいわれ話なのか分からないけど、そんな話をしてくれていたんですね。

寝るときは私も一緒にお布団に入って、そのときに話をしてくれるんだけど、今思えば（中略）話の内容よりはその、体温とか、強い音は出さない人だったので、柔らかい音、きっと優しい人だったんだと思うんだけど、大きい音を出す人じゃなくて、普段もおしゃべりもしないから、ゆったり、もったりした音を出す人だったのね。私もたぶんそれがうつっているっていうか、それだと思うのですけどね。

さらに、語り手Dおよび語り手Eも、自己のとらえ直しにかかわって、次のようなことを話した。

【語り手D】語りに出会う前は、母親とずいぶんやっぱりケンカしましたけどね、（中略）でも語りに出会って、自分が語ると同時に、今度は聞き手でもあるわけで。聞き手の立場にもならざるを得ないわけなんでね。そうすると、年老いた母が言ってくることも、素直に受け入れられるようになりましたね。

【語り手E】今覚えているのは、父親のお布団の中に入れてもらって、絵本というわけでもないのですね、いろんな絵のあるような、イラスト集のような、そういう絵だけを見て、これはこうだよねとか、ああだよねっていうのを、父親に話してもらったのは、もうそのときの温かい布団と一緒に、すごく気持ちよくって楽しいなっていう記憶が、もう本当に二つ、三つまでの間の記憶の中にあるのですね。思い出せばそうね。もともとは覚えていなかったと思うのですけど、ただそうやって大人、親が私に向かって一生懸命、何か伝えようとしてくれていたのだっていうことの心地よさっていう経験は、そのときに経験したのですよね。

語り手Dは、語り聞かせを始めたことで、母親と自分との関係をとらえ直すことができるようになり、また、語り手Eは、子どもの頃にお話をしてもらった経験とそのときの「心地よさ」を思い出すことで、自分にとっての父親の存在をとらえ直すことになったといえる。

このように、語り手は、「おはなし」を自分自身や自分と周囲との関係を再構築する機会を与えてくれるものととらえていると考えられる。ただ、こうした「自己のとらえ直し」は、すぐにできるというものではなく、「やっぱり初めの頃ってがむしゃらじゃない。覚えて、覚えたらやって、次覚えてってこなすことでいっぱいいっぱいで、じっくりそれを考えるとかなかなかそういう機会に恵まれなくて。私、今年で10年目に入って、やっと周りが見えてきたっていう感じなのかな」と、ある語り手が話すように、ある程度の時間を経て、経験を積むことで認識されるものであると思われる。

ここまで、語り手のとらえる「おはなし」とは何かということについて、分析から導かれた四つのカテゴリー、①子どもの「発見」、②物語に魅せられる経験、③物語の「自分化」、④自己のとらえ直しの視点から説明してきた。最後に、これら四つのカテゴリー間の関係をふまえながら、あらためて「おはなし」とは何か、考察していくこととする。

第3節　語り手にとって「おはなし」とは何か—分析結果の考察—

（1）「関係」にひらかれた場

第一に、語り手は「おはなし」を「関係」にひらかれた場ととらえていると考えられる。具体的に、各カテゴリーと照らし合わせながら説明すると、たとえば、カテゴリー1の「子どもの『発見』」では、次のような語り手の言葉が見られた。

子どもって、目をきらきらっとさせてて、難しい顔をしたりすると、何がそんなに気になっていたのかなとか思うじゃない。そうすると、ほんのちょっとのことで気になって、それがずっと引っかかって楽しめなかったりとか、あと、その一つの言葉だけがおもしろすぎて、「おはなし」は何一つ聞いていなくて最後まで笑っていたりとか、なんかね、私たちが想像する力ってこれくらいだけど、子どもってもっと輪をかけるじゃない。だからものすごく大きいって言ったら、その大きさが全然違うのね、その子によって。色もそうだし、そういうのを感じるのがおもしろい。だから元気をもらえるし。最初は、覚えて語るってことだけに集中していたけど、今は子どもたちと楽しむ感じかな。

このように、語り手は、子どもの想像力や個性といったものを、「おはなし」を通じたコミュニケーションによって発見していた。そのような子どもの意外性を見いだすことが、語り手にとって「おはなし」の魅力そのものであり、その意味で「おはなし」は、語り手と聞き手の子どもとの「関係」の生まれる場であるととらえられる。一方、これは語り手の目に映る子どもの姿という条件つきの解釈ではあるが、聞き手である子どももまた、語り手が、子どもの様子を「目をきらきらっとさせて（聴いている）」「（語り手の）目を見て聴いてくれますよね」と表現することから伝わるように、「おはなし」の空間では大人との関係にひらかれ、コミュニケーションをとる楽しさを共有していると思われる。

次に、カテゴリー2の「物語に魅せられる経験」は、語り手と聞き手の関係、大人と子どもの関係、語り手と時間・空間を隔てた存在との関係という三つの関係により成立すると考えられる。たとえば、語り手と聞き手の関係の場合、ある語り手が、「私すっかり虜になっちゃって、Sさんのお話で絵本の良さもいっぱい身にしみました」と話した言葉の中に、それが表れている。つまり、この語り手は、本に書かれた物語ではなく、特定の語り手の「声」によって届けられたお話に魅せられているのである。同様に、大人と子どもの関係では、次のような言葉からそれが読み取れる。

子どもが読んで、おもしろがっていろいろ説明してくれるのですよ。それで、今度は子どもの目を通してっていうか、聴いた声を通して読んだら「へー」って。あらためておもしろくて、全部読めました。

このように、語り手は子どもの目と声を通して「読む」ことで、これまで気がついていなかった物語のおもしろさを感じ取ったと語っていた。この例は、厳密には「おはなし」の場におけるエピソードではないのだが、ここに、個人の読書とは異なる、声に出して語られた物語ならではの大人と子どもの関係が見いだせるのではないだろうか。一方、語り手と空間・時間を隔てた存在との関係については、これまでの二つとはやや次元の異なるものである。たとえばそれは、伝承の物語がそもそも「社会性」を帯びて成立してきたものだと知ることで、自分の存在が「歴史の中の一コマ」と感じられる感覚に示されていると思われる。

次に、カテゴリー3の「物語の『自分化』」に関して、これは、語り手が物語を暗記するのではなく、「自分のもの」として語れるようになったときに初めて、聞き手に「おはなし」を聞いてもらえているという感覚を得られたという言葉からうかがい知ることができる。たとえばそれは、次のようなものである。

（昔は）本から覚えて、もうほんとに勉強が足りなかったのですね。字のとおりに覚えていて。もうどこからいってもぱっと出るように暗記できちゃったのです。そうしたら、気がついたら自分のイメージは別のところを思っているのに、口だけ勝手に筋を追ってっていうようになって。そうしたら、自分でも楽しくなくなっちゃって、そこらへんのときから、テキストどおりに語ることのおかしさ、弊害みたいなものを感じたように思うんです。

自分の体の中に「自分化」して語れるようになったら……聴いてくれる子が増えたような気がします。他のことを考えていて、こっちを聴いていてくれないなっていう子はいるんですよね、最初のうちは。でも、活字のとおりに話しているときは、そういう子がいっぱいいても仕方がないかとは思っていたのですね、そういう子がいても聴きなれないからって。

今、たとえば一昨日ですか、34人くらいのクラスなんですけどね、初めはこんなになっていたりしても、おしまいの頃になると、みんな全員がこっちを見てくれています。よそに気をとられていたり、とにかく授業だから座らされてるんですけど、仕方ないから聴いているって子はいなくなりますね。それがまた快感でもあるのですけど。

この話から分かるように、語り手は、物語を「自分化」することを、聞き手との関係をめぐってとらえている。最後に、カテゴリー4の「自己のとらえ直し」を「関係」にひらかれた場という観点で見ると、たとえば、「普通にこういうふうに語りとか練習をしなかったら、私はそこまできっと自分の最初の思い出は何だろうなんて、呼び覚まさなかったと思いますね」というのは、自分が子どもの頃に大人に気にかけてもらったことを、今現在の「私」が、語り聞かせの活動を通して再認識している例といえる。ここに、語り聞かせの活動、あるいは、今回の調査のインタビュアーとの間で、語り手が自分の過去の経験をふり返ることによって、子どもの頃の自分と周囲の大人との関係を組み替え、それにより現在の「私」を再認識するという構図が見て取れる。

(2)「自己」への意識

第二に、語り手は、「おはなし」を「自己」へ意識を向けさせるものととらえていると考えられる。ここではこれを、「自己」への意識と表現し、それが具体的にどのようなものであるのか説明していく。まず、「子どもの『発見』」について、たとえば、「自分の言ったことで子どもが驚いたり、笑ったり、なんかウェーブのように子どもたちがバタバタバタッとか倒れたりすると、なんかね。私のこんな一言でこんなに変わるのかって思ったら、やめられない」といった語り手の言葉に、それが表れている。すなわち、これは語り手の言葉が単純に聞き手に伝わって、聞き手がそれに反応している場面というだけではなく、「おはなし」をすることで語り手は、予想もしないような子どもの反応を目の当たりにし、それがさらに、語り手に「自分の言葉」が子どもに与える影響力を実感させていると見ることができるのである。そして、これにより語り手は自分自身の言葉に対して信頼感をもち、自己を肯定することができるようになるのだと考えられる。

次に、「物語に魅せられる経験」と「自己」への意識との関係について、それはたとえば、語り手の話した「自分の好きなお話」の話題からうかがい知ることができる。

無意識に選んでいるお話っていうのが、ふり返ったときに、ああそっか、私はこうやってお話を選んで、語って、気がつかないうちに自分を励ましていたのだなっていうことに気がつく。

右記によれば、語り手それぞれが無意識のうちに選びとってきた物語の内容をふり返ってみると、実はそこに「自分そのもの」が見いだせるという。しかもそれは、自分の好きなお話を聞き手の子どもに語り聞かせ、さらにそれを子どもが喜んでくれることで、あたかも物語を通じて自分が励まされ、肯定されるような感覚になるという、語り手と聞き手と物語の三者の関係によって成立するといえる。

さらに、「物語の『自分化』」と「自己」への意識との関係については、たとえば、ある語り手が「私のアイデンティティは方言が凝縮されている昔話のところにいっちゃうわけです。だからその方言を解放、完全に自分で解放できる場は昔話しかないわけですよ」というように、「自分の言葉」で語る行為が、自己の解放、自己肯定に結びつく点に、両者の関係が表れていた。他にも、「物語の『自分化』」をめぐる話題は、「自分の一番良い声が出る」「自分のもっている良いものが出る」「語っているときだけは100%良い人」といった、語り手の自己肯定感を感じさせる表現とともに登場していた。また、たとえば文字を暗記するだけであったり、身ぶり表現などに制約があったりすると、語り手は「正しく語る」ことにとらわれてしまい、「語りがうまくいかない」「自信がもてない」「楽しめない」と感じるのに対して、自分の言葉で自由に語れるようになると、そこに「気楽さ」や「安心感」が生まれ、それが語り手としての自信へとつながっていくという語り手の言葉もあった。ここにも、「物語の『自分化』」が、語り手の中で肯定的な自己意識に関連づけられていることが見て取れるだろう。

最後に、「自己のとらえ直し」と「自己」への意識との関係の例として、前にも紹介した語り手の言葉を再び引用する。

父親のお布団の中に入れてもらって、絵本というわけでもないのですね、いろんな絵のあるような、イラスト集のような、そういう絵だけを見て、「これはこうだよね」とか、「ああだよね」っていうのを、父親に話してもらったのは、もうそのときの温かい布団と一緒に、すごく気持ちよくって楽しいなっていう記憶が、もう本当に二つ、三つまでの間の記憶の中にあるのですね。思い出せばそうね。もともとは覚えていなかったと思うのですけど、ただそうやって大人、親が私に向かって何か一生懸命、こうやって使いながら、何か伝えようとしてくれていたのだっていうことの心地よさっていう経験は、そのときに経験したのですよね。

この語り手の言葉からは、語り聞かせの活動を通じて、過去の記憶の中で自分が大人に「愛されていた」ということを実感したとき、同時に、現在の「私」への肯定感が生まれていることが読み取れる。

（3）「関係」にひらかれた場と「自己」への意識の結びつき―「おはなし」の論理―

最後に、「関係」にひらかれた場と「自己」への意識の両者の関係について検討することで、語り手にとって「おはなし」の場とはどのようなものなのか、その論理を描き出すこととする。

先にそれを一言で表すと、「おはなし」は、「声」という身体をともなう言葉のやり取りによって、聞き手との「間」に向けられた語り手の「自己」意識が、たえず変化していく営みである。またそこでは、語り手の大人が子どもを肯定し、他方、語り手自身も子どもに肯定されることによって、語り手のさらなる言葉への信頼感が育まれ、それが『おはなし』を語りたい」という語り手の気持ちをいっそうかき立てるという関係が生まれている。これが、語り手の視点から導き出された、現代の「おはなし」の場の論理だと考えられる。次に、これについて詳細に検討していく。

まず、インタビューの中で語り手が繰り返し言及したのが、文字に書かれた物語を声に出して語ること、すなわち物語の身体化に関することであった。語り手の視点に立った場合、これが現代の「おはなし」の論理の軸になると考えられる。

また、インタビューにおいて、語り手たちは物語を声に出して語ることを、「物語を自分化する」、あるいは「お話を自分のものとして語る」などと表現していた。ここでいう「自分化」が具体的に何を指すかということについては、たとえば、「楽」「のびのび」「活字なのだけど声が聞こえるように立ち上がってきて」「自分の一番良い声」など、語り手によってさまざまなとらえ方があった。また、「自分化」が「方言」で語ることを指している例もあった。このように表現の仕方やイメージは多様であるが、いずれにせよそれは、ある語り手が「もう言葉のとおりではなく語る」と表現したように、文字化され、標準化された物語を、自分の本来もつ声で自由に語ることを意味していたといえる。つまり、ここで重要なのは、語り手が物語を「自分化」することで、その物語はある種の定型を逸脱するという点であると考えられる。

次に、そのように物語を身体化していく過程に、語り聞かせの学習が位置づけられている[12]。インタビューでは、学習に関する話題において、語り手は、たえず「関係」と「自己」に言及していた。たとえば、ある語り手は「(子どもの頃、祖父にお話を聴かせてもらって）何回も何回も言ってもらったことって、私の中に積み重なってって、私って受け入れられている存在なんだ、ひいて言えば、愛される存在なのだっていうのが、無意識の自信になっていたのだと思う」と語った。ここには、語り手が祖父との関係において、幼少期の自分を「愛される存在」としてとらえ直し、それによって現在の自己を肯定するという意識の変化がみられる。こうした、語り聞かせの学習をきっかけとした子どもの頃の「自己」のとらえ直しが、現在の活動の中で、自分の発する言葉への自信を生み、またそれが、「お話とともに、人として良いものを受け取る体験をしたのでね、だからそういうふうに語っていきたい」と、現在の子どもと向き合う姿勢にも変化をもたらしたと思われる。

さらに、記述のとおり、ある語り手は、本などに書かれ文字化された昔話を学ぶことで、「語りの奥深さ」を知り、自分が「歴史の一コマ」であると認識したと語った。ここに、語り手が、時間・空間を隔てた存在と自己との結びつきを感じ取っている様子が表れている。ただこの場合、語り手は口伝えされてきた物語のいわゆる定型を語り継ぐ「伝承者」の立ち位置におり、その立場は、先ほど述べた物語の「自分化」とは対照的なものである。このように、語り手の意識は、ある語り手がインタビューの中で、「学校でやるのは、本と子どもをつなぐっていうのを基本とするから、あなたが聴いたお話を自分で語ったら、子どもたちに本の紹介ができないじゃないと言われて」と話したように、物語の「定型」と「自分化」との間でたえず揺れ動いていると考えられる。

では、こうした葛藤の中、語り手たちは物語を「自分化」して語ることに、なぜそれほどまでにこだわるのだろうか。その強い動機づけとなっているのが、「おはなし」の場での子どもとの関係である。たとえば、前にも挙げたが、インタビューでは次のような語り手の話があった。

子どもたちって想像力が半端じゃないのね。だから毎回驚かされるし、それのおもしろさかな。なんかね、私たちが想像する力ってこれくらいだけど、子どもってもっと輪をかけるじゃない。そういうのを感じるのがおもしろい。だから元気をもらえるし。最初は、お話を覚えて語るってことだけに集中していたけど、今は子どもたちと楽しむ感じかな。

ここから分かるように、語り手にとって「おはなし」の何よりの魅力は、聞き手の子どもと「楽しさ」を共有する中で、彼らの「個性」や「未知性」を発見していくことである。また、ある語り手が「おはなしを聴ける子は、信頼できる子」と話すように、語り手の大人は、そこで「異文化」としての子どもの姿をとらえながら、同時に、彼らへの信頼感を育んでいると考えられる。これらを考え合わせると、そこには、おはなしを通じて「一人の人格をもった存在として」子どもを認めることで、自分自身もまた、子どもに信頼されたい、認められたいという、語り手の意識が表れているといえる。これが、既述の聞き手との「間」に向けられた、語り手の「自己」意識の意味することである。

このように、「おはなし」の中で、子どもとの関係をめぐる「自己」のたえざる変化を実感することが、語り手にとってその活動を行う最も重要な動機であり、「物語に魅せられる経験」である。そして、そのような「おはなし」は、ある語り手が「(語りをやっていたおかげで)言葉を信じるってことができた。それは本当に感謝」と語るように、言葉そのものへの信頼感を育む営みでもあるのだと考えられる。

小括

本章では、現在、ボランティア活動の一つとして行われている「おはなし」の活動について、語り手が「おはなし」をどのようにとらえているかという観点から、その論理を検討してきた。

ここまで述べてきたことをあらためてふり返ると、まず、文字に書かれた言葉を声に出して語る行為、すなわち物語の身体化が、語り手のとらえる「おはなし」の中心軸であると考えられる。また、そのように文字化され、標準化された物語を、自分の本来もつ声で自由に語ることにおいて重要なのは、語り手が「自分化」することで、物語がある種の定型を逸脱するという点であった。

そして、この物語の身体化、自分化の過程に、語り聞かせの学習が位置づけられている。語り手にとって学習の意味は、たとえば、幼少期をとらえ直す経験をすることで、現在の活動の中で、自分の発する言葉への自信を生むことにあり、それが子どもと向き合う語り手の姿勢にも変化をもたらしていると思われる。また、語り手にとってのもう一つの学習の意味は、文字化されたテキストの昔話を学ぶことで、語り手が時間・空間を隔てた存在と自己との結びつきを感じ取れるようになるということである。ただこの場合、語り手は口伝えされてきた物語の定型を語り継ぐ「伝承者」の立ち位置におり、それは既述の物語の「自分化」とは対照的で、語り手の意識は、この物語の「定型」と「自分化」の間でたえず揺れ動くものといえる。

こうした葛藤の中にありながら、語り手は、「おはなし」における子どもとの関係に、物語を「自分化」して語ることの意味を見いだしている。語り手にとって「おはなし」の何よりの魅力は、聞き手の子どもと「楽しさ」を共有し、子どもの「未知性」や子ども一人ひとりの「個性」を発見することにある。また、そのように「異文化」としての子どもの姿をとらえながら、語り手の大人は、自分自身も子どもに信頼されたい、認められたいという意識を重ねつつ、子どもへの信頼感を育んでいるのである。

ここまでをまとめると、「おはなし」は、「声」という身体性をともなう言語のコミュニケーションによって、聞き手との「間」に向けられた語り手の「自己」意識が、物語の「自分化」を通じてたえず変化していく営みであると考えられる。ここでいう語り手の「自己」意識の変化とは、「おはなし」の場で、語り手の大人が子どもを肯定し、さらに語り手自身も子どもに肯定されることによって、語り手のさらなる言葉への信頼感が育まれ、それが「お話を語りたい」という気持ちをいっそうかき立てるという循環のことを指している。これが、語り手の視点から見た、現代の「おはなし」の論理である。

ところで、教育哲学者の高橋勝は、昨今の教育的な営みの多くが「学校モデル」で語られ、固定化されていることを問題視している。高橋によれば、現在、「教育」という言葉は「望ましい知識・技能・規範などの学習を促進する意図的な働きかけ」ととらえられ、その意味も、現実社会に適応していくための準備という程度の意味に狭められてしまっているという[13]。また、同じく高橋によれば、自己は常に他者にひらかれ、他者との関係の中で、さまざまな生の相貌が形づくられるものであると考えられ、そうした考えに基づく「関係生成的なアプローチ」によって子どもの教育をとらえ、実践することが、子どもの身体感覚の目覚め、自尊感情の芽生え、自信を育むという[14]。

この指摘をふまえて、あらためて「おはなし」について考えてみると、既述のような語り手たちの意識は、まさにここでいう関係生成的な営みへ向けられているとはいえないだろうか。先ほども述べたとおり、「おはなし」において、語り手の「自己」意識は、物語の「自分化」のプロセスで子どもへと開かれつつ変化するものであり、子どももまた、その場で語り手との関係に開かれた状態にあるといえる。さらに、そこで語られる物語は、本に書かれた物語のように標準化、定型化されたものではなく、語り手と聞き手との関係の中で、変化する可能性を秘めている。そのような創造的な言葉のやり取りの中で、語り手の大人が子どもの個性を発見し、それを認め育んでいくという関係の在り方には、高橋のいう「関係生成的なアプローチ」による教育の一つのかたちが示されていると考えられる。

注

1　ただし、ストーリーテリングの理論は、1908年にはすでに、アメリカの図書館の児童サービスの一つとして日本へ紹介されていた。同年に発行された『図書館雑誌』において、ストーリーテリングは「談話（お話）」と訳され、「一定の時に於いてなさる丶事にて其時間が通例二三十分とす」と、その特徴が説明されている。また、日本では、1910年から「談話（お話）」がアメリカと同様に「ストーリーテリング」と呼ばれるようになり、図書館の児童サービスの一環に位置づけられたが、1940年代になると第二次世界大戦の影響下、活動が停滞する。その後、ストーリーテリングが再注目され、児童図書館員を中心として本格的にその理論が学ばれるようになったが、本書で言及したように1960年代以降のことだった（野村純一・佐藤涼子・江守隆子編（1983）『ストーリーテリング』弘文堂、2-3頁）。

2　子どもの読書推進運動の具体例としては、たとえば、1967年、斉藤尚吾により設立された「日本親子読書センター」における活動や、代田昇らによって組織された「日本子どもの本研究会」の取り組みなどが挙げられる。また、作家の石井桃子が1958年に自宅で家庭文庫「かつら文庫」を始めたことは、日本の文庫活動の黎明といわれる。こうしたさまざまな取り組みが子どもの読書と地域活動を結びつけ、母親が社会参加する市民運動へと広がったと指摘されている（櫻井美紀（2007）『心をつなぐ語り――これから語る人のために――』語り手たちの会、30頁）。

3　語り聞かせのボランティア活動が急速に発展した背景には、1997年に文部科学省により「心の教育」が提唱されたこと、また、図書館員らによる学校図書充実の働きかけを契機として、小中学校に図書専門教諭・臨時職員が配置されたことなどがある。さらに、直接的なきっかけとしては、1999年、文部科学省が「学校図書館活性化」の予算を計上し、地域の父母・住民の力を借りながら、学校においで読み聞かせの活動を実施するよう奨励したことがある。これ以後、小中学校に児童の母親や地域のボランティアグループなどが招かれ、朝の授業の開始前や総合的な学習の時間などに、お話会が実施されるようになった（前掲1『ストーリーテリング』98頁）。

4　あるいは、伝統的な村の語りと区別して「都市の語り」と呼ぶ（小澤俊夫（2007）「昔話で育つ子どもたちと昔話からのメッセージ」『教育展望』第46巻 第7号、28頁）。

5　佐藤涼子（1998）「都市から発した現代の語り／ストーリーテリング」『國文学』第34巻 第11号、110頁

6　ボランティアの語り手の多くは、子どもの頃に聞き手として語り聞かせにふれた経験がないため、図書館などの講座や市販の手引書等を利用し、お話の選び方や覚え方、語り方などについて学習し、活動を行うのが一般的である。そのようにして活動を進める中で、多くの語り手が直面する問題といわれるのが、語り聞かせは「暗記してはならない」ということである。アメリカの児童文学者でストーリーテラーでもあるルース・ソーヤー（Ruth Sawyer）は、これについて以下のように述べている。「語ろうとするはなしについてよく思いをめぐらし、想像力を働かせ、ひたすらそのはなしの背景や内容を理解する努力をしてはじめて、私たちは、そのはなしを自分のものとすることができる。こうしてはじめて、そのはなしに生命を与えることができる。では、その方法はというと、それは、はなしの中の一つ一つのできごと、あるいは場面場面を絵にしておぼえるのだ。決して一語一語おぼえてはならない」（Ruth Sawyer（1942=1962）“The Way of the Storyteller: A Great Storyteller Shares Her Rich Experience and Joy in Her Art And Tells Eleven of Her Best-Loved Stories”, The Viking Press〔池田綾子訳（1973）『ストーリーテラーへの道――よいおはなしの語り手となるために』日本図書館協会、157頁〕）。

7　竹内敏晴は、メルロ＝ポンティに依拠して、言語には三つの種類があると指摘する。第一は、情報伝達の役割を果たす言語である。この場合に用いられるのは、人々の間で何千回何万回と使用されて、共通の意味が了解されていることを前提とした、いわば「制度化されたことば」である。第二の「現れつつ意味を形成することば」は、詩人や哲学者の生み出す「根源的体験を言い表すことば」や、自らの感情を表す「表現としてのことば」などで、それによって人は、第一の言語を突き崩し、生き生きと充実した表現をつかみ、「まことに生きる」ことが可能になるという。

さらに、第三は、「呼びかけ」としての言語である。先の二つが話す主体中心であったのに対して、これは他者とのかかわりにおいて成立する言葉、すなわち、「間主観性―間身体性」に視野を広げた言語のとらえ方である。竹内は、特に「呼びかけ」としての言語は、呼びかけることにより「あなた（他者）」と「わたし（自己）」が生まれるという意味で、第二の「表現としてのことば」の誕生の現場であると述べている（竹内敏晴（2007）『声が生まれる――聞く力・話す力』中央公論新社、162-164頁）。

8　半構造化インタビューは、あらかじめ決められた質問項目を用いながらも、回答者の答えによって新たな質問を重ね回答内容を深めて

いく、比較的オープンに組み立てられた聞き取り方法である。この方法をとることで、質問者とのやり取りを通じ、調査対象者のものの見方がより明らかになっていくことが期待される（Flick, Uwe（2009）"Qualitative Sozialforschung An introduction to qualitative research". SAGE Publications Ltd.〔小田博志・山本則子・春日常・宮地尚子訳（２００２）『質的研究入門――〈人間の科学〉のための方法論』春秋社、94頁〕）。

9　ＫＪ法の分析手順については、川喜田二郎（１９８６）『ＫＪ法――混沌をして創造を語らしめる』（中央公論社、１２１-１６９頁）を参考にした。

10　語り聞かせの「自分化」とは何か、またその必要性について、これまでさまざまな議論がなされてきた。たとえば、東京子ども図書館の創立者で、児童文学翻訳家の松岡享子は、「語り手が話をすっかり自分のものにしてしまったときには物語の諸要素と語り手の個性とは一つにとけあって、物語は単に活字に還元してしまえる物語でなく、語り手によって生命を吹き込まれた物語に変わる。子どもにとってお話を聞くのがおもしろい最大の理由もここにある。自分で本が読める子でもお話を聞きたがるのは、つまり、このたのしさ、物語に語り手の人間が加わって生じた魅力による」と述べている（松岡享子（１９９４）『たのしいお話――お話を子どもに』日本エディタースクール出版部、50頁）。

　また、語り聞かせの「自分化」について、聞き手に合わせるために物語に少しの「刈り込み」、すなわち脚色を加えることが話そのものをより良くするという意見もある（Eileen Colwell（1980）"Storytelling", Bodley Head Children's Books〔松岡享子・石川晴子・太田典子・柴田晴美・中井登志子訳（１９９６）『子どもたちをお話の世界へ――ストーリーテリングのすすめ』こぐま社、20頁〕）。このような考え方は、昔話の語り聞かせが口承文芸である点を重視した見方であるといえる。古来の昔話は口頭で伝承され、語り手と聞き手がその場でお話を創り上げていくという即興性の強い性格を帯びており、いわば「語りの芸術」といえるものである。このような「語り」の性質を考慮して、形式にとらわれない自由さを重視し、聞き手に合わせて物語に手を入れることも必要だと考える立場がある。

　一方、そのような行為によって物語が改変されかねないという問題点を指摘する立場もある。この立場の語り手が危惧するのは、安易な話の変更が本来の話の筋の価値を歪めてしまったり、話そのものが大きく変化してしまったりすることである。その一例として、児童文学作家の松谷みよ子の再話「さるのひとりごと」を挙げると、この物語は、一見すると原話に忠実に再現されているように思えるが、原話と比較すると、全体的な話の印象がまったく異なっている。その原因は、猿の独り言に対して、原話で「ふーん」と答えるカニの返事が、再話では肯定を意味する「うん」に変わっており、この「うん」という一言が繰り返されるたびに主人公の性質が変化させられ、最終的に両者がまったく異なる主題をもった話となっているという。このように、語り手の話のとらえ方やその人自身の人生観により元の昔話が変化することで、その物語のもつ独自の意味が失われる可能性が指摘されている（如月六日（１９９９）「現代の語り手と昔話」『昔話研究と資料27 現代語り手論』日本昔話学会編、三弥井書店、42頁）。

11　Steven Feld（2000）「音響認識論と音世界の人類学――パプアニューギニア・ボサビの森から」『自然の音・文化の音――環境との響き合い（講座 人間と環境）』山田陽一編、昭和堂、40‐41頁

12　ルース・ソーヤーによれば、語り聞かせは声を道具として言葉を操る芸術であり、正しい呼吸法と発音に基づいて、声の訓練を行うことが重要である（前掲６『ストーリーテラーへの道』１５３頁）。そのため、現在、語り聞かせの講座の基礎的な学習内容には、正しい呼吸法や発声法を身につける訓練に始まり、言葉のイメージをふくらませる演劇的なワークなどが取り入れられている。これらは、言葉を身体化するための基礎的な学習である。

なお、昔話が語り聞かせに適した物語とされるのは、それが本来、声で語られることを想定し、音楽的に構成されているためである。たとえば、昔話には母音と言葉の繰り返しが多用されており、また、物語の導入部はゆったりと始まり、それから徐々に緊張が増し、クライマックスで頂点に達して、一挙にほぐれるといった構成である話が多い。このような昔話に特徴的なリズムやテンポは、「語り」がもともと聞く側に合わせてつくられたものであることに由来するという（前掲10『たのしいお話――お話を子どもに』99頁）。

13　高橋勝（２０１４）『流動する生の自己形成――教育人間学の視界』東信堂、88‐82頁

14　同右『流動する生の自己形成――教育人間学の視界』35頁

第2章　声の文化としての昔話の性質

はじめに

序章で述べたように、オングは、言葉の媒体となるメディアを「声」と「書くこと」、それに付随する「読むこと」の技術に分類し、メディアの技術の変化にともなう人々の意識や文化の移り変わりには、書くことの知識をまったくもたない「一次的な声の文化」、「手書き文字の文化」、「印刷文化」、テレビやラジオなどによる電子的コミュニケーションを行う「二次的な声の文化」の四つの段階があると指摘した。オングによれば、これらの中でも、言葉は圧倒的に声に依存しており、コミュニケーションや書くことなど、あらゆる表現の根底には声としての言葉があるという[1]。オングの研究関心は、そのような視点から一次的な声の文化の性質を検討し、声の文化から文字の文化へ移行したとき、人々の意識の在り方や社会がどのように変化したのかを明らかにすることに向けられているのだが、特に注目したいのは、彼が、テレビやラジオ、コンピューターなどの新たなメディア、すなわち二次的な声の文化と一次的な声の文化が、いずれも人々の間に「強い集団意識」を生み出す点で似ている面があると指摘していることである[2]。ここには、古代社会と現代社会の間に何らかの共通項を見いだそうとする、オングの姿勢が表れていると考えられないだろうか。

そこで、筆者はこのようなオングの知見をふまえ、近代以前の語る行為の在り方を検討し、そこに現代的な語りの営みとの共通項を見いだすことで、語りの歴史を貫く性質とは何なのか、その特徴を明らかにしたいと考える。具体的に本章では、オングのいう「一次的な声の文化」の一つである日本の昔話の性質について、①「語り」という言葉の語源、②昔話の「座」の性質、③昔話の形式の三つの側面から検討する。それによって、口演童話が誕生する以前の語る行為がどのようなものであったのかを示し、さらに、第1章で扱った「おはなし」との相違点を検討することで、次章以降で論じる口演童話の分析の視座を得ることとしたい。

第1節　語源から見る「語り」の性質

(1)「かたる」と「はなす」の違い

昔話の性質を考察するにあたり、そもそも「語る」行為とはどのようなものなのか、その語源を繙きながら考えてみる。

言語にかかわる人間の行為は、「語る」をはじめとして、「言う」「話す」「伝える」「教える」「告げる」など多様に存在する。また、ここに受け手側の視点が加われば、「聞く／聴く」「(命令に)従う」「承る」など、その表現はいっそう広がっていく。そこでまずは、中でも私たちの日常生活に最も身近であると思われる「話す」を取り上げ、それとの比較によって、「語る」の性質を浮かび上がらせていくこととする。なお、「かたる」は「語る」や「騙る」、「はなす」は「話す」や「噺す」、また、後述の「うたう」も「歌う」「謡う」「唄う」「詠う」など漢字表記の仕方が用途によってさまざまあるが、本書の中でより抽象的な概念としてそれぞれの行為を扱う場合は、次の引用の例にしたがい、「かたる」「はなす」「うたう」など、ひらがなのまま記すこととする。

国文学者の臼田甚五郎によれば、「『かたる』は、本来言霊《ことだま》の信仰に基盤をおいているので、内容にも、形式にも決まりがあった。そういう意味では不自由なものであった。自由を求める気持ちは、中世においてはつきりと『はなす』を確立した。『はなし』の世界は、時間的にも、空間的にもとらわれるところがなく、現在の世間の出来事をも好んで語った」(※ルビは筆者)ものだった[3]。

「言霊」の語意を辞書で引くと、「言葉に宿っている不思議な霊威」(『広辞苑・第6版』)と説明されている。これは、「雨が降る」と言ったら本当に雨が降ってきたというように、ある言葉を唱えることで言葉どおりの事象が現実にもたらされるという、古代日本人から続く、言葉に対する考え方である。このような言霊信仰は、『万葉集』の一節、「磯城島《しきしま》の大和の国は　言霊の助くる国ぞ　真幸《まさき》くありこそ(柿本人麻呂)」が示すとおり、古代までさかのぼることのできる思想である。また、たとえば結婚式のスピーチで「切れる」「別れる」といった不吉な言葉を使うことが避けられているように、言霊の力を信じる傾向が現代にも見られることは、身近な例からも分かる。

この言霊の力、すなわち言葉に秘められた力を発揮させる条件は、言葉を声に出して発音するということである[4]。また、通常のおまじないの唱え言葉がそうであるように、それは内容、形式ともに「正確なもの」でなければ、願ったとおりのことは生じないとされている。古代の人々が、たとえば田畑の豊作を願うために雨乞いの儀礼を催して神仏に祈ったり、病を治癒するための祈祷をしたり、言葉に宿る霊威を現すために儀礼的な宗教行為を行ったのは、そのためである。そして、それゆえ、もともとの「かたる」とは、こうした言霊の信仰に根ざした、ある確固とした形式の定められた言語活動であったといえる。ではどうして、言葉は声に出して発音しなければ、その霊力を発揮しないのだろうか。その答えは、古代の人々の言葉に対する感性に求められる。

書くことを知らない、一次的な声の文化に生きる人々は、例外なしに、言葉には偉大な力が宿ると考えていたという[5]。なぜなら、音声を音として響かせるには、腹や喉など体の各部分を用い、ある程度の力を使って発音しなければならないからである。すべての音声は、生体の内部から発せられるものであり、それゆえに「力動的」である。

活字文化の中に生きることに慣らされた私たちは、言葉が第一に「声」、あるいは、それによって語られた「出来事」であって、必然的に力により生み出されたものであるとは考えない。むしろ、言葉は平面上に置かれた文字として、モノのようにとらえるのが普通であろう。しかし、声の文化に生きる人々にとって、言葉は必ず話されるもので、それは力によって発せられ、音として響くものである。こうした言葉に対する感覚が、そこに魔術的な力が宿るという連想に結びついていくのである。そして、そのような考えに宗教心が結びついて、日本においては言霊信仰が生まれ、それが「かたり」を発展させたのであった。

一方、「はなす」は、日常の出来事を自由に語る「世間話」がその起源とされている。先ほど、臼田の論に依拠して、「はなす」は人々が「かたる」からの自由を求めたことで確立されたと述べたが、厳密にいうと、世間話は室町時代以降に隆盛した言語行為の一つで、古代から存在した「かたる」とは、その発生の時期が大きく異なっている[6]。また、「かたる」が古代の人々にとって宗教的な意味合いをもって現れたのに対して、「はなす」は、落語の噺家、噂話、立ち話など「話す」の使用のバリエーションから分かるように、人々の日常、特に娯楽と縁の深い営みであった。その意味で、「かたる」は、聖の世界に属する「ハレ」の言語的行為、一方、「はなす」は、俗の世界、すなわち「ケ」の言語的行為であったといえる。

ところで、哲学者の坂部恵は、「かたり」の非日常性について、既述とは異なる視点から説明している。坂部によれば、「はなし」と「かたり」を比較すると、前者の「はなし」の方が素朴、かつ直接的であり、「かたり」の方は総合、反省、屈折の度合いが強く、日常生活の行為の場面からより隔絶、遮断されたものであるという[7]。また、「はなし」は、「かたり」と比べて軽い話題が多く散文的であるのに加えて、言葉を発する者は、その話の内容に対して特に責任をもつ必要がなく、聞く者もそれに無責任であって構わない。たとえば、かつて日本の農山漁村で行われていた「寄り合いばなし」という習慣がある。「寄り合い（もしくは、寄合）」は、今でも町内会などにおいてしばしばその名が使用された会合が開かれることもあると思われるが、もともとは、鎌倉幕府の最高意思決定機関や、室町時代以降に発展した村落共同体における農業生産に関する事項などの協議機関がその名称で呼ばれていた。つまり、本来の寄り合いは、武家や村落共同体の代表者が集まって、重要事項について評議や談合を行う場を意味していた。一方、その寄り合いに「はなし」という語がつけ加えられた「寄り合いばなし」は、気心の知れた仲間同士が定期的に集まって、最近知った流行の話を披露したり、交換し合ったりする情報交換の場であったとされている[8]。こうした「寄り合いばなし」の性質から分かるように、「はなし」は、日常的で、そこに居合わせる者が、気楽に情報のやり取りをするような相互行為であると考えられる。

これに対して、「かたり」は発せられる言葉が一つの物語となっており、語る者は、そこに自分自身の喜怒哀楽の感情、何らかの思いを込めるものである。そのため、物語に対する話者の思い入れは、「はなし」の内容に比べて必然的に強くなる。また、この思いを伝えるために、壮大な歴史物語や実在人物の半生記、昔話やファンタジーなど、その物語のジャンルがどのようなものであれ、そこには必ず相手を惹きつけるドラマが仕掛けられる。たとえば、工夫された展開のある「優れた」物語を聞いたり読んだりすると、人は物語の非日常の世界に没入することができるだけでなく、その中で一喜一憂することで、そこから抜け出たとき、これまでの日常が新しいものに変化したように感じられることもあるだろう。このように、物語、すなわち「かたり」は、聞き手の傾聴を促す工夫が凝らされているもので、その効果が発揮されると、それが聞く者にとっても「魂の奥深くに向かってなされるもの」となっていく[9]。その意味で、「かたる」は「はなす」よりも、その場を共有する者たちにとって非日常性が強く、いっそう親密な感情のやり取りが行われる行為といえる。

また、先述のように、世間話にしても、噂話にしても、「はなし」において会話はごく短い時間でなされ、話題も軽いものが大半である。そのため、そこには一瞬で人の興味を惹きつけるような簡明さが必要となる。反対に、物語の場合は、それを伝えるために、一定の筋を順序立てて語っていかねばならないので、内容は長く、重いものになりやすい。加えて、そのように物語の展開が複雑になればなるほど、語り手は、聞き手へそれをうまく伝えるための工夫を余儀なくされることにもなる。ただし、そうした語り手の工夫が度を越してしまうと、かえって物語の真実味が薄れてしまい、聞き手がその世界に入り込むことは難しくなる。さらに、もし語り手が相手を騙《だま》す意図で自らの物語の内容に工夫を凝らすとするならば、その語りは、ときに「騙り」にもなる。つまり、「かたる」においては、物語の真実性がいかに担保されるかということが、その場を共有する語り手と聞き手の双方にとって重要であり、内容の真実性が問われるという点で、気楽な会話を楽しむ「はなす」とは異なるといえる。

（2）「かたる」と「うたう」の違い

ここまで「かたる」と「はなす」との違いから「かたる」の性質を検討してきたが、本項ではそれが、既述のように魂の奥深くに向かってなされる行為であるという点に着目し、さらに別の角度から考えてみる。「かたる」がそのような行為として特徴づけられたのは、古代、それが魂鎮《たましず》め10の役割を担っていたことに由来している。また、「かたり」に人の魂を鎮め、心を落ち着かせる作用があることは、それが歌謡に代表される「うた」に近い行為であるためだとされている。

もともと、「かたる」は「搗《か》つ」の、「うたう」は「打つ」の再活用で、いずれも「言霊が働いて、相手の魂に衝撃をあたえること」を指し、語源的には同じである11。さらに、国内外を問わず、初期の語りは労働のリズムに合わせて歌った素朴な歌であり、物語も詩も、歌と踊りを交えて披露されるものであった12。たとえば、古くから多くの部族では、男たちが狩りや戦いなどの「強烈な楽しい情緒を起こさせた事件」から戻ったとき、皆で夜の篝火《かがりび》を囲み、部族の女や老人、少年たちの前でその日の狩りでの出来事を「再演」したという13。こうして音楽や踊りをともない出来事を語ることで、彼らは日常的に情動を共有し、その社会的な結束力を強めてきた。このように、「かたる」と「うたう」はともに、共同体内の宗教的な儀礼の中で行われるだけでなく、人々の労働、日々の生活とも密接にかかわる行為であり、その場を共有する者たちの感情を揺さぶることで、共同体の一員として互いを結びつける働きをしていた。

（3）「かたる」と「告げる」の違い

では次に、「告げる」との比較を通して、「かたる」の特徴をさらに考察してみる。「かたる」と「告げる」の比較においては、内容面ではなく、当事者間の関係の方向が問題となる。坂部は、「かたる」は「水平の言語行為」であり、「告げる」は「垂直の言語行為」であると述べている。たとえば、医者が患者に癌を告知する場面を想像してみてほしい。この場合、言葉を発する者（医者）とそれを聞く者（患者）との間には、知る者と知らない者というある種の上下関係、知ー無知の垂直的な関係が生じている。また、「告げる」は、「宣《の》る（告る）」とも表現される。「宣る（告る）」の例としては、神から人への託宣の場面が挙げられるが、この場合も神と人との間に知ー無知の構図があり、両者の関係は垂直的である。このように、「告げる」は、聞き手が話し手から何らかの意見や忠告などを与えられる行為で、そこでの聞き手は「一方に聴き従う、好むと好まざるとに関わらず受け入れる以外には選択の余地をもたぬ」存在となる[14]。その意味で、ここで「告げる」者と聞く者との間には、ある種の権力関係が生じているといえる。そして、この「告げる」の例に見られる権力関係が、垂直の言語行為の性質の一つである。歴史的にみると、たとえば、古代の邪馬台国の女王卑弥呼が国を治める権力者であるのと同時に、神託を告げる巫女でもあったことには、神の言葉を「告げる」者とそれを受け取る者との間に、権威的関係が生じていたことが表れていると考えられる。つまり、垂直の言語行為には、話し手と聞き手の関係が一方向で、聞き手は、信仰心か、あるいはそれに近い感情を抱きながら、受動的な態度でその場に臨むという特徴がある。

他方、水平の言語行為である「かたる」は、「語り合う」という表現もできるように、伝えられる内容に対して聞き手が自由に反応し、応答することのできる相互的な営みである。たとえば、江戸時代に大流行した庶民の遊びの中に、夜中に数人が集まって順番に怪談を語り合う「百物語り」がある。次に引用したのは、明治期に新潟県のある村で口述記録された、実際の百物語りの会合の様子である。

ある晩に、村の若い衆が、葬礼場に集まって、昔話の百物語りをすることになったてや。（中略）若い衆どもは、夜さる、葬礼場へ出かけて行った。ほうして、輪になってあぐらをかいて、百灯をともして、順番に昔話を語り出し、一つ語るとあかし（明かり）を消し消ししていたてや。だんだんに語り進んで、あかしが、あと、もう一本というどこまできた。その時、若い衆頭が言ったと[15]。

このように、百物語りは、夜に大勢の人が集まり１００本の蝋燭に火を灯し、一人ひとり順番に怪談話をしていく遊びである。そして、怪談話が一つ終わるごとにその灯りを一つ消し、やがて１００話の物語がすべて終わり、辺り一面真っ暗闇になると、そこに本物の妖怪が現れるとされていた。

また、この例が示すとおり、百物語りは、そこに居る人たちがそれぞれ順番に語っていく形式をとっている。そのため、ここではその場にいる誰もが物語を語る人物になり得る。つまり、「かたる」の場合、一回ごとに語り役と聞き役が変化する可能性があり、その場が続く限り、この水平的な関係が絶え間なく反復されるのである。こうしたやり取りによって、場の雰囲気と言葉の霊威が高められ、百物語りの場合で言えば、そこに霊的な力が発現し妖怪が現れるというわけである。

さらに、「かたる」はそれが水平の言語行為であるがゆえに、聞き手の反応によって語り手の話の内容の質が変化したり、互いの関係や集いの場が変容したりすることもあり得る。先の例で言えば、誰かの語る怪談話に途中で水を差す人物がいれば、百物語りの場の雰囲気そのものが壊されてしまうかもしれない。反対に、ある怪談話に聞き手が深く入り込み恐怖することで、その聞き手の感情が、語り手や周囲の人間に伝わり、物語と空間をよりいっそう怪談の舞台にふさわしいものにする場合もあるだろう。そのように考えると、「告げる」の受動性に比較して、「かたり」の聞き手は能動的にその場にかかわり、語り手の物語内容を変化させる可能性を秘めた存在といえる。

このように、「告げる」のような垂直的な言語行為において、話し手と聞き手の関係は一方向で、権力的であるのに対して、「かたる」は、語り手と聞き手が交換されることもあり得る、水平的な関係で成り立っている。また、語り手の語る一定の形式をもつ物語は、その場を共有する語り手と聞き手との相互のやり取りの中で、内容そのものが変化させられる可能性もあり、その意味で「かたる」は、既成の物語を再創造する営みでもあると考えられる[16]。

第2節　昔話とは何か

(1) 昔話の「座」と聖性

既述のように、「かたる」は、身体から発せられた言葉に宿る霊位に対する古代人の信仰に由来し、宗教儀礼と深くかかわる行為として発展してきた。また、「かたる」には、それによって共同体の成員たちが互いに情動を共有することで、共同体の秩序そのものを維持する機能もあった。さらに、そのような役割を歴史的に帯びてきた「かたり」の場は、ひとまとまりの物語を、その場に居合わせる語り手と聞き手のやり取りによって再創造するという形式的な特徴をもっていた。本節では、これらの知見をふまえ、日本の村落共同体で行われてきた昔話の語りの場が実際にどのようなものであったのか、具体例とともにその様相を明らかにすることとしたい。

昔話の語りは、農山村では明治中期ごろまで広く一般的に行われていた。民俗学者の宮本常一によれば、人々の口から口へと語り継がれてきたものの中には、現実の生活を肯定し、その生活を打ち立てようとする人間的な情熱が溢れていた。昔話もその一つである。特に東北など冬季の生活が厳しい地域では、雪に閉ざされた冬の間、こたつの中で昔話が豊富に語られてきたといわれる。宮本は、そのような生活においても農民たちが虚無的にならなかったのは、子ども時代から昔話などの口伝えの物語を聴いて育んできた、「子供なりの教養」の賜物だったと指摘している[17]。

宮本が「子供なりの教養」と表現したように、昔話は、最近こそ観光地や劇場の舞台など、さまざまな場で大人向けに語られることも増えてきたとはいえ、一般的にはまだ子どものための物語というイメージが強い。しかし、もともとの昔話は、必ずしも子どものためだけに語られたものではなかった。それは、家の中心に置かれた囲炉裏端を囲って、日々の作業の合間に語られるのを基本に、他にも、若衆小屋、職業人たちの集まり、産室、通夜の席、年中行事など、多様な場面で語られ、伝承されてきた。実は、昔話のさまざまなモチーフの発展、昔話の話型の多様化には、この語りの「座」の多様性が深く関係するという。民俗学者の武田正は、昔話の語りがハレの世界に接しながらケの世界ともかかわり、両者の境界において発展してきたという、国文学者の福田晃の説に依拠し、昔話の語りにおける「座」の重要性を次のように述べる。

人々の夜伽の中で、神話を受け継ぎ吸収すると同時に、民衆の中に語り継がれ、日々の話題を提供し続けてきた世間話とも結ばれて、昔話の「語り」は成立してきたと見ることは十分可能であり、その語りもまた語り手の側から言えば、「語りの座」に左右され、条件づけられたと言うことができるのである。即ち、昔話の「語り」というのは、常に語り手と聞き手の相互関係のうえに成立したものであることを、改めて認識したうえで考察されねばならない[18]。

ここで注目したいのは、近代以前の昔話は、物語の内容だけでなく、それを伝承してきた語り手と聞き手の存在や、昔話の語りが行われる場、すなわち「語りの座」を含めて考えねばならないという点である。つまり、武田の指摘は、昔話は、書物に文字で書かれたモノとしてではなく、それを伝える「声」とともにとらえる必要があるということを示しているのだと思われる。そこでまず、本項では、語りの座の性質から昔話とは何かを検討していくこととする。

昔話の語りの座の特徴として最初に挙げられるのが、その「聖性」である。武田によれば、昔話が「あるべき古い姿を失わず、語りの権威を失墜せずに」、格調のある語り口で語り継がれる要因の一つに、昔話の語りが、由緒ある家柄の象徴である囲炉裏を囲って行われたことがあるという[19]。では、そのように昔話の形式や語り口を保つ役割を担った、囲炉裏端のもつ力とはどのようなものなのだろうか。

現代の都市ではほとんど見られないが、今でも地域によっては、室内の中心に囲炉裏が設置してある旧式の木造家屋を目にすることがある。かつて、囲炉裏端は、家族が集って食事をしたり、夜の仕事をしたり生活の中心となる場所であった。また、囲炉裏は日常生活の中心であるだけでなく、そこには火の神が宿ると考えられており、祖霊を迎える季節には、そこで迎え火や送り火を焚くこともあった[20]。そのため、囲炉裏では髪の毛や爪などを燃やしてはいけない、足を投げ出して暖をとってはいけないなど、多くの決まりごとが存在していたという。たとえば、囲炉裏にまつわる禁忌には次のようなものがある[21]。

・囲炉裏に藁《わら》くずはくべるな。
・爪をくべると気狂いになる。
・柿の種をくべると火の神が怒って火傷する。
・とげのある木や四足獣を焼くな。
・炉の鈎《かぎ》を動かすと貧乏になる。
・炉に足を出してぶらぶらすると貧しくなる。
・炉に火箸をそろえて置くと次の日は雨。
・二組の火箸を置くともめごとが出る。
・炉椽《ろぶち》は正方形に作らぬ。棺と同じになる。
・炉椽は親父の頭と同じだから傷をつけるな。
・鈎を取り換えるのは正月か家族の者が死んだときだけ。

・炉椽の一方を四方燕にするのは風の神が入らないようにするため。

右記のように禁忌には、囲炉裏の扱い方からそこでの振る舞いなど、さまざまな内容があり、こういったことからも家の中で囲炉裏の空間がいかに神聖視されていたのかが伝わってくるだろう。昔話の原型と言われる家々における語りは、このような性質をもつ囲炉裏端の、とりわけ燃え盛る火の傍で語られるものであった。その意味で、火は昔話の語りの座に、ある種の神聖性をもたせる重要な役割を担っていたといえる。

また、昔話には、語りの座に神聖性をまとわせるための「装置」ともいえる仕掛けが他にも数多く存在した。ここで、その仕掛けの具体例を挙げながら、昔話の語りの座の聖性について、さらに考えていく。

まず、仕掛けの一つ目として挙げられるのが「闇」である。かつての村落共同体において、家々の囲炉裏だけでなく、昔話の語りの座そのものにも、地域ごとに多様な決まりごとが存在していた。中でも、国内外問わずさまざまなところで伝えられてきたのが、「昼むかしの禁忌」である。これは文字どおり、昼間は、昔話を語ってはならないという決まりを意味している。また、その具体例としては、たとえば、「昼むかしを語るとネズミが笑う」「昼語りをすると裏山が崩れる」などといったものがある。同じ昼むかしの禁忌でも、このように地域ごとに少しずつ異なる表現で伝承されているが、いずれも明るいうちに昔話を語ると、何らかの不吉なことが起こるという警告を意味する内容となっている。

ではなぜ、昔話は昼間のうちに語ってはいけないのだろうか。その理由の一つに、昼間は、日常的な倫理や社会秩序が支配する時間と人々に認識されていたことがある[22]。農山漁村においては、日中、人々は農作業に精を出したり、他の仕事に従事したり、日々の生産労働を行っているのが通常である。そのため、日のある時間帯に昔話の非日常の空間、異世界が出現することを、人々は、共同体の秩序を破壊することにもつながりかねないことだととらえていた。つまり、このように日常と非日常を厳格に区別することが、共同体の維持にとって重要だからこそ、昔話を昼間には語らないという禁忌が生み出されたのである。
逆に言えば、昔話が夜に語られるのは、非日常、異世界の秩序が支配する物語世界を、「闇」を利用して、より効果的に演出するためだったとも考えられる。このような昔話と闇との関係について、宮本は、故郷の山口県周防大島での経験もふまえて次のように述べている。

今日まで印象に多く残っているのは、夜曳きの夜の話だったということになる。夜の闇の中で焚き火を囲んでの話はそれ自体に闇の世界へのおそれとおののきがあり、また話に神秘があった。昼間その話の行われていたところに、何回か行ってみたが昼間では何の神秘感もないような平凡な浜である。夜の闇がそこを包むということで一切の情景は変わってくるし、超能力の世界も肯定されてくるのである[23]。

昔話の物語には、現実には起こらない出来事が生じたり、たとえば『浦島太郎』で主人公が亀に連れられていく竜宮城のように、実際には存在しない場所も多く出てくる。また、昔話には鬼や山姥といった異世界の存在が登場することもあれば、架空の生き物だけでなく、なじみの動物たちが特殊な役目を帯びて現れることもある。その一例として、『猿婿入』を挙げてみる。『猿婿入』は、物語の形を少しずつ変化させて日本全国に語り継がれている昔話で、国外でもその類話がいくつも発見されている[24]。この話に出てくる猿は、現実にいる生物としての猿ではなく、水をもたらす神として象徴的に語られる存在である。そのため、もし日中『猿婿入』を語ったとして本物の猿が出てこようものなら、その場は興醒めするであろうし、物語に登場する猿の神としての象徴性も活かされない。宮本が指摘したように、昔話の超能力の世界に真実性をもたせるために、昼間の平凡さは逆効果なのである。このように、昔話の語りの座では、人のもつ闇を恐れる気持ちが、異界そのものの存在を信じさせる効果となるだけでなく、身の回りの動植物への畏怖心を呼び起こす引き金にもなっていた。つまり、聞き手が非日常的な物語の世界に入り込むためには、語り口の巧みさだけでなく、火や闇のように、語りの座の雰囲気の演出にも気を配ることが必要だったのである。

このような語りの座の特性から分かるように、一次的な声の文化としての昔話において、「空間から立ち現れる物語の神聖性」[25]が、行為の重要な意味を占めている。言い換えれば、昔話の語りの座は、そこで発揮される神秘性や超能力性といった「聖なるもの」と不可分のものであったといえる。

（2） 昔話における語りの効果

ところで、昔話の語りによって聞き手がこの世ではない世界に誘われることを、武田は、語りの「異化効果」と呼ぶ。既述のとおり、昔話の語りの座は、さまざまな仕掛けによって、人々の日常生活の中に非日常的世界を現前させるものだった。つまり、それは「此の世と異界との交通を媒介として、人や世界を別のものに変換させる装置」であった[26]。この装置が機能すると、すなわち、語りの異化効果が発現されると、聞き手は目に見える日常世界の停滞を突き破り、新たなものの見方を獲得することが可能となるのである[27]。

たとえば、読書などを通じて物語世界に没頭する経験を思い浮かべてみてほしい。本を読み終えたとき、その余韻を味わいながら目にする現実世界がこれまでとは異なるものに思え、そのような感覚にともない、自分自身の成長や変化を実感することは誰しもあるだろう。これと同様に、語りの異化効果によって昔話の世界に没入すると、聞き手の日常はいったん無効にされる。そして、語りが終了し、異界との交流が途切れて現実の世界に戻ると、聞き手はそれを新鮮な気持ちで受け入れられるようになり、日常生活が再活性化されるのである。このように、異化効果は、昔話によって個人がたえず自分自身を新しく作り変えるための仕掛けの一つであるととらえられる。さらにそれは、個人に作用する仕掛けであるだけでなく、昔話の語りの座に居合わせた者たちの共通の経験となることで、心理的な面で互いを結びつける働きをしていたとも考えられる。

また、武田によれば、昔話の語りには、聞き手の「アンティシペイション（期待）」に応えるという側面もある[28]。たとえば、「桃太郎」に代表されるように、昔話には主人公が異界を遍歴し、宝物や土産を持ち帰って日常世界へ戻り、新たな境遇に落ち着くという形式の物語が多く見受けられる。後に詳しく説明するが、そのような形式の物語以外でも、一般に昔話は、最終的に聞き手が好む新しい状況や意味を語るものである。具体的にいえば、昔話は、物語の前半部、聞き手の期待に反した展開をするが、後半部は逆に聞き手にとって望ましいかたちになることが多く、こうした前半と後半の差の大きさによって、結果的に聞き手がより大きな満足を得られるという構造になっているのである。

例として、『猿蟹合戦』を挙げてみる。この昔話は、蟹を騙して殺してしまった猿が、最終的に栗や臼の手によって仕返しされるというストーリーである。冒頭の蟹の死に始まって、最後には猿も因果応報の罰を受け死んでしまうという点では、いささか残酷なストーリーであるとも思えるが、この物語は、最初に蟹の死という極端に残酷な状況があることで、猿の死がいっそう際立ち、また、猿の死によって蟹の子どもが親の死に報いることができたという事実を、聞き手に明白に理解させることにもなっている。つまり、最初のモチーフが通常では納得できないものであればあるほど、聞き手は後の展開に期待をもち、さらに前半から後半にかけて物語が望ましい方向に変化していくことで、最終的には納得し、より大きな満足感を得られるのである。このように聞き手の「アンティシペイション（期待）」に応えるという点が、他のジャンルの物語よりも明確に見られるところに昔話の特徴の一つがあり、それは昔話の「本来の意味」[29]であるとも指摘されている。

そして、この聞き手の「アンティシペイション（期待）」に応える昔話の語りの効果の一つに、語りの「相乗効果」というものがある。昔話を含めた口承文芸は、文字をもたない。そのため伝承過程において、語り口や物語そのものが少しずつ変化していくのは、ごく自然な現象といえる。それどころか、語り手の中には、その時どきで聴衆や環境に合わせて、語りを変化させる者もいる。つまり、昔話は、語りの座における語り手と聞き手との関係の中で変化するもので、それをここでは昔話の「相乗効果」と呼ぶのである。

昔話の相乗効果の具体例は、語りの座における聞き手の役割の中に見いだすことができる。その第一が、聞き手の

「あいづち」、第二は、語り手が物語へ「作を入れる」行為である。まず、第一の聞き手の「あいづち」について説明すると、「あいづち」とは、会話などにおいて、相手の話に調子を合わせてする比較的短い応答のことを指す。昔話の語りにおいては、このあいづちが語りを構成する重要な一部となっている。

たとえば、宮崎県のある地域では、語りの合間に「ハーラ」というあいづちを入れる。このあいづちは、次のような具合で、語りの区切りごとに挿入されるものである。

むかしむかし、下のおもやに助じいさんと云うじいさんがおったげな。（ハーラ）ある日のこと、助じいさんは裏山に日向ぼっこをして寝ていたげな。（ハーラ）……[30]。

実際に声に出して語ってみるとより理解しやすいのだが、「ハーラ」というあいづちは、語り全体のリズムを生み出しており、このあいづちがあることによって、語り手の語りに興が乗ってくる。

このようにあいづちによって語りの質が向上することがある一方で、語り手に語りを中断して欲しいときや、別の昔話を聞きたいときに、聞き手があいづちをうつこともある。昔話において、あいづちは聞き手が語りの座へ積極的に参入し、語り手とともに物語の世界をつくるための重要な要素の一つとなっているのである。

次に、語りに「作を入れる」行為について説明すると、昔話の語りの座では、しばしば語り手が聞き手の様子を見ながら、そこに肉付けをすることがある。昔話ではこれを、語り手が語りに「作を入れる」と表現する。つまり、「作を入れる」とは、語り手がその場に合わせて、話の一部に自由な語りを入れ込む行為のことを意味している[31]。民俗学者の柳田國男は、昔話には、時代を経ても変わらず伝えられる「保存部分」と、伝承の過程で変化してきた「自由部分」とがあると指摘する[32]。この二者は対立する概念として理解されることが多いが、柳田によれば、本来両者は相補的なものであり、「自由部分」を含めてこそ、語りに豊かさが生まれるのだという。

語りの「自由部分」の例としては、たとえば、昔話の聞き手が幼児である場合に、もとの言葉につけ加えて、相手に分かりやすく、聞きやすい表現を挿入するということがある。また、登場する動物の泣き声を真似てみたり、簡単なリズムやメロディを語りの途中に加えみたりすることもこれに当てはまり、作を入れる行為にはさまざまなパターンがある。

このように、作を入れる場合、聞き手が何を期待しているか、どういうことで喜ぶのかという点を、語り手がある程度理解している必要があるため、昔話の語りの座における作を入れる行為は、語り手と聞き手が血縁者であったり、ごく親しい間柄であったりすることが多いという。ここから、作を入れる行為の主眼は、語りの座を、語り手と聞き手の関係にふさわしいかたちにするため、ある種の雰囲気づくりをすることに置かれているという指摘もある[33]。

右のような行為は、語りの力学ともいえるもので、こうした行為を通じて、語り手と聞き手がそれぞれの立場から座を演出する点に、相互的なコミュニケーションを行う語りの特徴が表れているといえる。

第3節　昔話の構造的特徴とその意味

（1）　昔話の形式

柳田は、昔話の特徴を伝説と比較して、次の四つの観点から説明している[34]。第一に、昔話は虚構の物語である。第二に、昔話は全国どこでも語られるものである。第三に、昔話は一定の形式をもつ物語である。第四に、昔話には文芸的な意識が働いている。本節では、これらのうち第三の昔話に見られる独特の形式と、第四の昔話における文芸的な意識に焦点を当て、その声の文化としての特徴を考えることとする。

国内の代表的な昔話は何かと問われると、多くの人が、『桃太郎』や『花咲爺』『かちかち山』といった物語を挙げるのではないだろうか。海外の昔話であれば、日本でもなじみ深いのは、『グリム童話』などであろう。これらの昔話を現代の人々は本やテレビなどのメディアを通して知ることが多いが、もともとの昔話は、民間の人々によって語り継がれてきた口承文芸[35]であり、それはまた、あらゆる国のどの地域にも多かれ少なかれ残されてきたものである。柳田が「冒頭に必ずムカシという一句を副えて語る『ハナシ』が昔話であり、この発端の句が昔話という名称の起こりでもある」と述べたように、昔話は一定の形式をともなうものである。昔話のこの特徴は、たとえば、今でもそれが「むかしむかし、あるところに……」と語り始められることから理解できるだろう。ただし、かつての昔話は、この発端句だけでなく、結末句にも決まり文句があった。例を挙げると、「どっとはらい」や「いちごさかえた（一期栄えた）」など、「おしまい」を意味する結末句には、地域によってさまざまなバリエーションがある。このように、昔話の語り口には地域ごとの多様な様式が見られ[36]、こうした語り口の型の存在が、伝説や世間話などの他の口承文芸と昔話を明確に区別する指標である。

他方、語り口だけでなく、昔話には物語の内容そのものにも他とは異なる独特の形式が存在する。この昔話の形式を、世界中の膨大な昔話の構造分析を行い導き出したのが、昔話研究の第一人者であるウラジミール・プロップ（Vladimir Propp）である[37]。プロップは、昔話の登場人物は、主人公と敵対者（加害者）、贈与者（補給係）、助手、王女とその父、派遣者、偽物の主人公という8種類に分類され、また、それらの登場人物がおのおの果たす「機能」は、物語の順序に沿って31の要素に分けられると指摘した。さらに、プロップによれば、ほとんどの昔話、正確には「魔法民話」と呼ばれるジャンルの昔話が、これら31の要素のうちのいくつかが組み合わされ、関連づけられて構造化されているという。

具体的に説明すると、まず、登場人物の機能の一つ目に挙げられるのが「不在」、つまり、「家族の成員のひとりが家を留守にする」ことである。ここで不在となる人物は、主に年長の世代に属する者の場合が多い。たとえば、『オオカミと7匹の子ヤギ』では、母親が不在になる。物語の冒頭、子ヤギたちの母親は用事があるため、子どもたちを留守役にして外出する。そのときに、母親は「留守中に誰かが訪ねてきても、決して扉を開けてはなりませんよ」と子ヤギたちに言って聞かせる。母親のこの行動が、昔話の機能の二つ目、「主人公に禁を課す」ことである。この物語のように、最初に外出と留守、その後に禁止という組み合わせがある昔話は、世界中に広く分布しており、昔話の定型とされる[38]。

次に、昔話の機能の三つ目は、「主人公に課された禁が破られる」ことである。この三つ目の要素には、物語の中に新たに登場する、主人公の敵対者が関与している場合が多い。先の『オオカミと7匹の子ヤギ』でいえば、主人公に禁を破らせる敵対者はオオカミである。オオカミが母親の不在中に家を訪ねてきて、いろいろな工夫をこらして子ヤギたちを騙し、扉を開けさせようとする。子ヤギたちは、途中までオオカミの罠を見破りその場を切り抜けていくのだが、最終的にオオカミが母親の声真似をして、戸の隙間からチョークの粉をまぶした白い手を差し出したことに騙され、扉を開けてはいけないという禁を破ってしまった。子ヤギたちが開けてしまった扉から家に入ってきたオオカミは、隠れた7匹の子ヤギたちを探し、家中の家具を一つひとつ調べ上げていく。オオカミが子ヤギたちを探し出すこの描写が、プロップの指摘した昔話の機能の四つ目、「敵対者が主人公を探り出そうとする」である。

ここで挙げたものの他にも、たとえば、「犠牲者に関する情報が敵対者に伝わる」や、「敵対者が、犠牲となる者なり、その持ち物なりを手に入れようとして、犠牲となる者をだまそうとする」「主人公が家を後にする」「呪具（あるいは助手）が主人公の手に入る」、さらに最終的には、「発端の不幸・災いか、発端の欠如が解消される」「難題を解決する」「主人公に新たな姿形が与えられる」「敵対者が罰せられる」「主人公は結婚し、即位する」など、昔話は、物語ごとに31の要素をさまざまに組み合わせて展開していく。一方、要素の組み合わせ方は多様であるが、昔話の構造には共通点も存在する。先ほどの『オオカミと7匹の子ヤギ』でいえば、オオカミに食べられしまった子ヤギたちが、母親の機転によって全員無事に救出され、その後、腹に石を入れられたオオカミの死によって物語が幕を閉じる。このように、最後は幸せな結末を迎えるところが、どの昔話にも共通する点である。

（2）昔話の意味―イニシエーションとしての役割―

ではなぜ、昔話はこうした形式にのっとっているのだろうか。これについて検討するため、まず、昔話の中で主人公が課せられる課題について、プロップが語り口との関連から指摘したことを次に引用する。

かりに、贈与者が（主人公に）あたえる課題を残らず書きだしてひとつの項目にまとめるとしたならば、それらの課題が偶々考え出されたものではない、ということを見てとることができます。（たしかに）説き語りの語り口そのものの観点から見るならば、これらの課題は、叙事詩的な遅滞（retardation）の技法のひとつに他なりません。なぜなら、主人公の前に障害となるものが据えられ（課題を課す）、それを克服（課題を解決）することで、（はじめて、ある種の）手段（呪具か助手）を手に入れ、その手段を用いることで（ようやく）自らの目的を達することができる（というふうに仕組まれている）からです。そこで、この観点から見るならば、課題そのもの（の具体的な形）は、（主人公の目的を遅滞させることのできるものでありさえすれば）どのようなものであろうと、一向にさしつかえないということにもなります。事実、その種の課題の多く（派生形）は、一定の芸術的構成の一要因（遅滞の技法のひとつ）にすぎない、とみなさざるをえないものです。しかし、これらの課題の基本形に関しては、（そうはいえず）、そこには、ある特定の隠された目的がひそんでいる、ということを見てとることができます[39]。

プロップによれば、昔話において主人公が課せられる課題は、前節で述べたような語りの効果を発揮するための遅滞の技法の一つにすぎないという。つまり、昔話の冒頭、語り手によって主人公には重い試練が与えられるが、その試練は最終的に解決されることを前提としているため、聞き手の満足感がより高められるものであれば、その内容はさほど重要ではないということである。

プロップは、昔話がこのように主人公に課題を課し、結末部でそれを克服するという形式をとることには特定の目的があると指摘する。彼によれば、その目的は、「死あるいは死者たちの国への往還」という観念に結びついた、イニシエーション（通過儀礼）にあるという[40]。イニシエーションとは、人が成長していく過程で、ある段階から次の新しい段階へと移行する際に経験する儀礼的な行為のことを指す。例を挙げると、たとえば国内のイニシエーションには、七五三や成人式、還暦、喜寿のお祝いなどがある。また、こうした格式のあるものだけでなく、かつて日本の漁村で行われていた10歳くらいの少年少女が海に投げ込まれる慣習（子どもはそこから、自分の力で陸に上がらなければならない）や、高いところから飛び降りて勇気を示す、重いものを持ち上げるといった行為もあり、イニシエーションの方法は時代や地域、文化によって多様である。プロップは、昔話に見られる、主人公に課されるさまざまな試練とその克服、帰還という構造が、語りを聞く者の変化と成長を促すという意味で、こうしたイニシエーションと同様の効果を与えると考えたのである。さらに、プロップの言葉を引用する。

昔話のモチーフの多くが種々の社会上の諸制度に起源を発しており、その中で特別な位置を占めているのは加入礼であることが判明する。さらには、死後の世界にまつわる観念、あの世への旅にまつわる観念が大きな役割を演じていることがわかる。（中略）

昔話の構成が単一である秘密は、人間の心理の何がしかの特質にあるのでも、芸術的創造の特質にあるのでもなく、過去の歴史的現実の中にあることを見出したのである。現在語られていることはかつて行われ、演じられていたことであり、行われていたことは心の中で想像されていたことである[41]。

右記によれば、昔話のモチーフ（主題）の多くは、その昔話を伝える共同体の諸制度に由来しており、中でも、イニシエーションや、死後の世界への旅（旅からの帰還）が中心的なテーマとなっている。また、昔話は、ある共同体に所属する人々が過去に行ってきたこと、演じてきたこと、想像してきたことの記憶そのものである。つまり、昔話には、個々の社会集団内の過去から続く生と死を中心とした観念や特定の行動規範を、さまざまな物語のバリエーションを通して繰り返し語るという、ある種の普遍性が見られるのである[42]。こうした昔話の構造的な特徴をふまえると、昔話の語りには、共同体の成員間の結びつきを強化する機能や、子どもに対して大人が規範や価値を教え、彼らを社会化する機能があったと考えられる。そしてその機能が、既述のような語りの座における語り手と聞き手の相互的な関係を通じて働くところに、昔話の語りの特性があるのではないだろうか。

（3）　昔話の抽象性

前項で述べたように、昔話には共同体の秩序や価値規範に基づく特定の構造が見られることから、それが集団内で語られてきた意図の一つに、共同体の成員間の結びつきの強化や子どもの社会化を促すことがあったと考えられる。このプロップによる考察に加えて、本項では、ヨーロッパの民間伝承文学の研究者であるマックス・リュティ（Max Lüthi）の昔話研究の知見から、先ほどとは別の視点で昔話の特性を検討することとしたい[43]。

プロップと同じくリュティも、昔話には特有の形式があると考えていた。彼によれば、その第一が「一次元性」である。リュティは、昔話に登場する世界を、日常的世界（此岸）と超越的世界（彼岸）の二つに分類している。これらのうち前者の日常的世界は、人間界や通常の動物界で、後者の超越的世界は、幽霊や小人、魔法使いなどが跋扈《ばっこ》する異世界である。昔話の中で、この二つの世界には「精神的な断絶」が見られず、主人公たちは両方の世界を行ったり来たりすることができる[44]。これが、「一次元性」と呼ばれる昔話に特有の形式である。

たとえば、グリム童話の『ヘンゼルとグレーテル』を挙げてみる。ヘンゼルとグレーテルの兄妹は、継母の策略によって森の中を彷徨《さまよ》っているときに、行く手にお菓子の家を見つけた。このとき、現実であれば、子どもたちは最初に「どうしてこんなところにお菓子でできた家があるのだろう」と不思議に思うか、怖がるのではないだろうか。しかし、物語の中の2人は、お菓子の家を見つけて喜ぶだけでなく、すぐに「さあ食べよう」と、何の躊躇もなく家の屋根や窓をかじり始める。そのうえ、家の主人であるお婆さん（魔女）がそれを見つけ、「おら家かじるは、どなたさん」と尋ねると、「風さ、風さ、天の子さ」と答え、自分たちを人間以外のものにたとえ、その場を逃れようとする。このように、登場人物の体験に日常と非日常の精神的な断絶が見られない点が昔話の特徴の一つである。

一方、精神的には日常と非日常の断絶が見られないが、昔話は地理的に両世界を隔絶することを好む。ふたたび『ヘンゼルとグレーテル』を例に挙げると、この物語に出てくるお菓子の家は、兄妹の住む家から離れた森の奥に存在している。つまり、お菓子の家は、兄妹の住む家のある日常の世界からは遠く離れた異世界に位置している。リュティによれば、このように昔話には「精神的に区別されたものを一本の線の上に投影し、内的な隔たりを外的な距離によって暗示する」[45]特徴があるという。

さらに、リュティの研究の対象はヨーロッパの昔話であったが、「一次元性」という特徴そのものは、日本など他の地域の昔話にも当てはまる。たとえば、日本の昔話『浦島太郎』の場合、乙姫の住む竜宮城は海の奥底にあり、主人公の浦島らが暮らす地上の世界とは、地理的に遠く隔たったところに位置している。また、子どもたちにいじめられていた亀を助けた浦島は、竜宮城が海中にあるのにもかかわらず、亀の背中に乗って難なくそこへたどり着く。そして、彼はそのまま窒息することなく、目の前で繰り広げられる光景に何ら違和感をもつこともなく、竜宮城の乙姫らの歓待を受ける。『浦島太郎』に限らず、こうした特徴を示す物語が国内にもいくつもあることから、昔話の「一次元性」には、地域を超えた一定の普遍性があるといえる。

次に、第二の形式的特徴として挙げられるのが、「平面性」である。昔話に登場するモノは、すべて具体的、立体的ではなく、実体をもたない図形として描かれる。たとえば、日本の昔話『手なし娘』では、物語の途中、主人公の娘の腕が切断されてしまうのだが、その様子が詳しく語られることはない。また、娘が手を失った直後、物語はすぐにお殿様に嫁ぐ場面に展開し、最終的にはその腕が一瞬で元どおりに回復する。このように、昔話の登場人物たちには生身の人間のイメージがなく、彼らはいわば「切り紙細工」のような存在である。別の視点からいえば、昔話において、場面が時間の経過に忠実に、写実的に描かれることはなく、そこでの時間は、線ではなく点として語られるものである[46]。

人物描写についても同様である。昔話では、物語に最低限必要な人間関係以外、主人公の祖先や子孫などの背景となる情報は語られない。また、登場人物たちには精神的な奥行きがなく、内面世界をもたないため、物語の展開上で心に葛藤が生じることはなく、その行動は、常に周囲の世界とのかかわりで並列的に語られていく。これが、リュティの指摘した昔話の「平面性」である。

この「平面性」と関連して、人物が実体をもたないゆえに可能となる、「固定性」という特徴もある。昔話には、3や7などの決められた数字が頻繁に出てくる。たとえば、昔話に登場する兄弟姉妹は『3匹の子ブタ』のように3人（匹）か、あるいは「7匹の子ヤギ」「7人の小人」などのように7人（匹）であることが多い。また、日本の民話『三年寝太郎』の主人公寝太郎は、タイトルどおり3年の間寝続けており、他にも、『シンデレラ』の主人公は3人姉妹である。なお、この姉妹がガラスの靴を試すのは、年長の者から順番となっているが、このように兄弟姉妹が登場する場合、長男（長女）から順に行動するのも、昔話によくある形式である。

さらに、昔話の「平面性」の要素の一つとして、「極端性」という形式もある。これはたとえば、『花咲爺』の良いお爺さんと悪いお爺さんのように、善悪の対置が明確に示される人物描写や場面設定が、昔話においては際立っているということである。色彩についても、赤や黒、白、金、銀など、昔話に出てくる色は、ほとんどが原色で極端に描写されている。このように、昔話は極端な描写で、平面的、非写実的に語られる点に特徴があるといえる。

次に、形式的特徴の第三は、「孤立性と普遍的結合の可能性」である。まず、「孤立性」について説明すると、既述のとおり、昔話の登場人物は出自や家庭背景などが語られないため、たとえば子どもと両親の間の関係も、話の筋の上で必要なこと以外は何も具体的なことが語られない。その意味で、昔話の「平面性」には、おのおののエピソードや要素を孤立させる働きがある。たとえば『ヘンゼルとグレーテル』の兄妹の暮らす家は、村や町などから独立しており、周囲の環境についての情報は何も語られない。また、兄妹はことさらに悲しがることもなく、ごく自然に両親と離れて森に入り込んでいく。昔話に登場する人物やモノは、すべて現実世界における性質や環境から孤立した存在なのである。

そして、そのために昔話の主人公たちは、日常の世界を超えて何とでも結びつく可能性を潜在的に秘めているという[47]。先ほどの例でいえば、ヘンゼルとグレーテルの兄妹は、両親と離れて森の奥に入っていったからこそ、お菓子の家を見つけられた。つまり、それまでの環境から隔絶し、孤立することにともなって、異世界との「普遍的結合の可能性」が生じたのである。これが、昔話に特有の形式の一つ、「孤立性と普遍的結合の可能性」である。

最後に、昔話の形式的特徴の第四として、「純化作用と含世界性」が挙げられる。昔話には、国や村といった現実にも存在する共同体から、鬼ヶ島や竜宮城などの彼岸の世界まで、さまざまな場所が登場する。加えて、強者と弱者、善人と悪人、あるいは、殿様、王様、お姫様などの富裕な者から、孤児や乞食などの貧しい者まで、登場人物の性質や身分も幅広い。しかし、これらはすべて昔話を構成する諸要素の一つであるだけで、厳密には、それらが実社会でもつ役割や意味とは関係がない。つまり、昔話のあらゆるモチーフは「中身を抜かれて」おり、現実性や内容の重みを失っているのである。たとえば、ヘンゼルとグレーテルが出会った魔女は、お菓子の家を食べた子どもたちを檻に閉じ込めて食べようとする。だが、最終的に妹のグレーテルの機転によって、魔女の方が釜で焼かれて死んでしまった。このように、昔話においては、魔女といってもその魔力は度外視されており、その人物が本来もつはずの要素がほとんど意味をなさない。他にも、『桃太郎』を例に挙げると、物語に登場する鬼は、桃太郎の率いる犬、猿、雉など、普通に考えれば自分よりも弱い動物たちにあっけなく倒されてしまう。ここでもやはり、鬼がもともともっているはずの力や魔力が、話の筋において捨て置かれているのである。こうした、モチーフの中身を抜いた物語展開が、昔話の「純化作用」と呼ばれている。

さらに、「含世界性」の説明のために、「純化作用」の働きを示す別の例を挙げてみる。たとえば、海外の昔話ではあまり取り上げられないが、国内の昔話には頻繁に登場するのが「汚物」である[48]。この「汚物」の扱われ方に、昔話に特徴的な形式が見られる。例として、『舌切り雀』の類話の一つには、お婆さんによって舌を切られた雀を探しに出たお爺さんが、「馬洗いどん」に出会い、「この馬の小便、五杯飲めば教えてやる」と言われる場面がある。現実世界なら考えられない展開であろうが、物語の中で、お爺さんは言われるままに馬の小便を飲み干し、それだけでなく、馬の糞まで桶五杯分をたいらげてしまう。このように、「汚物」が、その本来の性質や意味合いをもたずに描写される昔話は、他国には例がなく、日本の昔話に独特の「純化作用」であるという[49]。こうして、本来の意味を無効化、あるいは単純化してしまう昔話の「純化力」が、裏を返すと、あらゆるものをその世界に受け入れる、「含世界性」である。

（4）昔話の形式に見られる語り手の意思

ここまで述べてきた、「一次元性」「平面性」「孤立性と普遍的結合の可能性」「純化作用と含世界性」の四つが、リュティの定義した昔話の基本形式である。リュティは、これを絵画の技法になぞらえ、昔話の「抽象的様式」と呼ぶが、たしかに、「一次元性」や「平面性」といった法則は、極端な色づかいと幾何学的な線を多用する、ピカソやクレーなど抽象画家の描く世界観と通じるものがあるのではないだろうか。また、リュティは、この「抽象的様式」の効果について次のように述べている。

昔話の抽象的様式構成は、昔話に清澄さと正確性とを与える。この抽象的様式構成は貧困でも無能力でもなくて、高い形成力なのである。それは驚くべき一貫性をもって昔話の全ての要素を貫いており、それらの要素に、しっかりとした輪郭と洗練された軽快さとを与えている。（中略）固定した形式と遊戯的優雅さが組み合わさって統一をたもっている。純粋に、明確に、よろこばしい軽快な運動性をもって昔話は、非常に厳格な法則を満たしている[50]。

リュティは、右記のような「抽象的様式」が、昔話と他の物語形式を最も明確に区別する、重要な概念であると指摘する[51]。では、なぜ昔話は高い形成力や一貫性、法則性をもって語り継がれてきたのだろうか。ここに、冒頭で示した柳田の定義、昔話における「文芸としての意識」の問題がかかわってくる。

本などに文字で書かれた文学は、基本的に、作品の創作を作家個人が一人で行うものである。一方、口伝えで語り継がれた昔話の場合、たとえば語り手の祖父母や親が、自分自身幼い頃に繰り返し聞かされた物語を、あらためて子どもたちに語り聞かせるということが多かったため、既述のように、語り手は目の前の聞き手が喜ぶように、元の言葉を分かりやすい表現に言い換えたり、内容を整えたりする作り変えを行うことがあった。それだけでなく、口伝えの昔話の場合、時には、昔話の聞き手の中に、自分の聞いた物語を他の誰かに語り聞かせるようになる者が出てくることもあった。このように、語りがつくり出す「文芸」は、語り手と聞き手が語りの場を共有することで、長い年月をかけて物語の内容や形式が練られ、形が定まっていくものである。つまり、このことから分かるのは、昔話は、語り手が語りの場で聞き手を楽しませ、満足させようとする中で自然と会得してきた、物語の仕掛けや語り口の定型によって発展してきたということである。そのような語り手と聞き手の関係に基づいた物語の発展の在り方を、柳田は、昔話の「文芸としての意識」と名づけたのである。

また、昔話の「文芸としての意識」は、別の表現では昔話の「形式意思」ともいわれている[52]。ここでいう「意思」とは、語り手が、物語を自分にとって語りやすくしようとすることではなく、その場にいる聞き手の美的感覚を満足させることに、語り手が意識を向けることを指している[53]。つまり、昔話の物語の創造は、語り手個人ではなく、語り手と聞き手との関係に基づいてなされるものなのである。ここに、第1章で述べた現代の「おはなし」が、その場に居合わせる語り手と聞き手の相互行為によって、物語の定型を逸脱することにある種の楽しみを見いだす行為であったこととの共通点があると考えられる。

既述のように、かつての日本の農山漁村では、子どもに対してだけでなく大人の間でも昔話が語られていた。語りの座は、たとえば、他村の田畑に出向いて耕作する際の出作小屋の炉辺、山小屋、船宿、漁師小屋など、人の集まる至るところに存在し、また、正月や節分の晩など、特別に昔話が語られる日もあった。さらに、家に客人たちをもてなす際に、昔話が語られるということもあった[54]。ここから、昔話は、プロップの指摘したような内容面だけでなく、語りの場自体がある特定の共同体の秩序構造に埋め込まれており、心理的にも、身体的にも、それを聞くことにある種の社会化を促進する作用があったと思われる。ただ一方で、繰り返しになるが、昔話は語り手から聞き手への「文芸的もてなし」[55]の行為であるといわれるとおり、語り手と聞き手の相互行為によって物語の内容に変化が加えられる可能性を秘めていた。つまり、昔話の語りには、共同体の秩序や価値規範を伝承していくために物語の歴史性や固定性を重んじる側面と、語り手と聞き手とのコミュニケーションの中で物語に新たな意味を与え、それにより日常を刷新していくような、自由で偶発性に満ちた側面の両方の性質があるのではないだろうか。このように一見相反する二つの論理を同時に兼ね備えている点に、声の文化としての昔話の特質があると思われる。

小　括

本章は、一次的な声の文化である昔話の性質について、①語りの語源、②国内の昔話の語りの「座」の性質、③昔話の物語形式の特徴とその意味の、三つの観点から検討してきた。

声の文化に生きる人々にとって、言葉は必ず話されるものであり、それゆえ言葉は、力によって発せられ音として響くものであった。また、そのような言葉に対する感覚が、言葉には魔術的な力が宿るという人々の連想を生み出した。日本の場合は、そのような考えに宗教心が結びついて言霊信仰が生まれ、それがさまざまな時代や場所で「かたる」行為を発展させてきたのだった。

語りの語源に着目すると、まず、「かたる」は、物語の真実性が重視され、どちらかというと非日常的なもので、内容や形式にも決まりがあるのが特徴である。一方、そのような固定性から自由を求める気持ちが、中世以降、時間や空間にとらわれず、気楽な会話を楽しむ「はなす」を生み出した。また、「かたる」と「うたう」はともに、宗教的な儀礼に加え、人々の労働、日々の生活とも密接にかかわる行為であった。当時の人々にとって、語ることや歌うことには、その場に居合わせた者たちが情動を共有し、共同体の一員として互いを結びつける役割があったのである。さらに、垂直の関係に基づく「告げる」とは異なり、「かたる」は水平の関係で成り立っており、聞き手が能動的にその場にかかわるところに特徴があった。

次に、日本の昔話の語りの座にはいくつもの禁忌が存在した。人々がこの禁忌を通じて昔話の語りに見いだした神秘性や超能力性といった「聖なるもの」の力には、その力に与《あずか》ることで共同体の秩序が維持されるという側面と、同時に、聞き手が目に見える日常世界の停滞を突き破り、新たなものの見方を獲得できるという側面があった。また、語りの座は、語り手と聞き手の相互行為によって成立する場で、そこには異化効果や聞き手の期待を満足させる効果、相乗効果といった、語り手の語り口や座の雰囲気によって発現する効果が見られた。

最後に、昔話に特有の構造や形式には、昔話がそれを聞く人々のためにイニシエーションのような役割を担っていたこと、そこに共同体の秩序を維持する機能があったことが示されていた。ただ一方で、既述のように語られる昔話には、語り手と聞き手の相互行為によってその内容が変化する可能性もあった。つまり、昔話には、共同体の秩序や価値規範を伝承していくために物語の歴史性や固定性を重んじる側面と、語り手と聞き手とのコミュニケーションの中で物語に新たな意味を与え、それにより日常を刷新していくような、自由で偶発性に満ちた側面の両方の性質があるのだ。このように共同体の秩序構造に埋め込まれながら、その秩序を突き崩す可能性を秘めているという意味で、相反する二つの論理を同時に兼ね備えている点が、声の文化としての昔話の特質であると考えられる。

注

1　Walter J.ONG（1982）“ORALITY AND LITERACY: The Technologizing of the Word” Methuen & Co.Ltd.〔桜井直文・林正寛・糟谷啓介訳（１９９１）『声の文化と文字の文化』藤原書店、26頁〕

2　同右『声の文化と文字の文化』２７９頁

3　片岡輝・櫻井美紀（１９９８）『語り――豊饒の世界へ』萌文社、19頁
4　井沢元彦（１９９７）『言霊――なぜ日本に、本当の自由がないのか』祥伝社、５頁
5　前掲１『声の文化と文字の文化』74頁
6　福田哲之（１９８８）「国語科教材としての民話」『表現学大系23巻――民話の表現』表現学会監修、教育出版センター、20頁
7　坂部恵（１９９０）『かたり』弘文堂、40頁
8　野村純一（２００８）『昔話の旅 語りの旅』アーツアンドクラフツ
9　前掲３『語り――豊饒の世界へ』３頁
10　折口信夫によれば、人間の魂が季節などの時の変わり目に発散してしまうと考えた古代の人々は、それを防ぐために「魂鎮め」の行事を行った（折口博士記念古代研究所編（１９５５）『折口信夫全集 第2巻』中央公論社、４８４頁）。
11　前掲３『語り――豊饒の世界へ』19頁
12　Ruth Sawyer（1942=1962）“The Way of the Storyteller: A Great Storyteller Shares Her Rich Experience and Joy in Her Art and Tells Eleven of Her Best-Loved Stories”, The Viking Press〔池田綾子訳（１９７３）『ストーリーテラーへの道――よいおはなしの語り手となるために』日本図書館協会、46頁〕
13　Harrison, Jane Ellen（1913）“Ancient art & ritual”, Kessinger Pub.〔佐々木理訳（１９６７）『古代芸術と祭式』筑摩書房、31頁〕
14　前掲７『かたり』41頁。
15　野村純一（１９９８）『昔話の森――桃太郎から百物語まで』大修館書店、２８７-２８８頁
16　ジェローム・S・ブルーナー（Jerome Seymour Bruner）は、物語には、次の三つの性質があると指摘する。①出来事の順序性（sequentiality）（おのおのの出来事は、それが順序にしたがい筋立ての中に置かれることで初めて意味を与えられる。また、順序性の性質はコミュニケーションにおいて「次なること（nextness）」という未来への感覚をもたらす）。②主観化（物語によって伝えられた情報は、単に時間経過を追った出来事の年代記ではなく、語り手の「内的世界」や物語の主人公のそれを内に含む）。③多義性（語られる一つの表現や語は、多くの意味をもつ）。

中でも、③の物語の多義性を、ブルーナーは、「仮定法化のための仕掛け」という概念で説明している。たとえば、「私が店に足を踏み入れると、そこは悪夢のようだった」という表現は、聞き手に後に続く物語のさまざまな意味を想像させる。このように、読み手や聞き手は、ひとたびストーリーを前にすると、その多義性ゆえに、「意味生成という能動的な過程」にかかわることになる。ここから、物語

には表現や言葉の多義性があるからこそ、その場を共有する語り手と聞き手との相互のやり取りの中で、内容そのものに変化の可能性が生じると考えられる。心理療法の領域では、患者とクライアントが治療を進めていく際に、こうした物語の性質が応用されている（John Mcleod（1997）"NARRATIVE AND PSYCHOTHERAPY", Sage Publications of London, Thousand Oaks and New Delhi〔下山晴彦監訳（2008）『物語りとしての心理療法――ナラティヴ・セラピィの魅力』誠信書房、67‐68頁〕）。

17 宮本常一（1969）『宮本常一著作集8――日本の子供たち・海をひらいた人びと』未来社、24頁
18 武田正（1983）『日本昔話「語り」の研究』置賜民俗学会、14頁
19 同右『日本昔話「語り」の研究』9頁
20 武田正（1995）『昔話の発見――日本昔話入門――』岩田書院、58頁
21 前掲18『日本昔話「語り」の研究』17‐18頁
22 飯島吉晴（1989）「昔話の仕掛け」『國文学』第34巻 第11号、学燈社、37頁
23 宮本常一（1983）『宮本常一著作集別集2――民話とことわざ』未来社、20頁
24 福田晃編（1984）『日本昔話研究集成4――昔話の形態』名著出版、14‐15頁
25 前掲20『昔話の発見――日本昔話入門――』35頁
26 前掲22「昔話の仕掛け」38頁
27 武田正（1993）『昔話の現象学』岩田書院、50頁
28 同右『昔話の現象学』65頁
29 白百合大学編（2005）『口承文芸の世界』弘学社、3頁
30 「ハーラ」という言葉は、「祓い」のハラに通ずるものと解釈できる（矢口裕泰（1987）『語りの伝承』鉱脈叢書、99頁）。
31 上掲『昔話の現象学』192頁
32 柳田國男（1938）『昔話と文学』三省堂、22頁
33 前掲27『昔話の現象学』68頁
34 武田正（1992）『日本昔話の伝承構造』名著出版、15頁

なお、昔話・伝説・世間話をまとめて「民間説話（民話）」と称する。ただし、伝説は、「歴史的に実在した聖者・英雄の営みとして説明する」散文形式の物語で、しばしば具体的な場所に結びつけて語られる点で昔話と異なる。世間話は語り手の「近時に起った不思議な

出来事・稀有な人為を伝えるものである」。また、世間話には、現代の都市伝説や怪談話が含まれる（前掲24『日本昔話研究集成４――昔話の形態』４頁）。他方、神話は、すでに奈良時代より『古事記』や『日本書紀』の書承により伝えられているものが多く、厳密には昔話とは見なされない。さらに、研究分野によって差異はあるが、口承・書承を問わず散文形式をとった物語の総体を説話と呼ぶ（稲田浩二編（２００１）『昔話ハンドブック』三省堂、２４１頁）。

35　口承文芸（oral literature）は、「文字によらないで口から耳へと伝えられてきた文芸」の総称である。昔話以外には、民謡や語り物、ことわざ、なぞなぞなどがある（同右『昔話ハンドブック』２４１頁）。

36　稲田浩二（１９７７）『昔話は生きている』三省堂、44頁

37　プロップは、ソビエト連邦の昔話研究家である。彼の主著である『昔話の形態学』の初版は、１９２８年に刊行された。しかし、１９２０年代末のソビエト連邦におけるスターリニズム確立の余波を受け、30年以上もその内容が日の目を見ることはなかった。１９５０年代の末に、アメリカでレヴィ＝ストロースの『神話構造研究』（１９５５年初版）が注目され、同書が数カ国語に翻訳されたことを契機に、１９６０年代末にはレヴィ＝ストロースの神話論と並んで、プロップが「説話学」の始祖と位置づけられた（Propp, Vladimir（1928）"Morfológja skázki", Leningrad〔北岡誠司・福田美智代訳（１９８７）『昔話の形態学』白馬書房〕）。

38　同右『昔話の形態学』43頁

39　同右『昔話の形態学』１４４頁

40　同右『昔話の形態学』１４５頁

41　Propp, Vladimir（1946）"Historical Roots of the wonder tale", Leningrad〔斎藤君子訳（１９８３）『魔法昔話の起源』せりか書房、３６５‐３６６頁〕

42　プロップは、このような昔話の特徴と神話の類似性を指摘している。また、昔話が神話に生まれ変わるプロセスの始まりは、外面上、筋と語りの行為とが儀礼から解き放たれた瞬間に現れると述べている。さらに彼は、そうであるからといって、昔話が神話よりも劣るものだと結論づけるのは早計で、むしろ宗教上の制約から解放されることで、昔話は芸術的創造という自由な空気の中に出され、健全な道を歩み始めると主張した（同右『魔法昔話の起源』３７０頁）。

なお、昔話と神話の類似性については、日本でも早くから指摘されてきた。中でも、社会人類学者であるジェイムズ・G・フレイザー（１８５４‐１９４１）の『金枝篇』全13巻を精読した柳田國男は、主著である『桃太郎の誕生』（三省堂、１９３３）において桃太郎や瓜子姫など水辺で異常な誕生をする「小さ子」の背後には、水の世界と関連する母神信仰、すなわち「海神少童」とその母神というペアに対する「母子信仰」があったと説いた（松村一男（１９９９）『神話学講義』角川書店、１０１頁）。

43　リュティは、スイスのベルン出身の文学・歴史学者である。メルヘン（空想的物語、民話）の研究は民俗学、文化人類学、精神分析学、記号論、文芸学などさまざまな立場から行われていたが、彼はそれを文芸学的研究の立場から探究し、個人による創作文学とは異なる、口承文芸の理論を導き出すことを目指した（Max Lüthi（1975=1990）"Das Volksmärchen als Dichtung: Ästhetik und Anthropologie", Vandenhoek & Ruprecht〔小澤俊夫訳（１９８５）『昔話――その美学と人間像』岩波書店、７頁〕）。

44　Max Lüthi（1968）"Das europäische Volksmärchen: Form und Wesen", Utb Fuer Wissenschaft〔小澤俊夫訳（１９６９）『ヨーロッパの昔話――その形式と本質』岩崎美術社、15頁〕

45　同右『ヨーロッパの昔話――その形式と本質』16頁

46　同右『ヨーロッパの昔話――その形式と本質』２２３頁

47　同右『ヨーロッパの昔話――その形式と本質』２２４頁

48　小澤俊夫（１９８３）『昔ばなしとは何か』大和書房、75頁

49　同右『昔ばなしとは何か』76頁

　汚いものを、日常的な飲み物など普通のレベルにまで引き上げる日本の昔話特有の形式は、「水準化作用」と呼ばれる。この作用は、神聖なものを日常のレベルまで引き下げる場合にも当てはまる。

50　前掲44『ヨーロッパの昔話――その形式と本質』65－66頁

51　リュティによれば、メルヘン（昔話）の本質はモチーフの内容にあるのではなく、それをどう語るのかという語り方にある。彼は、語り口そのものに潜んでいる昔話の本質を明らかにするために数々のヨーロッパの民間伝承を分析し、その結果得られた成果が本章で取り上げた一連の理論である（前掲43 小澤俊夫訳『昔話――その美学と人間像』岩波書店、７頁）。

　ただし、訳者の小澤は、リュティの分析した昔話の語り口のもつ特性を認めながらも、その発生に関する彼の説には疑問を投げかけた。リュティによれば、昔話は古代の芸術家により書かれたものであり、同時に、内的な「形式意思」をもつ、人々の「文芸的なもてなし」であったという。これに対して小澤は、昔話は古来より聞き手にとっての「心を生き返らせる」場であり、それが本来の発生の起源であるとした（前掲49『昔ばなしとは何か』20頁）。

52　前掲44『ヨーロッパの昔話――その形式と本質』65－66頁

53　櫻井美紀（２００７）『語りの文化シリーズ10――心をつなぐ語り』語り手たちの会、36頁

54　関敬吾（１９８１）『関敬吾著作集５――昔話の構造』同朋社、62頁

55　前掲49『昔ばなしとは何か』80頁

第3章 草創期の口演童話の理論的特徴
―巌谷小波の教育思想における「お伽噺」―

はじめに

本章では、児童文学作家で、口演童話活動の創始者の一人である巌谷小波に着目し、彼が創作した「お伽噺」の具体像や、その教育における位置づけを明らかにすることで、初期の口演童話の理論と実践の特徴を検討することとする。

序章で述べたとおり、口演童話の創始者とされる人物は、巌谷小波と久留島武彦、岸辺福雄の3名である。中でも巌谷は、初期の口演童話の主な話材であった「お伽噺」を生み出し、最初に口演童話を試みた人物であった。巌谷の説いた「お伽噺」論の中で重視されていたのは、明治期に新たに登場した家庭教育の領域である。

明治末期から注目されるようになった新たな家族観とその理想は、大正期から昭和初期にかけて、都市部の新中間層を中心とした「家庭」に具現化されてきた。それにともない、学者や教師など教育関係者の間では、学校教育と社会教育の基礎としての家庭の重要性が指摘されるようになり、この時代、家庭教育の在り方をめぐる議論が活発化した。そして、この家庭教育の方法の一つとして重視されたのが、親から子どもに「お話」を聞かせることであった。

明治20年代から大正期までの家庭教育書の分析によって、家庭教育における「お話」の役割を考察した是澤優子の研究によれば、家庭教育書に紹介された「お話」の題材の多くは、当時の幼児教育でもよく扱われていた昔話や偉人伝、外国童話などであったという。他方、子どもに物事を説明する際は、科学的視点に基づく必要があり、その意味で、古くからある昔話の「迷信」「俗信」を排除することも求められていたという[1]。さらに、家庭教育書では、母親を中心とした大人が「お話」をすることは、「耳から知識を注入する」ことと見なされ、優れた教育手段と考えられていた。ここから、当時、家庭において教育上重視された「お話」は、昔話を教材の一つとしながらも、その「非科学性」が否定的にとらえられていたといえる。

では、巖谷小波の「お伽噺」や家庭教育に対する考えは、こうした当時の「お話」に対する教育観とどのようなところが通じ合い、どこに違いがあったのだろうか。本章では、そのような観点から、巖谷小波の家庭教育論や「お伽噺」論について検討し、初期の口演童話の理論の特徴を明らかにすることとしたい。

第1節　「家庭」の誕生とお話

（1）「家庭」とは何か

巖谷小波の家庭教育論や「お伽噺」論を取り上げる前提として、まずは、明治期から大正期にかけて広まった新たな家庭観や家族観、それと関連して提唱された家庭教育観について検討していく。

この時期の家族の特徴として指摘できることの第一は、それが明治期以前から存続する戸主権の強い「家」制度に変化が生じたことから生み出されたという点である。民法学者の有地亨によれば、「明治維新以後、家族制度、家族生活は、従来の伝統を引き継ぎドラスティックな変化を示さなかったが、民衆の家族観は封建制度が廃止され、導入された西欧の近代的な家族思想の影響を受け、徐々に変容」していたという[2]。

たとえば、東京帝国大学法科大学教授で、明治民法の起草者である梅謙次郎は、１９０２年、「家族制ノ将来ヲ論ス」と題する講演において、次のように述べている。

在来ノ慣習ニ因ツテ存スル家族制モ矢張大変動ヲ受ケタノデ其儘維持シテ行カウト云フコトハ事実ガ許サナイデアラウト思フ、左アレバコソ今日ノ多数ノ日本人、殊ニ都会ニ居ル所ノ日本人ハ家族制ニ対スル三十年ノ、即チ維新前ノ思想ニ較ベテ見テ非常ナ違ヒデアラウト思フ[3]。

梅はこのように、明治維新後、ヨーロッパの文物や制度を輸入し急激な変化が生じていた日本社会では、旧来の家族観が確実に変化していると主張した。こうした認識をもっていたのは、梅ばかりではなかった。彼と同様に、明治民法の法典調査会委員の奥田義人も、１９０２年、伝統的な家族制度によって保障され、社会秩序を維持してきた徳義心や道徳が、封建制度の廃止や欧米の個人主義の流入といった社会の趨勢において変容させられていると指摘した。特に奥田の場合は、そこで従来の家族制度に代わって、新たに社会秩序を保っていくものが教育であり、教育によって社会的な道義心を養成することが重要であると指摘した[4]。梅と奥田の考えには若干の違いはみられるが、いずれも伝統的な家族制度の崩壊を前提に議論が進められている点では同じで、ここから、１８９０年代頃の知識層にとって、家族観の変容は確実なものと映っていたことが読み取れる。

他方、教育学および女性史学者の小山静子は、政治体制の変化とは無関係に家族は存続し、その生活は営まれていくものとしながらも、制度上においては、１８７１年に導入された戸籍制度によって、家族を基礎単位とした近代国民国家が成立したと指摘する[5]。当然のことながら、江戸時代においても、それぞれの家族ごとに住民を把握する方法がまったく存在しなかったわけではなく、幕府や諸藩によって人別《にんべつ》改《あらため》帳《ちょう》や宗門《しゅうもん》改《あらため》帳《ちょう》が作成され、一定の人口調査が行われていた。ただ、前者の人別改帳は不規則にしか編纂されなかったうえ、全国にわたって作成されていたわけではなかった。また、後者の宗門改帳は、その名が示すように、民衆がキリスト教ではなく仏教を信仰していることを証明するために編纂されたものであった。とりわけ宗門改帳の場合、原則として年に一度調査、作成され、記載事項には職業および身分の別も含まれており、その意味では、人別改帳よりも正確な調査がなされていたと考えられる。しかし、この調査も、全国的に同一の方法で実施されたものではなかったことから、江戸時代の人口調査はいずれも、明治期以降の戸籍制度導入にともなう人口調査と比べると、必ずしも家族を単位とした住民の把握をきちんと行うものではなかったといえる。

ではなぜ、当時の幕府や領主がそれを必要としなかったかというと、近世の社会において重視されていたのは、個々の家族よりもむしろ、「村」のまとまりだったからである。たとえば、年貢の納入や諸役の負担は個人や家族単位ではなく、村請制というかたちをとり、村単位で請け負っていた。そのため、支配層が各家族と直接的な関係を結ぶ必要はなく、またそもそも、家族は共同体から独立した存在でもなかったのである。

小山は、そのような共同体と家族の在り方が、明治維新以後いかに変化したかということを、まとめて次のように説明している。

近世社会から近代社会への転換の中で、家族は、一方では近代国民国家の基礎という位置づけを獲得し、国家から直接的に把握される存在、国家の管理と干渉の対象となっていき、他方では、村落共同体や親族共同体などの社会集団からの独立性を高め、私的な存在となっていった。そしてごく少数とはいえ、家内領域と公共領域との分離に伴い、それぞれを女と男とが分担しあう、近代的な性別役割分業が成立する家族が登場することとなった[6]。

右記の小山の指摘の中で、この時期に生じた新しい家族の在り方の特徴として注目したいのは、家族が「村」の共同体から独立性を高め、制度上、家族と国家とが初めて直接的な関係を構築したという点である。後述するように、明治期の新たな家庭教育観は、ここで述べられているような国家と家族、個人の関係についての認識が前提となっている。つまり、それはまだ実態をともなうものではなかったとはいえ、この時期、家族の概念をめぐって新たな関係の枠組みが成立し、そのような家族の概念が、教育にも反映されるようになっていたということである。なお、後にそれが現実化していくのは、日露戦争の頃から第一次世界大戦後にかけての時期で、その中心を担ったのが、都市部の家族であった。

次に、当時の家族に関する第二の特徴として、ジャーナリズム等における家族をめぐる言説を取り上げる。家族や家庭にかかわる諸理論にとって、1900年代前後は、新・旧・折衷家庭の鼎立の時期であったといわれる。戦前の家庭教育史の研究を行った小林輝行は、「この期に至ると旧来の伝統的家庭の変容が顕著となり、西欧的家庭、折衷的家庭の増加をみ、（中略）当時の家庭改革論争なるものも、こうした現実の社会状況の端的な反映にほかならず、そこでは（1）『純然たる西洋風の家庭を造る』べし、（2）『旧日本の家庭を今日に復活せしむ』べし、（3）『何れにも依らざる新たな家庭を採用す』べし、といったいわゆる西欧志向派、伝統への回帰派、両者の折衷派の三者の立場から家庭改革論が叫ばれ」、互いにしのぎをけずっていたと指摘する[7]。1900年代頃から、戸主権の強い伝統的な家庭と、欧米の個人主義を軸とした家庭、両者を折衷する新たな家庭の三つの家庭像のどれに依拠して、新たな時代にふさわしい家庭をつくり上げていくべきなのか、識者らの間で盛んに議論が行われていたのである[8]。

一方、明治期の雑誌を素材として、当時の「家庭」概念がどのようなものであったのかを検討したのが、社会学者の牟田和恵である。牟田によれば、明治期の総合雑誌の誌面には、家族意識について二つの顕著な趨勢をみることができるという[9]。その第一は、1880年前後をピークとして、家庭の団欒や家族員の心的交流に高い価値を付与する、新しい家族の在り方を理想とする記事が多く現れたということである。

こうした新たな理想的「家庭」は、もともと英語の「ホーム」の訳語として誕生したものであった。「ホーム」という語が、家族の新たな在り方を意味する言葉として早い時期に使用された例には、たとえば、1888年2月に発行された『女学雑誌』（第96巻）がある。『女学雑誌』は、キリスト教の立場に基づきながら、この時代の女子教育の推進と家庭の改良に対して啓蒙的な役割を果たした雑誌である。この雑誌に掲載された、巖本善治による記事「社

説　日本の家族（第二）一家の団欒和楽」には、「英米の口語にホームという文字あり或人之を仏蘭西語に訳せんとするに適当の文字なしと云えり吾人之を我国の語に適訳せんとするに亦同様の遺憾なきを得ず」と書かれている[10]。また、巌本は同じ記事の中で、彼は「ホーム」のような家族を具体化する方策として、家族の「食卓」の在り方を工夫すること、二世代二家族の同居を避けること、家庭の要としての女性の役割が重要であることなどを提案している。

巌本の文章からは、まだこの時期の日本に、「ホーム」の訳として適した言葉がなかったことが分かる。そこで彼は、この言葉の紹介を通して、「ホーム」という語の意味するような、家族間の情緒的な交わり、すなわち「団欒和楽」が重要である点と、それが日本人に欠けている点を指摘したのである。また、彼の提唱した「ホーム」の具体化の方策を見ると、ここで想定されている家族の在り方が、両親と子どもからなる核家族の家庭で、男性が外に出て働き、女性が家事を行うという、いわゆる都市型のものであったことが読み取れる。

さらに、先ほどの牟田の論考に戻ると、明治期の総合雑誌における家族意識の第二の特徴として挙げられるのは、1880年代から1890年代を転換点として、各紙における家族の取り扱いが変わったという点である。具体的にいえば、この時期から家庭や家族は、世間一般の議論、いわゆる公論の対象から除外され、女性を対象に、もっぱら女性のみにかかわるものとして語られるようになった[11]。家庭における女性の役割の重要性そのものは、巌本の社説の出された1880年頃からすでに主張されていたが、女性の役割を特に強調する意味合いの「家庭」が急速に広まったのは、徳富蘇峰により『家庭雑誌』が刊行された1892年頃のことであった[12]。

そこでここからは、民俗学者の重信幸彦の論考[13]に依拠しつつ、徳富の『家庭雑誌』における「家庭」の意味を詳しく検討することとする。重信によれば、『家庭雑誌』では、日本の自発的進歩を目指す議論の延長上に、「家庭改良」が掲げられているという。すなわち、ここでいう家庭改良の目的は、次代の国民である子どもを教え育む場をつくることであり、そのような教育の場において中核的な役割を担うのが婦人、母親である。こうした、『家庭雑誌』に見られる国家と個人との関係および、その関係に基づく家庭と教育に対する認識は、既述の小山らの見解と重なるものである。

また、『家庭雑誌』の家庭論には、理想的な家庭を形成するために欠かせないこととして、一家団欒の「楽の自然なる、融然相和して流るるが如き」状況を意味する「和楽」が提唱されている[14]。和楽は、『家庭雑誌』における新しい時代の理想の家庭をめぐる議論において重要なキーワードとなっている。では和楽とは、具体的にどのようなものなのだろうか。

和楽というと、「楽」という語から連想して、「娯楽」と似た意味を想像するかもしれない。だが、１８９４年に、同じく民友社から刊行された叢書『家庭及和楽』によると、和楽は単に娯楽という意味合いでとらえきれないものであることが分かる。もちろん家庭の団欒にとって娯楽は欠かせない要素の一つであり、『家庭及和楽』でも、和楽の意味する内容として、娯楽にあたる「遊楽（あそび）」が挙げられていた。しかし、同書によれば、和楽には他にも、「一、家庭の憲法、二、平民的家風、三、家庭の職業、四、借金と貯金、五、家庭の治安」など、「憲法」や「治安」といったいわゆる管理的な意味合いの強い項目が含められている[15]。ここから、理想の家庭のイメージである和楽には、娯楽に加えて、法や経済、職業などさまざまな要素によって、あたかも国家のように家庭を管理することを通じて、家族の結束力を高めるという意味が込められているといえる。

このように、明治期に入り、制度上、国家と家族の間に初めて直接的な関係が構築されることとなった。ただし、この新しい家族のかたちは、主に都市部の家族から現実化していくが、そのような変化が起こるのは大正期から昭和初期にかけてのことで、明治期においては、主に有識者らの議論の中に、概念としての新たな家族像が登場するにとどまっていた。

次に、当時のジャーナリズム等における家庭の言説に着目すると、この頃、戸主権の強い伝統的な家庭と、欧米の個人主義を軸とした家庭、両者を折衷する新たな家庭の三つの家庭像のどれに依拠して、新たな時代にふさわしい家庭をつくり上げていくべきかということが論争となっていた。また、１８８０年前後をピークとして、家庭の団欒や家族員の心的交流に高い価値を付与する、新しい家族の在り方を理想とする記事が多く現れ、さらに、1880年代から1890年代を転換点として、家庭や家族はもっぱら女性のみにかかわるものとして語られるようになっていった。

先の徳富の『家庭雑誌』によれば、家庭を改良する目的は、次代の国民である子どもを教え育む場をつくることにあり、そのような教育において中核的な役割を担うのが婦人、母親であった。また、ここでは、母親が中心となって、さまざまな方途により家庭を管理経営することが、家族の融和や一家団欒に通じるととらえられ、さらにそれによって家族の結束が高まることが、やがて国家を発展させることにもなると考えられていた。

つまり、明治期以降、新たに掲げられた家族は、階層的な多様性や身分制度に基づく非等質性が特徴のかつての「家」とは異なり、平等性や均質性を基本としたもので、また、家族の団欒、そこでの子どもの成長は、国家の安定や発展を目指す議論の延長上でとらえられるものだった。言い換えれば、家庭には、ゆくゆくは国家の直接の構成員となるよう子どもを教育することが求められ、そのために夫婦がそれぞれの役割を担うこと、特に母親によって家庭が「正しく」管理、経営されることが望まれていたのだと考えられる。このような大枠をふまえ、次項では、具体的な家庭教育の方法の一つとして提案された「お話」の内容について詳しく検討していく。

（2）　家庭教育における「お話」の役割

既述のような新たな「家庭」では、一家団欒のために、食後に家族全員で「茶話会」や「談話会」を開くことが推奨されていた。たとえば、民友社の『家庭雑誌』では、社説や評論において、音楽や俳諧などの家族での楽しみ方が紹介されるなど、頻繁に家庭の団欒の重要性が説かれた。そうした具体的な一家団欒の方法の中でも、お金をかけずに誰もが取り組めるものとして挙げられていたのが「お話」であった。

重信によれば、家庭における「お話」の題材としては、たとえば「昼間見聞したる珍奇」や「教訓となるべき昔話」「新聞雑誌の淡白にして面白き節々」「小児少女が学校にて学び得たる学問の事や修身談」など[16]、身近な体験談からメディアがもたらす情報・物語・学問的な知識まで、かなり雑多な内容が推奨されていた。また、1893年に刊行された『家庭及和楽』（第６巻）の社説「家庭の談話」には、「談話は家庭の空気」であり、「小児はこの空気の中に包まれて生存し、この空気を呼吸して成長」するものであり、「小児を悪人となすと、善人となすと、英雄となすと、総てこの談話の性質如何に拠りて定まる」とある[17]。ここで「談話」を家庭の「空気」と表現していることから分かるように、談話、すなわち親子の間で交わされる会話は、家庭に欠かせないものであるととらえられていた。つまり、家庭における子どもの成長は、親とのコミュニケーションの質に左右されるため、そこに多様なジャンルの啓蒙的かつ教育的な「お話」が求められたのである。

さらに、重信は、家庭の「お話」では、母親の役割が特に重視されていたと指摘する。たとえば、1893年3月に刊行された『家庭雑誌』（第7巻）の「社説 家庭の快楽」には、「猥雑なる談話を禁じながら、自らは朝日新聞の第三面に熱心し、浮きたることは覚ゆべからずと諭しながら、自らは演劇、寄席の話に熱心す」と、悪い母親の一例が紹介され、このような母親のいる家庭では、「小児が折角学校にて善き事を覚え来るも、肝腎なる母の為めに打ち破わさる」と、警鐘を鳴らす一文が掲載された。

加えて、「猥雑なる談話」「朝日新聞の三面」「演劇・寄席の話」などに対し、家庭での談話の内容は「古人の伝記、小説に基づくもの」が多いと望ましく、「家庭改良の第一着歩として、母たるものが古の大人君子の伝記を読み、清潔なる小説を選ぶの明を具えんこと」が必要であり[18]、さらに、「悪い母親」が今日の家庭の「通患」であるとまで指摘されていることから、当時、母親の生活態度が子どもに及ぼす影響が広く問題視されていたことが伝わってくる。

このように、家庭の談話、すなわち「お話」は、それを管理する主な役割が母親にあると見なされ、そのために、まずは母親本人が「清潔な」小説や偉人の伝記などを読み、それを基に子どもと話をすることが、子どもの教育上ふさわしいと考えられた。母親にそうした役割が求められていたことは、当時、女子教育や婦人教育において目指されたのが、女性が理想の母親像を体現し、同時に、身につけられた「道徳的品性」によりわが子の模範となることだったことにも示されている[19]。

重信によれば、「お話」の管理者として母親が位置づけられることは、母親がかつて伝承の昔話の語り手としての役割を担っていたことをふまえれば、決して唐突なものではないが、当時は「お話」の種子を求めるところが「周囲の日常的世間」ではなく、その外側から流れ込んでくる「新聞などの近代的メディアが形にする世間」にあり、また、家庭の「お話」の場は、「国」や「国民」の形成に結びつけられている点が特徴的であるという[20]。その意味で、この場合の母親の役割は、伝承の昔話の語り手の延長ではなく、近代的な「家庭」の理念が形成されていく過程で、新たに発見され求められるようになったものであると思われる。

（3）　学校教育と家庭の関係

先に引用した「社説　家庭の快楽」の記事の中には、家庭で母親が望ましくない振る舞いをすることによって、子どもが学校で身につけてきたことが台無しにされてしまうという主張があった。これをふまえ、本節の最後に、当時、学校との関係で家庭教育がどのように論じられたのかにふれる。

まず、家庭の側から見た場合、教育に対して強い関心を示したのは、時代はやや下るが、第一次世界大戦前後の時期、都市部を中心に増加してきた新中間層の家族であった。新中間層の家族は、通常、代々受け継がれた家業をもたない。そのため、子どもたちにとって重要なのが、学校教育によって得られる学歴を通じて、自ら社会的な地位を獲得することであった。それゆえ、こうした家族の親たちは、当時「教育家族」と表現されたほど、必然的に子どもの教育に熱心になったのである[21]。

大正期以降、子どもの教育への関心が社会的に高まっていたことは、たとえば、下田次郎の『母と子』（1916）

や佐々木吉三郎の『家庭改良と家庭教育』（１９１７）など、家庭教育や育児について論じた書物が多数出版されて版を重ねたこと、さらに、鳩山春子の『我が子の教育』（１９１９）や田中芳子の『親ごころ子ごころ』（１９２５）といった、母親自ら子育ての体験談などを綴った書籍が刊行されるようになったことからも伝わってくる。

１９２０年代になると、こうした家庭教育への社会的関心を受け、文部省が家庭教育振興のための政策を展開するようになる。中でも、文部官僚として社会教育の発展に尽くした人物の一人である乗杉嘉寿は、文部省普通学務局第四課課長であった１９２３年、『社会と教化』（第２巻）に、「家庭教育第一を提唱す」と題する文章を寄せている。この記事において、乗杉は、高い乳幼児死亡率をもたらす家庭の現状は、学校教育の効果をそぐものであると指摘する。また、彼は、このように家庭教育が不振である理由は、「婦人の教育上に欠陥あることを大なる原因と考へる」と述べ、家庭教育の担い手である女性の教育の必要性を主張した[22]。

このように、教育家族が誕生した頃、教育関係者の間でも学校教育と社会教育の基礎としての家庭の重要性が指摘され、その在り方をめぐる議論が活発化するようになった。そして、乗杉が、家庭の不振は学校教育の効果をそぐと述べたように、公教育の側から見た場合、家庭は「学校教育の補完物」ととらえられていたのだった[23]。ここまでのような、明治期に誕生した新たな家庭の全体像をふまえたうえで、次節では、巌谷小波の家庭教育や「お伽噺」に対する考え方に着目し、初期の口演童話の実践および理論の特徴を検討することとする。

第２節　巌谷小波の活動および思想の全体像

（１）近代児童文学の創始者としての活動

巌谷小波は、１８７０年、滋賀県甲賀市の水口藩の藩医の家柄で、貴族院議員であり、著名な書家でもあった巌谷修の三男として生まれた。彼は、幼少時からドイツ人のもとでドイツ語を習うなど、恵まれた環境で家業の医者になるための教育を受けて育った。しかし、成長してからは文学への関心が高まり、1887年、17歳で日本最初の文学結社である硯友社に参加した。

ここで彼の特筆すべき業績として挙げられるのが、1895年に国内で初めて児童のための創作文学『こがね丸』を執筆したことである。この作品が子どものみならず大人からも好評を博すと、彼は博文館発行の雑誌『少年世界』の主筆となった。また、子どものための読み物として『日本昔噺』『日本お伽噺』『世界お伽噺』といった「お伽噺」にかかわる書物を次々に刊行した。当時の誌面上では、巌谷を「少年小説會壇場のシェイクスピア」と評しており[24]、ここから、子どもの読者層における彼の存在感の大きさがうかがい知れる。今日の児童文学史では、こうした彼の一連の創作活動が、そのまま近代児童文学の確立期として位置づけられている[25]。

この児童文学の執筆活動と並行して巌谷が力を注いだのが、子どものための口演童話や各地での大人向けの教育講演であった。大人向けの講演を始めたきっかけについて、巌谷は後年の回顧録の中で、1896年に、小学校で初の口演童話を試みた後に、「大日本婦人教育会」の嘱託を受け、初めて家庭教育の講演とお伽噺講演を実施したと記している[26]。そのような経緯から、巌谷の大人向けの講演は、その後も婦人を対象にした家庭教育に関する内容がテーマの中心となった。

大日本婦人教育会とは、1887年に東京都内で「小石川婦人談話会」として発足し、翌年改称した、女子教育者の石井筆子らにより設立された婦人教育の啓蒙団体である。当会の取り組みの内容は、たとえば、会員向けの機関誌の発行や各種の講演会の開催などであった。また、こうした事業によって、男は外で働き、女は内を守る「男女分業論」の考え方と、学芸知識、「貞操淑徳」の徳育を並行した教育を行うことを活動の目的としていた[27]。巌谷が「婦人教育会の方でも新しい方面に活動したい」という当会からの講演依頼を承諾したのは、もともとは、「お伽話《ママ》の宣布」の機会を得たからであったという[28]。そして、明治末期から大正期にかけて、家庭教育や婦人教育に関する講演を多数行い、その記録集を刊行するようになった。

巌谷が教育に力を注いだ理由として、彼が学校教育と家庭教育に加え、社会教育が重要であると考えていたことがある。明治初頭から大正10（1921）年まで、一般の民衆に対する教育政策の総称は「通俗教育」とされていた。一方、民間においては「社会教育」という語がすでに存在し、両者が混在する状況になっていた。これらの用語の混在の背景には、「社会」という語が社会主義を連想させることを政府が危惧し、「通俗教育」を公式に採用していたという事情があった。それが、第一次世界大戦後の1921年、文部省管制の改正にともない、公的にも「社会教育」が正式に使用されることとなった。そして、これを契機に、国民の社会生活全般を向上させるため、政府による新たな教育政策の整備・拡充が本格的に進んでいったのである。特に当時の日本の社会教育政策は、欧米の社会教育が成人教育の意で学校の拡張事業を主に展開したのに対し、「社会」が強く意識され、社会生活の向上や共同精神の涵養を目的とする「社会の教育化」を重視したものだったとされる[29]。

巌谷は、この文部省による通俗（社会）教育事業への着手を、遅まきではあるが大変良いことと評価している。また、この頃は、政府の取り組みだけでなく教育家や仏教徒、キリスト教徒らによる子ども相手の教育的な催しが盛んになっており、こうした情勢についても、大人が「第二の國民たる少年の教育」をなおざりにしないことの証拠であり、喜ばしいことであると述べている[30]。このように、もともと文学作家であった巌谷は、子どものための文学であるお伽噺の創作活動を契機として、口演童話を始め、さらにその活動をきっかけに、家庭教育や社会教育の重要性を認識し、そうした活動へのかかわりを深めていったのだった。

他方、巌谷は1901年以降、自らの創作する子どもを対象とした文学作品の中で、仮名を実際の発音に対応させて記す「発音式かなづかい」を用いるようになった。また、そのような取り組みを通じて、国語改良論者らによる文部省編集の国語読本の改修事業にも参加した[31]。

国語改良とは、郵便制度の創設者でもある前島密が、徳川慶喜に建議した「漢字御廃止之儀」に端を発する、難解な漢字を廃止し、ひらがなを「国字」にしていこうとする考え方と、それに関する取り組みのことである。前島は、国家の発展の基礎が教育にあると考え、国民教育を民衆に普及させるために、学習上困難な漢字や漢文を廃止し、仮名文字を用いる必要があること、また、口談と筆記を一致させること、すなわち教育において口語体を採用すること、最終的にはそのような考え方を公私に及ぼすべきであることなどを説いた[32]。彼はこの考えを明治政府に対しても進言し、一連の国語問題に対する議論は、政府内や民間の識者らの間でも活発に展開されるようになったのだった。

巌谷は、前島のいう教育における口語体の採用、いわゆる言文一致の創唱を、「発音式かなづかい」による児童文学作品の創作というかたちで推し進めていたことから、先の国語読本改修事業の一員として選定されたのだと思われる。

このように、巌谷は、お伽噺などの子ども向けの物語の創作を軸にして、口演童話の活動や、家庭教育に関する講演を中心とした社会教育の取り組み、国語読本の改修事業など、官民を問わない幅広い教育・文化活動にかかわっていったことが分かる。

(2) 巌谷小波の家庭像と女性像

既述のように、巌谷は、「お伽噺」の創作活動以外では、主に教育分野において精力的な活動を行ってきた。教育に関連する彼の著述には、次のようなものがある。

①「家庭と児童」小波口述　1899年
②『家と女』隆文社　1906年
③『女子処世 ふところ鏡』大倉書店　1907年
④『桃太郎主義の教育』東亜堂書房　1915年

⑤『新家庭 女子供の巻』大倉書店　１９１６年
⑥『新しい奥さま』博多成象堂　１９２１年
⑦『桃太郎主義の教育新論』文林堂　１９４３年
※⑦のみ死後の刊行。また、「家庭」を冠した講演記録として他に、家庭で母親が子どもに聞かせるべきお話について講演した『家庭口演十種』（木村小舟編）がある。

右記の著書は、巌谷が初めて家庭教育の講演を依頼された明治29（１８９６）年以降から、大正初期に集中している。また、巌谷はこの間、お伽噺の作品集なども数え切れないほど刊行しており、こうした創作物の出版活動は、彼の死後、１９５０年発行の『さざなみどうわ』まで続いた。

そこで、巌谷の家庭教育論を検討するために、本章では主に、明治後期から大正初期にかけて書かれた②～⑤の著作を扱うこととする。

ところで、既述のように、明治期以来の日本の家族の在り方は、祖先の共有を中核にした系譜関係に基づく「家」と、子どもの将来への意識を根本にした、夫婦とその子どもの関係からなる「家庭」とが混在する状況だった。特に新たな「家庭」に対する考えが広まった背景の一つとして、社会的には自由民権運動の高まりとともに、教育分野において男女平等の思想が徐々に育まれつつあったことがある。また、「婦女改良」の理念の下、主に上流家庭の婦人が欧米の新しい知識を吸収し、新時代にふさわしい家庭を建設するべく全国各地に婦人団体が創設されたこともかかわりがあると思われる[33]。これらの婦人団体は、会員同士が親睦を深めながら家政や衛生・料理・裁縫といった家庭生活の知識を身につけることに目的をおいた組織であり、欧米諸国に比べた日本女性の文明的遅れへの問題意識を根本にもっていた。

この新たに創設された婦人団体に見られるような、欧米の文化に対して日本を遅れたものとする考えは、大正前期に始められた政府主導による生活改善運動にも見て取ることができる。同運動は、特に家庭での消費の抑制と生産力の向上によって、合理的かつ近代的な生活の実現を目指すものだった[34]。つまり、当時のいわゆる「主流」の家庭教育は、国家の基礎として家庭を「文明化」することが、諸外国に勝るとも劣らない日本の立場を築くことになるという論理の下、推進されていたと考えられる。

他方、大正期に入ると、社会主義思想に根差した反体制的な婦人運動も急速に成長してくる。これに対して、時の政府は、従来の儒教的家族制度の存続に危機意識を高め、反体制的な流れへの対抗措置として、保守的な婦人教育や女子教育の強化にも力を入れるようになった[35]。

さらに、こうした動きに加え、1890年代後半はジャーナリズムの家庭教育論が隆盛した時期でもあった[36]。たとえば、先に挙げた『家庭雑誌』だけでなく、自由学園の創立者である羽仁吉一と羽仁もと子は『家庭之友』（1903年創刊、1908年に『婦人之友』と改題され現在に至る）を発刊した。また、新聞紙面でも、1900年に大阪毎日新聞が他紙に先駆けて「家庭の栞」欄を創設し、翌年には読売新聞社が『家庭の教育』を出版し、数十名の著名人らの家庭での教育方針の聞き書きを紹介した。他にも、児童研究会の発行した『児童研究』（1899年創刊）や東京女子高等師範学校内のフレーベル会による『婦人と子ども』（1901年創刊）等は、心理学的な観点から、より専門的な読み物を世に送り出した。同時に、これら日本人による理論に加えて、マレソン（Malleson）の『家庭教育原理』（1891）やジャン=ジャック・ルソー（Jean-Jacques Rousseau）の『児童教育論』（1897）など海外の家庭教育論の翻訳、紹介も進み始めていた。

このように、当時の家庭教育をめぐる議論は、理論から体験談まで、多岐にわたる内容で展開されていた。ただし、ここでの家庭教育に関する議論は、全体的に旧来の「家」で行われてきた教育を批判し、それに代わるべき新たな「家庭」の在り方を模索した点が共通する[37]。また、別の側面からいえば、これらの家庭教育論は、公教育制度が浸透するのにともない、その効果を発揮させる基盤ともいえる家庭での教育を改善・発展させることに問題意識をおいていたと考えられる。

こうした状況をふまえて、次に巌谷の家庭教育論にみられる女性像および母親像を検討する。巌谷は、1906年に出版した『家と女』の「家庭と社會」で、女性が家庭と社会との双方を「楽しむ」ことが重要だと指摘した。すなわち、巌谷は、昨今「家庭主義」が行われることで妻が家に籠りがちになり、外での社交を夫にのみまかせきりにしている。しかし、本来、家庭と社会の交際はともに両立させて楽しむべきもので、「妻たるものも、之を共にせねば成らぬ」と述べる[38]。ここには、ただ家を守るだけではなく、進んで「社会」との交流を行うような、積極性のある女性を理想とする巌谷の考えが表れている。また、同書の別の箇所では、家庭で女性が文学をたしなむことの意義が以下のように述べられている。

ごく廣い意味の文学と云ふものは、苟《いやしく》も文明國の人間として、皆之を解して貰ひたいと思ふのであります。それで一言に申しまするると、家庭の中に文学を入れて、文学趣味を解する者の澤山出来て貰ひたいと云ふのが、私の希望なので御座います[39]。　　※ルビは筆者

このように、巌谷は文学者の立場から、新たな時代の家庭では、女性も文学の教養を身につけること、また、女性は家庭を守るだけでなく、男性と同じように社交的に活動することも必要であると、ある種の男女平等思想に基づく考えを説いた。

一方、『女子処世 ふところ鏡』で、巌谷は、「尊い寺は門より知れる、立派な家庭は兒で知れる。要するに兒は親の反射鏡である。取り分けその母親の」、「男女同権といふことは賛成であるけれども、男子のすべき事を女子がするといふのは決して宜しくない」とも述べている[40]。つまり、巌谷の考える「男女平等」は、女性と男性は平等な権利を与えられているが、おのおの社会的な役割は本来異なるということが前提となっており、特に女性へ、子どものために「母親」であること、また、「立派な家庭」の母親になるために、文学的な教養を身につけることを求めたのだった。

さらに、『新家庭 女子供の巻』の「大正の新家庭」と題する著述の中で、巌谷は、明治期までの子どもにとって父親は怖い存在であり、父子間にはいわば鉄柵のような距離があったが、新しい時代の父子および夫婦関係は愛情によって結びつかなければならず、またそこには、明治天皇と国民の間にあった君臣関係のような信頼も必要であると指摘した。日本では、日清戦争の勃発した1894年から1895年の時期から、ジャーナリズムの影響で「愛」や「親密さ」といった情緒的結合を重視する家庭像が理想とされ始めるようになった[41]。その後、大正期にかけて都市部の中産階級の家庭を中心にこの理想が広まったことをふまえると、ちょうど1916年に発表された「大正の新家庭」における巌谷の考えは、「夫婦中心の調和」を志向し、「伝統的な家制度」からの脱皮を目指した[42]、当時の都市部における新たな家庭像の潮流と同様のものであったと考えられる。

（3）「国民教育」の思想

こうした巌谷の家庭像やそこでの子どもの教育に対する考え方の土台にあるのが、「国民教育」の思想であった。巌谷の提唱した「国民教育」は、たとえば、次の一文に典型的に表れているように、世界の情勢と日本の置かれた立場を考慮することを必ず念頭においていた。

> 日本は今や世界的の舞臺に立つて、列強と競争をしなければならぬと云ふ、大責任を持つて居る以上、夫等の競爭の對手と、矢張り同じ速力を以て進むと云ふ覺悟を持たないと云ふと、後に取り残されて仕舞ひはしないか、一歩出たかと思ふと、引き戻されると云ふやうな風な、手緩い進歩の仕方では、どうも前途が思ひ遣られるのである[43]。

巌谷は、お伽噺の口演活動や文部省の教育政策事業に携わっていた関係で、ドイツやアメリカなど諸外国を訪問することが多く、その折に、しばしば子どもたちや教育者らと交流したり、学校や家庭を視察したりすることで、現地の教育状況を学ぶ機会を得ていた。そうした経験から、彼は、欧米人に比較した場合、日本人は「意志の力」が最も欠けており、その鍛錬こそ、将来の国民教育に喫緊の課題であると感じたのだった。

巌谷の考える「意志」には、従来の日本人が重んじてきた忍耐や堅忍などの「己に打ち克つ」意志と、「爲たいと思ふことを敢てする」という「他をも制する」意志の二つがある[44]。巌谷はこれらのうち特に後者の「他をも制する」意志が、欧米人に比べて日本人には欠けており、これからの時代に必要であると主張した。また、彼は、日本と欧米との間に生じているこうした意志の在り方の差が、諸外国との外交上の付き合いの際に不利な形で現れており、将来的に日本を背負って立つことになる子どもの教育には、その鍛錬こそが重要であると指摘した。つまり、巌谷は、子どもの教育において、周囲に認められなかったり、困難があったりしても、自らの望むことに邁進していくような積極的な意志を育むことが、新たな時代に、日本が世界に台頭するために肝要であると考えたのである。

第３節　巌谷小波の「お伽噺」論

(1)「国民童話」としてのお伽噺

①物語の書き替え

次に、巌谷が創作した「お伽噺」とはどのような物語なのか、その特徴を検討する。お伽噺の特徴の第一は、国内外の童話を当時の日本の児童向きに書き改めた点にある。巌谷は、豊かなドイツ語力を駆使して、西洋の昔話である「メルヘン」を日本の子どもたちに紹介するという、その頃は未開拓であった活動に精力を注いだ。また、メルヘンを日本語に翻訳する際、彼は物語を一字一句訳すのではなく、登場人物の名前や舞台を日本風に書き替えるなど、いわゆる翻案を行うことで、国内の子どもに理解しやすいよう配慮した。

具体例として、たとえば、ドイツ民話の翻案『鬼大名』を挙げてみる。『鬼大名』は、一読すると登場する人物や筋から日本の武士の物語だと思えるが、原作は中世ドイツの勇士の話である。こうした物語の形式面の変更の他、彼は、グリムのメルヘン『白雪姫』の翻案である『小雪姫』では、残酷な描写を削除したり、継母の継子いじめを戒める言葉を加筆したりするなど、内容面の改編も行っている[45]。

さらに、西洋のメルヘンだけでなく、日本の昔話でも、古くからある物語をそのまま掲載するのではなく、当世風の挿絵を加えたり、物語に合わせて唱歌をつけたりするなど、当時の子どもたちが新鮮な気持ちで物語を受け入れられるように工夫を凝らしていた。

そして、このようなお伽噺の本文には、昔話の語り口を活かした文体が採用された。これが、お伽噺の第二の特徴である。例として、『日本昔噺』の『桃太郎』を挙げてみる。この物語の冒頭から、お婆さんが川で洗濯中に桃を見つける場面までの文章は、たとえば次のようなものである。

> むかしむかし在る処に、爺と婆がありましたとさ。或日のことで、爺は山へ芝刈りに、婆は川へ洗濯に別れわかれに出て行きました（中略）やがて川上の方から、大きな桃が、ドンブリコッコスッコッコドンブリコッコスッコッコと流れて来ました[46]。

下線を引いた箇所を見ると、本文は、あたかも昔話の語り聞かせのような語尾や擬音、細かな情景描写を省いた文章で書かれていることが分かる。巖谷は、物語の着想がまとまると一気に書き上げ、文章の推敲はあまりしなかったといい、口伝えの昔話のような軽妙な調子はそこから出たものであると評されている[47]。また、お伽噺の題材となる物語の収集に際して、彼は『桃太郎』や『猿蟹合戦』など明治期以前の『お伽草子』の時代からの昔話を、主に江戸時代の安価な絵雑誌である赤本に求め、伝説や人物伝などは、各地に残っている物語集から集めた。それらの物語をすべて、昔話の語り口に近い文体に書き改め、翻案し、新たな物語として世に送り出したのである。

では、なぜ巖谷はこのような手法を採用したのだろうか。それは、彼がこれらの作品を当時の日本の子どものための「国民童話」として新たに生み出すことを目的としていたからである。巖谷は、明治期以前から伝えられてきた昔話について、「昔のまゝのお伽話は殆ど駄目」と述べ、また、江戸時代からある仇討ち等の物語も「今日の世の中」

にはおもしろくないと批判した[48]。巌谷によれば、それらの物語は「消極的」で「因循な」道徳律の下に作られており、そのような物語では、既述のように子どもの積極的な「意志」を育むことは難しいという。

ここで言う消極的で因循な道徳律とは何を指すのか、たとえば、昔話の『舌切雀』を例に説明する。この物語は、雀の宿を訪れた良いお爺さんが、小さな葛籠《つづら》を持ち帰り小判を手に入れ、反対に、欲張って大きな葛籠を所望したお爺さんは、箱の中から魑魅魍魎《ちみもうりょう》が出てきてひどい目に遭うという筋であった。この昔話について、巌谷は「私は年をとつてるから」と意気地なく小さな葛籠を持ち帰ったお爺さんが善とされ褒美を得るのは、「日本人の骨惜しみな早く老い込みたい、少しでも楽をしたい性質―人間として忌むべき性質」の表れであると批評している[49]。また、『かちかち山』でウサギがタヌキを天上へ吊したり、揚げ句には土舟に乗せて沈めたりするのは、「残酷」で「動物虐待の甚だしいもの」とも述べている[50]。このように、巌谷は古くからある昔話に見られる「消極的」で「残酷」な描写が、欧米列強と肩を並べる国家を将来担うべき日本の子どもには、かえって悪影響を及ぼすと考えたのだった。

②「桃太郎主義」の教育

次に、お伽噺の第三の特徴として、巌谷の教育観からその内容面を検討する。巌谷が、自らの著作や講演の中でたびたび繰り返すのが、「桃太郎」のような子どもを育てることを目指す「桃太郎主義」の教育であった。ここで言う「桃太郎」とは、積極性、進取性、楽天性をもち、自由で無邪気、無造作な、巌谷の理想とする子ども像のことを指している。

たとえば、『桃太郎』では、お婆さんが川から拾ってきた桃を、家に帰ってお爺さんと一緒になって割ってみたところ、中から赤ん坊が飛び出してきた。この場面について、巌谷は、「通常の人ならば腰を抜かすのだが、気丈な二人は、これは幸ひ、二人にはまだ子どもがないから」と、二人が赤ん坊を自分の子どもにして養育したことを評価した[51]。また、桃太郎が「剛氣」で「腕白小僧」であったために、鬼ヶ島へ一人で鬼征伐に向かうという場面に対しては、そのような「進取の氣象」と「健剛な氣」を培うことが子どもの理想であるとも指摘した[52]。

このように、巌谷が「桃太郎」のような子ども像を理想とした背景は、彼の当時の時代認識からうかがい知ることができる。左は、1915年に出版された、『桃太郎主義の教育』からの引用である。

日本開闢《かいびゃく》三千年、國をして今日ほど発展した時はないが又今日ほど大切な時もあるまい。即ち新店の土台が据わるか、子役がいよ、名題に進むか、首尾よく大学が出られるか、乗るか反るかの分け目である。そこで僕は考へた。今その大切な時に當つて、よく我國を導き得るものは誰か？ 我が桃太郎君を措いて又他に誰かあらうと。更に手取ばやく云えば、日本将来の國民教育は正に桃太郎主義ならざる可からずだ[53]。

※ルビは筆者

巌谷はこの書において、明治末期、日清戦争、日露戦争と相次ぐ対外戦争に勝利した日本の状況をふまえ、今後日本が欧米列強と対等に渡り合い新たな地位を確立するために、「確固たる獨立心」と「進取の氣象」を培うような「国民教育」が必要であると指摘する。そのために、『桃太郎』に代表されるような子どもの気性を養うのが、新しい時代の教育の使命であり、そのような教育を可能にするのが、自らの創作する「お伽噺」であると考えたのである。つまり、巌谷の考えるお伽噺は、単なる娯楽ではなく、日本を富国、強国にする重要な手段の一つなのであった。

ベネディクト・アンダーソン（Benedict Anderson）によれば、民衆の国民共同体としての認識を生み出すうえで、文字に書かれた言葉、中でも新聞や雑誌などの印刷されたメディアが重要な役割の一端を担ってきたという[54]。これをふまえると、巌谷が昔話を再話し、世界のメルヘンの翻案をする過程で見いだした、お伽噺に見られる「国民性」は、書籍として出版され、口演童話として語られることで、それを受容する子どもや大人が新たな共同体に対する認識を育てる契機の一つになっていたと考えられる。

他方、巌谷は自らの教育論の中で、当時の学校教育を批判的にとらえていた。巌谷によれば、学校教育は単に十把一絡げに「大人化」したおとなしいだけの子どもを育てるもの、また、「時を定めて蒔いた杉苗を、同時に引き抜いて来て生垣をこしらへ、そして年々その芽を刈つては丈を揃へ、幅を揃へて、一定の行儀好き形にしてしまふ」という「生垣教育」のようなものであるという[55]。こうした個性のない子どもを一律に育てるような教育に対して、彼は優秀な人材をさらに伸ばす「開発主義」「秀才教育」を主張した。また、そのような開発的な教育において目指すべき理想の子ども像が先述の「桃太郎」で、その「桃太郎」のような主人公の登場するお伽噺を創作することが、巌谷の重視したことであった。

これまで、児童文学研究の領域では、巌谷のお伽噺は滝沢馬琴に強く影響を受けた「勧善懲悪」の趣向をとっており、たとえば、児童文学者の菅忠道が「国民教育の基本的な性格であった教学性に照応して、十分に『教訓的』であったので」、公教育に受け入れられ、社会教化の有力な手段になったと述べたように、明治以降の学校教育観と一致するものと評価されてきた[56]。しかし、ここまで見てきたように、巌谷は、どちらかというと画一的な学校教育には批判的な立場にあり、また、後述するが、とりわけ家庭で親が子どもに与える「お話」が教訓的な内容や勧善懲悪ばかりの物語ではよくないと、否定的な見解も述べている。その意味で、巌谷の教育観は、国家建設や国民共同体の形成を志向した公教育と、理論の枠組みは同様であるが、その方法においては異なる発想をもっていたと考えられる。

(2)「お伽噺」の役割

①教育における「嘘」の価値

巌谷のお伽噺が発表された当初、これに批判的な見解を示す教育者も多数存在した。特にそうしたお伽噺に関する批判的議論は、教育関連の講演の場や雑誌等の紙面上で展開されていた。反対派の論旨は、大まかに分けて三つに絞れる。第一は、お伽噺の空想を「嘘」とする見解、第二は、内容の教訓性が弱いことへの不満、第三が、児童の娯楽を怠惰と同一視する考えである。

たとえば、博物学者の南方熊楠の弟子の一人だった福田太一による「寓話的お伽噺を葬れ」と題する論説がある[57]。

福田によれば、お伽噺の「寓話性」は、「怪異的、迷信的」で「科学」に反するため児童の教育上好ましくない。したがって、物語においても、「その他の方法をとって例えば、犬が大いにその美しい性質、立派な特色を発揮した、実際の事実をありのままに平易に綴つて、以て『犬の心』のいかなるものかを示した方が」望ましいという。他にも、福田が、「昔の人の考えたようなこと」を教えて子どもを「未開人の頭脳」と同一視するのは誤りであると述べたように、お伽噺や昔話そのものの内容を虚言と糾弾し、子どもの教育から排除しようとする意見は、当時の教育雑誌や新聞記事等に少なからず散見される[58]。

一方、これらの反対派の意見に対して、巌谷はお伽噺の「嘘の価値」を主張した。彼は、子どもには子どもにふさわしい文学とも言うべきものがあると考えたのである。巌谷によれば、「お伽噺には一ト跨ぎに三千里を飛ぶ靴が有る、此空想に興味をもった子供、大きくなると理学を研究して、一時間何十哩の汽鑵車を発明する……お伽噺の健全なものならば、只に教育に補益する許りでなく、却って更に之が為に一種の精神教育を施すに至るのだ」という[59]。このように、巌谷は、健全なお伽噺が子どもの想像力を刺激することには、たとえば物理学の素地となる力を養うような教育上の利点があるだけでなく、それが一種の精神教育にもなると考えていた。また、巌谷によれば、子ども時代は大人とは異なる性質を有するものであり、子どもには相応の思想・感情があり、そのため、大人が良かれと思ってやることで、かえって子どもの害になる場合もあるという[60]。つまり、大人の立場からではなく、子どもの性質や趣味・嗜好をふまえて教材を選ばなければ、教育の効果が減じられるだけでなく、子どもに悪影響を及ぼすことにもなってしまうということである。

加えて、巌谷は、『新家庭 女子供の巻』において「子供に依て原人の俤《おもかげ》を偲ぶ」（※ルビは筆者）と題した文章を書き、その中で、同時代の文学界に現れていた自然主義者とは異なると断りを入れたうえで、自らを「自然主義」と称した。巌谷にとっての「自然主義」とは、「自然の天性を尊重し之を保成する」ことである[61]。また、彼によれば、子どもには、太古の原人に通ずるような想像力があり、大人はそれを満たすことで彼らを「教養誘掖《えきい》して、立派に文明の仲間入りをさす義務がある」（※ルビは筆者）[62]。そして、そのために、お伽噺が有益であるという。このように、巌谷は、子どもは大人とは異なる、ある種、未開人のような想像力をもっているため、その想像力を満たしつつ、彼らを教育的に正しい方向へ導くことで文明社会への仲間入りをさせることが、大人の使命であると考えていた。つまり、巌谷の考えでは、教育上無益と見なされていた空想的な物語は、むしろ教育の効果を発揮させるための有効な手段であって、そのような手段によってこそ、子どもの教養が育まれ、彼らは立派な大人へと成長するというのである。

なお、教育界にも、巌谷のように昔話やお伽噺などの物語の意義について理解を示す層は少なからず存在した。たとえば、昔話などの「お話」を聞くことを好む子どもの天性を父母は察する必要があるとしたのは、教育家で『女学雑誌』（1885年創刊）等の編集に携わった巌本善治である。巌本は、「昔噺に就いて」の中で、子どもが夜寝ながら、母親の慈愛ある顔を眺め、「彼等に取りては最も妙なる音楽たる」お話を聞くことは「無上の美味」なのであり、ゆえに母親はそれが毎回同じ話であろうと「英氣を新鮮にし、語調に力を入れて、爽快に話きかす」べきであると指摘した[63]。その意味では、お伽噺の認識にかかわる巌谷らと教育者との関係は、両者の物語への見解の相違に端を発する単純な二項対立ではなく、教育者の側にもそれに理解を示す一定層が存在するという複雑な対立構図になっていたといえる。

②家庭における「菓子」

既述のとおり、巌谷はお伽噺の「嘘」に教育的な価値を見いだしたが、さらに別の側面から、家庭におけるお伽噺の役割について論じている。彼によれば、お伽噺は家庭における「菓子のやうなもの」[64]である。学校で教わる訓戒や知識が通常の食べ物、滋養物にあたるのに対し、子どもが喜び楽しむお伽噺は家庭を「無味乾燥」なものにしないための嗜好品、すなわちお菓子である。また、ともすると、お菓子を過剰に摂取しがちになってしまう子どもへ、親がそれを適度に調整しながら与えることが必要であるという。

ここで、巖谷が学校教育における知識と、家庭で吸収するお伽噺を分けて考えたのは重要な点である。彼は、「古代のお伽噺」と題する論考の中で、庶民の間に武士道の浸透していない近世以前の国民性を「極めて放膽《ほうたん》で、自由で、且つ雄大」（※ルビは筆者）と評した。たとえば、有名な説話の『竹取物語』は、平安時代には男女関係に遠慮がなかったことを示しており、また、『鉢かづき』や『梵天國』の物語には勧善懲悪の一辺倒ではない、「人情自然の性」が発揮されている。これに対して、『舌切雀』や『花咲爺』といった昔話は、全体に仏教や儒教の影響が著しく、「消極的な道徳」が説かれている[65]。

このような巖谷の考えには、繰り返しになるが、彼が勧善懲悪的な世界観よりもむしろ、古代の物語に見られる自由で放縱な人間性を志向していたことが表れているといえる。巖谷は、そうした古代の思想のエッセンスが含まれるお伽噺を、親が子どもに与えることの重要性を指摘したのである。つまり、巖谷は学校と家庭という二つの教育の場の関係について、家庭を単に「学校教育の補完物」と見なすのではなく、家庭には学校と異なる独自の教育的な役割があるととらえていたのだと思われる。

また、巖谷が家庭教育における物語の意義について、右記とは別の側面から述べた文章もある。『女子処世　ふところ鏡』の中の「婦人と少年文学」によれば、お伽噺や創作童話を含めたあらゆる文学は、「工藝文学」と「美術文学」の2種に分類できる。前者の「工藝文学」とは、主に教訓や時世を扱う新聞・雑誌・教科書等で、日常に応用ができる実用的な内容の「文学」である。一方、後者の「美術文学」は、「眞の美」を描いたいわゆる「文学」であり、突出した才能をもつ人物が創作し、何百年にもわたって伝えられる物語である。そして、巖谷は、子どもには、単に教訓的な内容、すなわち「工藝文学」ばかりでなく、「純粋」で「詩的」な要素をもつ「美術文学」を与えなければならないと考えた。お伽噺はそのような美術文学の一つであり、巖谷によれば、それは子どもに「美」を知るための知識を与えるという意味の「美育」なのであった[66]。

ただし、この場合の「美育」は、彼が国民教育を志向していたという点で、たとえば大正期以降の児童中心主義の思想の下、子どもの「本性」とのかかわりから主張された児童文学の「芸術性」とは異なるものである思われる[67]。お伽噺の国民教育としての性格について、巌谷は、次のように述べている。

是れから後の子供は、だんだん大きくならなければなりません。（中略）只躰が大きくなるばかりでなく、思想が大きくならなければなりません。度胸が大きくならなければなりません。膨張した國と伴はなければなりません。従って、之に話すお伽話《ママ》も、亦大きなものが欲しいのです。それには御婦人の思想が大きくならなければ、子どもを大きくすることは出来ません[68]。

ここでは、子どもそのものと、子どもの享受するお伽噺、母親の思想のすべてが、国家の成長・発展の論理の中でとらえられている。このように、巌谷の「お伽噺」論は、学校教育に批判的な立場から展開され、また、お伽噺を子どもに与える役割が家庭（特に母親）にあるとして、そこに学校とは異なる独自の教育的役割を見いだしていた。ただし、それが最終的に国家の成長・発展を志向しているという点では、「お伽噺」論もまた、学校教育と同じ論理の枠組みの中にあったといえる。

③口演童話としてのお伽噺

ここまで述べてきたお伽噺に関する巌谷の理論は、目の前の子どもに口演を行った経験の中で培われてきたものだった。巌谷は、お伽噺の口演を始めるまで、自らもやはり教訓的なテーマばかりの「お薬主義」のお伽噺を作っていたと自省している。そのようなお伽噺では、「形は違へても、内の主義はいつも同じ」[69]になってしまい、次第に話の種が切れてしまう。そうすると、子どもに話をする前から先の筋が読まれてしまう。そこで、彼は頭に浮かんだ発想を基に、自由な想像力で創作をしたところ、「千變萬化《せんぺんばんか》」のお伽噺を作れるようになったという。つまり、巌谷の創作するお伽噺は、現実の子どもとのやり取りの中で彼が感得した子どもの「本性」を通じて、その内容が教訓的なものから、「菓子のようなもの」へと変化したのであった。

大人とは異なる子どもの「本性」に基づく教育を目指す機運が高まったのは、従来、鈴木三重吉により1918年に創刊された雑誌『赤い鳥』に始まる、児童文学者らの創作童話運動からであったとされる[70]。そのため、巌谷のお伽噺は、むしろ鈴木ら「新しい」世代にとって旧態依然としたものであるととらえられてきた。また、後世の研究者らの間でも、お伽噺は物語の「教訓性」や「娯楽性」を重視し、その「文学性」を考慮しないものと評価されてきた[71]。

しかし、既述のとおり、巌谷自身はお伽噺を、純粋で詩的な「美術文学」と位置づけており、また、目の前の子どもたちとのかかわりの中で、彼が子どもの「本性」を認識するようになってからは、自らの想像力を働かせて自由な発想で創作を試みるようにもなった。このように、巌谷のお伽噺は、子どもの本性を重視し、その個性を伸ばす意図を含みつつ、一方で、既述のとおり最終的な目的は国民教育、いわば子どもの均質化を促すことを志向していたといえる。その意味で、お伽噺の娯楽性の中に教育性を見いだす彼の論理は、それが国家の成長・発展の論理に収斂されていく点に特徴があると考えられる。

小括

ここまで、児童文学作家である巌谷小波の「お伽噺」論を取り上げ、初期の口演童話の理論と実践の特徴を検討してきた。

本章の議論をふり返ると、まず、明治期以降、新たに掲げられた家族は、階層的な多様性や身分制度に基づく階級内部の等質性が特徴であったかつての「家」とは異なり、社会全体の平等性や均質性を基本とし、また、家族の団欒や家庭の経営、そこでの子どもの成長は、国民形成を通した国民統合および国家の安定・発展と結びつけてとらえられていた。また、一家団欒の有効な方法として、母親を中心とした家族が子どもに、多様なジャンルの啓蒙的かつ教育的な「お話」をすることが推奨されていたが、この「お話」では、「教訓的な昔話」が題材の一つに挙げられていた。これに対して、巌谷小波のお伽噺は、教訓的な話よりもむしろ、子どもの特性に見合った想像性豊かな、空想的な話を重視するものだった。ここに、巌谷のお伽噺の特徴の一つが見受けられた。

巌谷は、国内で初めての児童文学、すなわちお伽噺を創作したことで、児童文学者としての地位を確立した。また、彼は創作をきっかけに口演童話の活動を始めると、婦人教育や女子教育に関する講演会に講師として招かれるようにもなり、さらに、文部省の国語読本の改修事業にも加わるなど、精力的な社会活動を行うようになった。

巌谷のお伽噺は、古くからある国内外の昔話を再話、翻案し、「国民童話」として書き直したもので、その文体は、昔話のような素朴さや可笑しみのある語り口調になっている点に特徴があった。こうした特徴をもつお伽噺は、たとえて言うならば「薬」ではなく「菓子」のようなもので、巌谷は、とりわけ家庭で母親がそれを子どもに与えることで、楽しみの中に教育的な効果が発揮されると考えたのだった。

他方、巌谷はお伽噺を、純粋で詩的な「美術文学」と見なしていた。また、そのような考えに至った契機となったのが口演童話であった。巌谷は、口演童話を通じた目の前の子どもたちとのやり取りの中で、子どもの本性には教訓的なお伽噺よりも、空想的なお伽噺の方がふさわしいと気がつき、そこから、自らの想像力を働かせて自由な発想で創作を試みるようになったのである。

さらに、巌谷がこのような特徴をもつお伽噺に期待したのは、それによって子どもが進取の精神に基づく「意志の力」を養うことであった。彼は、日清戦争、日露戦争を経て、新たな時代に突入した日本が、欧米の列強国の中で外交上対等な立場で渡り歩いていく国力を身につけるためには、一人ひとりが、忍耐や堅忍などの過去に重んじられてきた性質ではなく、自らの望むことに邁進していく意志を鍛錬することこそが必要であると考えた。巌谷は、その理想的な姿を、昔話『桃太郎』の主人公になぞらえ、自らの教育論を「桃太郎主義」の教育と形容し、これとは反対に、十把一絡げにおとなしいだけの子どもを育てる学校教育を「生垣教育」と批判したのだった。

このように、巌谷のお伽噺は、子どもの本性を重視し、その個性を伸ばす意図を含みながら、一方で、その最終的な目的は積極的に国家を担う子どもを育成すること、いわば能動的な国民統合を志向していたといえる。つまり、巌谷のお伽噺論には、教師から生徒へという一方向の関係で体系的な知識を与える学校教育のような形式ではなく、巌谷が子どもとの関係を通じてお伽噺を作り変えたように、大人の側も子どもの想像力に刺激されながら、同時に子どもを正しく導いていくという相互的な教育の形式が見られる。ただしそれが、最終的に国家の成長や発展の論理に収斂されていく点で、お伽噺の教育性も学校教育と同じ枠組みでとらえられるのである。

注

1　是澤優子（２００２）「明治後期の家庭教育における〈お話〉観に関する一考察」『東京家政大学研究紀要』第42巻 第1号、10頁

2　有地亨（１９７７）『近代日本の家族観——明治編』弘文堂、１２７頁

3　同右『近代日本の家族観——明治編』１２７頁

4　同右『近代日本の家族観——明治編』１２８頁

5　小山静子（１９９９）『家庭の生成と女性の国民化』勁草書房、３-４頁

6　同右『家庭の生成と女性の国民化』24-25頁

7　小林輝行（１９８２）『近代日本の家庭と教育』杉山書店、１０５頁

8　なお、こうした思潮に変化が現れたのは大正期で、この時期になると大正デモクラシーの風潮の下、夫婦間や家族間の対等で平等な人格を承認することが強調されるようになった。また、そうした考え方に基づき、両親の愛と責任によって支えられる「子ども本位」の家庭像が盛んに提唱されるようになった（同右『近代日本の家庭と教育』１９６頁）。

9　牟田和恵（１９９６）『戦略としての家族——近代日本の国民国家形成と女性』新曜社、54頁

10　重信幸彦（２００３）『〈お話〉と家庭の近代』九山社、15-16頁

11　前掲9『戦略としての家族——近代日本の国民国家形成と女性』54頁

12　真橋美智子（２００２）『「子育て」の教育論 ―― 日本の家庭における女性役割の変化を問う』ドメス出版、12頁
13　前掲10『〈お話〉と家庭の近代』19‐31頁
14　同右『〈お話〉と家庭の近代』20頁
15　同右『〈お話〉と家庭の近代』21頁
16　同右『〈お話〉と家庭の近代』22頁
17　同右『〈お話〉と家庭の近代』23頁
18　同右『〈お話〉と家庭の近代』25頁
19　前掲12『「子育て」の教育論 ―― 日本の家庭における女性役割の変化を問う』45頁
20　前掲10『〈お話〉と家庭の近代』28‐29頁
21　前掲５『家庭の生成と女性の国民化』２１７頁
22　同右『家庭の生成と女性の国民化』２１９頁
23　小山静子（１９９１）『良妻賢母という規範』勁草書房、43頁
24　（１８９６）『少年世界』第２巻 第21号、博文館、89頁
25　河原和枝（１９９８）『子ども観の近代 ―― 『赤い鳥』と「童心」の理想』中公新書、13頁
26　巖谷小波（１９２０）『我が五十年』東亜堂、23頁
27　津曲裕次（２００５）「石井筆子研究 ―― 『大日本婦人教育会』との関わり」『純心人文研究』第11巻、27頁
28　前掲26『我が五十年』１６１頁
29　上杉孝實編（１９９６）『社会教育の近代』松籟社、16‐18頁
30　巖谷小波（１９１６）『新家庭 女子供の巻』大倉書店、２００頁
31　菅忠道（１９５６）『日本の児童文学（増補改訂版）』大月書店、55頁
32　ただし、前島は、必ずしも漢語を廃止するのではなく、文法の制定や辞書の編集によって、表記上の混乱を避けるべきであるとも述べた（増田周子（２０１３）「明治期日本と〈国語〉概念の確立 ―― 文学者の言説をめぐって」『東アジアにおける知的交流 ―― キイ・コンセプトの再検討 ――』第44巻、３１５‐３２６頁）。
33　千野陽一（１９７９）『近代日本婦人教育史 ―― 体制内婦人団体の形成過程を中心に』ドメス出版、40頁

34 前掲5『家庭の生成と女性の国民化』65頁
35 前掲33『近代日本婦人教育史――体制内婦人団体の形成過程を中心に』169頁
36 前掲9『戦略としての家族――近代日本の国民国家形成と女性』158頁
37 前掲23『良妻賢母という規範』70頁
38 巌谷小波（1906）『家と女』隆文社、25頁
39 同右『家と女』227頁
40 巌谷小波（1907）『女子処世 ふところ鏡』大倉書店、27頁
41 山本敏子（1991）「日本における〈近代家族〉の誕生――明治期ジャーナリズムにおける『一家団欒』像の形成を手掛かりに」『日本の教育史学』34（0）、25頁
42 中嶌邦（1995）「近代日本の家庭教育――女子教育を中心に」『現代家庭の創造と教育』ドメス出版
43 前掲30『新家庭 女子供の巻』204-205頁
44 同右『新家庭 女子供の巻』205頁
45 （1895）『少年世界』第2巻第8号、博文館、25-29頁
46 巌谷季雄（小波）編（1884-1897）『日本昔噺 第一編 桃太郎』博文館、1頁
47 前掲31『日本の児童文学（増補改訂版）』52頁
48 巌谷小波（1909）「お伽話を讀ませる上の注意」『婦人とこども』第9巻第4号、9頁
49 同右「お伽話を讀ませる上の注意」10頁
50 同右「お伽話を讀ませる上の注意」11頁
51 同右「お伽話を讀ませる上の注意」12頁
52 同右「お伽話を讀ませる上の注意」12頁
53 巌谷小波（1915）『桃太郎主義の教育』東亜堂書房、30頁
54 Benedict Anderson（1983）"Imagined Communities: Reflections on the Origin and Spread of Nationalism", Verso Editions, and NLB 15 Greek Street, London〔白石隆・白石さや訳（1987=1992）『想像の共同体――ナショナリズムの起源と流行』リブロポート、79頁〕

55　前掲53『桃太郎主義の教育』11頁
56　前掲31『日本の児童文学（増補改訂版）』48頁
57　『読売新聞』1908年4月5日朝刊
58　たとえば、「お伽噺改善論」（『読売新聞』1913年1月10日朝刊）、「漫言」（（1895）『教育時論』第1巻、開発社、19－12頁）など。
59　巌谷小波（1906）「嘘の価値」『婦人とこども』第6巻第8号、14－16頁
60　前掲30『新家庭 女子供の巻』234頁
61　同右『新家庭 女子供の巻』209頁
62　同右『新家庭 女子供の巻』210頁
63　巌本善治（1895）「昔噺に就いて」『少年世界』第1巻第18号、博文館、63頁
64　前掲30『新家庭 女子供の巻』235頁
65　同右『新家庭 女子供の巻』242頁
66　前掲40『女子処世 ふところ鏡』94頁
67　大正期はロマン主義的な「無垢」な子ども像を作品に反映した、小川未明らの童話作家が新たに登場した。それにともない、児童中心主義思想の下で鈴木三重吉による『赤い鳥』などの児童文学が生み出された（前掲25『子ども観の近代 ――『赤い鳥』と「童心」の理想』20頁）。
68　前掲40『女子処世 ふところ鏡』103頁
69　同右『女子処世 ふところ鏡』115頁
70　中野光（1977）『大正デモクラシーと教育 ―― 1920年代の教育』新評論、12頁
71　前掲31『日本の児童文学（増補改訂版）』63頁

第4章　口演童話の大衆性と教育性
―久留島武彦の「童話術」と岸辺福雄の「お伽噺仕方」―

はじめに

既述のとおり、1895年、巌谷小波は初めて児童のための文学『こがね丸』を創作した。『こがね丸』は、こがね丸という名の犬を主人公とする、あだ討ち物語である。同書は発刊時、新聞や雑誌に「初めての少年文学」と称賛され、子どものみならず大人の読者からも好評を博し、この成功によって、巌谷は、明治期に「出版王国」を築いた博文館の主力雑誌『少年世界』の主筆となり、そこから口演童話を本格的に行うようになった。

口演童話の創始者は、この巌谷小波に加えて、久留島武彦、岸辺福雄の3名である。3名のうち、久留島武彦は、巌谷と同じ博文館に所属し、巌谷とともに口演童話活動を全国に広める中心的な役割を担った。また特に、口演童話の基本的な語り方は、久留島の語り口がそのモデルになったといわれている。一方、岸辺福雄は、巌谷、久留島と同時期に口演童話の普及に尽力した人物であるが、彼は、「童話は一人ひとりの子どもに話しかけるように話すべきである」[1]と考えており、口演童話の基本的なスタイルとなった久留島の語り口とは一線を画していた。

そこで本章では、久留島と岸辺の活動とそれぞれの童話論を手がかりに、明治末期に誕生し、大正期にかけて隆盛した口演童話の実践および理論の特徴を検討することとする。

第1節　教育的娯楽としての「お伽噺」

(1)　お伽噺が創作された背景

巌谷小波が初めてお伽噺を創作した明治末期は、工業の発展にともない生じた、職を求める労働者の都市部への集中と、都市社会の形成が急速に進行した時期であった。とりわけ1890年代以降、都市への人口集中が顕著となり、大正期から昭和初期にかけてその増加率がピークに達するまで、都市部の人口は右肩上がりに増加し続けた[2]。そして、この急激な人口増加と都市化によって、人々が新たに「発見」したのが、都市に出現した大量の労働者たちの貧困問題や、子どもの学校外での生活における風紀の乱れ、非行などの問題であった。

工業化とともに発生したこれらの問題によって社会不安が目に見えて増大したことで、社会事業や社会教化事業[3]が政府の喫緊の課題となる中、いち早く動き出したのが、貧民救済や児童保護を志す民間の篤志家や知識人たちである。実は、巌谷がお伽噺を創作し、口演童話に本格的に取り組み始めた背景にも、「家庭でも邪魔もの扱いで、商売の邪魔になるから外で遊んでこいと言われ、外に出ると、貨車や荷物の車がやってきて遊べないという。全くかわいそうな存在であった」[4]という、工業化と都市化の進行によって遊び場を奪われ、生活環境が悪化しつつあった子どもたちの状況を憂慮したことがあった。

また、特に子どもの校外生活の風紀の乱れを問題視したのは、学校教育の関係者たちであった。たとえば、江戸時代以来、庶民の間で根強い人気を誇っていた娯楽場の一つに寄席がある。寄席とは、江戸や大阪などの都市部を中心に発展した、落語や講談、義太夫などの大衆芸能を興行する娯楽場の名称である。現在も、東京であれば浅草演芸ホールや新宿末廣亭など、寄席と呼ばれる演芸場は存在し、趣味の一つとして落語などを楽しむ人々は多くいるが、江戸時代、寄席は娯楽として親しまれてきただけでなく、文字の満足に読めない「下層」の民衆の生活の知恵や道徳心を養う役割も担っていた。また、民衆の生活にとって欠かせない存在であった寄席には、子どもたちも、大人に連れられしばしば足を運ぶ機会があった。

しかし、明治期になると、教育関係者たちは、このような庶民的な演芸が「猥褻なる思想」[5]を伝播し、社会の風紀を乱す一因になっていると見なし、寄席などへの出入りを控えるよう、大人が子どもをしっかりと管理する必要があると主張するようになった。当時、学校教育の関係者らの中では、学校外で多くの時間を費やす子どもたちのために、寄席に代わる教育的な娯楽を与えることが、急務ととらえられたのである。巌谷は、お伽噺を子どもに与えることには、「子供に有益な娯楽を提供することで道徳心を涵養し、生活を向上させる」[6]意義があるとも述べている。つまり、巌谷がお伽噺を創作した動機には、都市部に暮らす子どもたちの生活環境を改善するという使命感とともに、子どもの享受する娯楽に危機意識をもった教育者らの要望に応えるという意識があったのだと考えられる。

(2) 久留島武彦と「お伽倶楽部」

巌谷が本格的に口演童話に着手するきっかけとなったのは、博文館の社内に「口演部」が組織されたことだった[7]。また、そこで巌谷とともに雑誌の宣伝をかねてお伽噺の普及活動に尽力したのが、久留島武彦であった。

久留島武彦は、1874年、豊後国玖珠郡森町（現・玖珠町）生まれである。久留島の家は、祖父が豊後森藩12代藩主の久留島通靖という、由緒ある武士の家柄であった。そのため本来であれば、14代後継者として子爵の家督を継ぐ可能性もあったのだが、彼が10歳の頃に大火で藩邸が消失してしまうという事件があり、それ以来、同じ大分県内の母の実家に移され、そこでそのまま育てられたのだった。久留島は、小学生の頃から牧畜家を目指しており、そのために将来はアメリカへ行ってみたいという希望を抱いていたという。

そのような夢を抱きつつ、小学校卒業後、大分中学校（現・県立上野丘高校）へ入学するが、この中学校で、後の久留島の人生にとって重要な出来事があった。それが、メソジスト教会の牧師で英語の教師だったS・H・ウェンライト（S. H. Wainright）との出会いである。久留島は「この人について日常の語学を身につけよう」[8]と考え、師の下で英語を熱心に学び、この頃から将来は教育者になることを目指すようになる。また、そのときから、ウェンライト夫妻の影響を受けて、日曜学校で聖書の物語を子どもたちに語り聞かせる機会をもつようになった。さらに、久留島が大分中学校の3年生のときに師の転任が決まると、彼はそれを追って関西学院の神学部へ転入し、そこで洗礼を受け、本格的なキリスト教徒となる。しかし、1894年、久留島の卒業の年にちょうど日清戦争が勃発したことで、彼は卒業と同時に近衛第一連隊へ入隊し、そのまま遼東半島、台湾へ従軍することとなったのだった。

久留島が巌谷と知り合ったきっかけは、日清戦争の従軍中、自らの軍隊生活の見聞を書き綴った「戦塵」が、『少年世界』に掲載されたことであった。この作品が好評を博したことで、久留島は戦地から帰還後の1903年、巌谷の知遇を得て、その後「尾上新兵衛」のペンネームを用い、たびたび『少年世界』へ作品を投稿するようになった。また、雑誌への作品投稿と同時に、久留島が学生時代の日曜学校での経験を生かして巌谷とともに始めたのが、子どもにお伽噺を語り聞かせる取り組みだった。この取り組みは、1903年、横浜のメソジスト教会で試行的に実施され、それが大変な盛況だったため、同教会で定期的な「お伽講話会」を開催するようになった。1903年6月20日、『横浜新報』に掲載された広告記事には、第1回の「お伽くらぶ《ママ》」開催の主旨が、次のように書かれている。

> 青年の為には青年会あり音楽会あり諸た学術講談会あり趣味にも教育にも各種の機関兼備われ共少年の為はた幼年の為には未だ一の斯る機関も計画も無く趣味は家庭の導く儘教育は学校の与るままと云えるが如き有様にて放擲し□るは其の□はじ遺憾とする儘少なからず乃ち茲《ここ》にお伽倶楽部と云えるを設立し毎月一回幼少年の為講談会を催し聊《いささ》か此の不備を補わんとす先づ此第一回として左の順序に依り[9]。
>
> ※□は判読不能な文字。ルビは筆者

この広告記事では、おおむね次のようなことが述べられている――昨今、青年のためには青年会や音楽会、学術

図表1　第1回「お伽倶楽部」のプログラム

演目	演者
開会の辞	久留島武彦
唱歌（朝起きの歌）	聖□女学校生徒
お伽話と家庭	尾上新兵衛
薩摩琵琶	戸田流光
海軍談	海軍中尉　岩室哲二郎
独吟	某夫人
世界お伽話	少年世界主幹　巌谷小波
唱歌（明治の御代）	聖□女学校生徒

※□は判読不能な文字

講談会など、趣味的なものから教育的なものまで、さまざまな催しがあるにもかかわらず、幼少年のためには何らの取り組みもなされておらず、趣味的活動は家庭に一任され、教育の責務は学校が与るのみである。この状況を放置するのは遺憾なことであり、少しでも幼少年の生活環境の不備を補おうとする意図で、「お伽倶楽部」を開催した――。本会は入場無料となっており、子どもだけでなく、保護者や学校教員にも広く参加が呼びかけられた。また、当日のプログラムによれば、第1回の演者は、図表1のような顔ぶれであった[10]。

登壇者の一人である「尾上新兵衛」は、既述のとおり、久留島武彦のペンネームである。また、「おとぎばなし」の表記に「お伽噺」と「お伽話」の2種類が混在するようになったのはこの頃からであるが、プログラムを見ると、お伽倶楽部の場合は後者の「お伽話」を採用していることが分かる[11]。さらに、演目にはお伽話以外にも唱歌や独吟といったさまざまな催しが予定されており、登壇者も巌谷小波と久留島武彦に加え、キリスト教の女学校の学生や海軍中尉、琵琶奏者など多様であった。

他方、1906年、久留島は顧問に巌谷小波、総裁に貴族院議員の伯爵・柳原義光を迎え、定期発行の機関誌『お伽倶楽部』を発刊するが、ここには「お伽倶楽部」の活動目的が次のように記されている。

◎お伽倶楽部は家庭と学校との間に立つ少年少女の社会教育機関であります
◎お伽講話、家庭講話、お伽劇、お伽旅行、幻燈講話、臨海学校、林間学校、少年斥候演習、雛祭等は過去及現在お伽倶楽部の盡《つく》しつつある事業であります

◎京都、大阪、名古屋、福井、富山、石川の各お伽倶楽部其他各地通俗教育講話機関と連絡を保ち、共同動作を取って居ります
◎付属研究機関としては早蕨幼稚園あり、イートン英語学校あり、家庭塾あり又雑誌『お伽倶楽部』があります
◎主幹久留島武彦は昨年より今週に亘り文部省通俗教育調査会の嘱託を兼ねて北米各地を視察研究を了えて帰りました
◎目下着手中の事業には少年出版物と少年自由図書館と少年博物館があります、何れも遠からず完成致します
◎お伽講演の希望者及び中学三年以下幼稚園児迄の少年少女を東京にて教育の為めに心頼《ママ》すべき保護監督を望まるる父兄は本倶楽部へ申越し下さるれば何時にてもご相談に預ります[12]

※ルビは筆者

右記のように、お伽倶楽部の活動は、「学校と家庭との間に立つ少年少女の社会教育機関」に位置づけられる。その活動が教育的な意図をもっていたことは、「講話」という大勢の人々の前で話す講義のような意味合いの強い表現がお伽噺に使用されていることからも分かる。また、お伽倶楽部の事業を見ると、「お伽講話」に加えて、「お伽劇」や「幻燈講話」などもあり、多様な文化活動を総合的に子どもたちに提供しようとしていたことがうかがえる。

さらに、これらの活動の中には、「お伽旅行」「臨海学校」「林間学校」といった地方への遠征行事や「少年斥候演習」など、いわゆる少年団が実施するような活動が含まれている。「お伽倶楽部」の事業に少年団のような活動が加えられているのは、久留島と巌谷が、大正期に発足した全国初の連合組織である「大日本少年団」結成の立役者、小柴博と親交があったことに由来すると考えられる。当時、小柴が力を入れていた少年団の取り組みに、久留島と巌谷が協力したのである。ただし、小柴は、お伽倶楽部の活動が開始された3年後には「精神教育幼年会」を組織するのだが、その会の旗揚げの際に、次のとおり、お伽倶楽部の活動が時の児童の要望に応えたものであると認めつつも、そこには「訓育」の要素が足りないと批判的な見解を述べている。

小学校児童は、お伽話のやうなものを聞きたがることは、まるで狂気の如くです。然るに現在の小学校の教師は、話がま

づいためか、不熱心なためかは知りませんが、この狂うが如き児童の要求して止まぬお伽話会を開くことができぬのであります。此時に当つて児童の要求を見て取つた岩や《ママ》漣氏は、真先に伽話会を設立して、巧みな弁舌をふるまいた所が、天下の児童は、救いの神にでも遇ふた如く狂気して、われもわれもと会場さしてつめかける有様は、まるで潮の寄せる勢いであります。

　漣氏の話はたしかに巧妙であります。けれども、もともと小学校教育に深い経験がなく、且吾人が有するがごとき『児童の品性陶冶、国家風儀改善』の大理想を持たぬ故か、其鶯舌のやうな巧みな話に、惜しいことには精神が入って居りません。故に浮ついて居ります。児童も『あー面白かった』と伸びあがりはするものの、其話の中に何物をも得る所がない。私どもはこれを残念に思ふのです。（中略）所で修養団の幹事たる磯氏は、非常に児童の将来を思ふ篤志家で、日曜や祭日などには時々お伽話会を開いて自分から精神訓話をして居ります。話が巧みのみならず、喜び楽んで聞こえて居る児童の精神界に一種の電気をかける魔力を持つて居ります[13]。

小柴は、子どもが「お伽話のやうなものを聞きたがることは、まるで狂気の如く」であるにもかかわらず、当時の小学校教師はその期待に応えられていないと批判する。彼によれば、巌谷はいち早く子どもの欲求を満たすべく「お伽話会」を開催し、「巧みな弁舌をふるまい」、子どもたちはそれに「狂気」のごとく熱狂している。しかし、巌谷には教育経験がないために、その話には「精神」が入っておらず、子どもたちに満足感を与えても、それ以外には何も得させるものがないという。一方、1906年に東京府師範学校の学生で社会教育家であった蓮沼門三らが設立した、日本の青年団運動の草分けとされる「修養団」の幹事である「礒氏」について、小柴は、巌谷と同様に日曜や祭日にお伽話会を開催し、そこで、楽しいだけでなく「児童の精神界に一種の電気をかける」精神訓話を語っていると評価した。

　右記の小柴の批評や、前章でふれた巌谷のお伽話論が示すように、お伽倶楽部の活動は、どちらかと言えば訓育的な要素よりも、娯楽的な要素が強いものであったといえる。これは、久留島自身が自らの事業の目的を、子どもに

「良き娯楽の場所を備へん事」[14]と述べたことからも明らかである。つまり、巌谷や久留島がお伽噺を子どもに語り聞かせようとした趣旨は、工業化や都市化が進み、学校外の生活環境が悪化しつつあった子どもたちに対して「良き娯楽の場所」を提供することにあったのである。また、前項で指摘したとおり、巌谷はお伽噺の目的を「有益な娯楽」によって子どもの道徳心を涵養し、生活を向上させることにあるととらえていたが、それをふまえると、ここで言う「良き娯楽」も、少年団のような訓練的な教育とは異なるが、単に楽しいだけの「娯楽」ではなく、楽しさのうちに教育的効果をもたせるものであったと考えられる。

（3）「お伽講話会」の大衆性

横浜の教会から始まったお伽講話会は、その後、都市部の各所で、また、会場も小学校の講堂、幼稚園、教会・寺社、百貨店、劇場、子ども会など、子どもたちの集う場であればどこでも開催されるようになった。特に劇場などで会を催す場合、多くの参加者を募るために利用されたのが新聞広告であった。たとえば、明治期、大衆向けに文芸重視の紙面作りに力を入れていた『読売新聞』には、お伽講話会の開催情報や、催しの終了後に会の様子を報告する記事がたびたび掲載されていた。左は、『読売新聞』１９０８年5月10日の朝刊に載った「お伽倶楽部会」という題目の、お伽講話会の開催報告に関する記事である。

お伽倶楽部に於ては昨日午後一時より神田橋外和強楽堂に於て例会を開き植村直次郎氏はエライ人、笹野豊美氏は一打で七四、岸辺福雄氏は二宮金次郎の話、巌谷小波氏は世界お伽ばなしと題し講話をなしたるが孰れも其御話に抱腹絶倒し十二三才の少年少女の喜悦聲ふる方なく其れより余興に入り愛馬と題し幼稚園の小共数名現われ一人の士官が自分の愛馬が戦死したのを悲しんで水筒の水で回向する哀れなる長き歌を歌って一人の小共が踊り又竹の子と題し山本束次郎、岡田柴男両氏狂言をなし十分の歓を盡して午後三時過散会したるが当日は四百余名の小共集りて中々の盛会なりき。

記事には、「和強楽堂（和協楽堂）」で開催されたお伽講話会の様子が報告されている。「和強楽堂（和協楽堂）」は、現在の千代田区を流れる日本橋川に架かる神田橋の橋際に、1905年に建設された公会堂の一つである[15]。新聞記事によれば、当日のお伽講話会は午後1時に開会し、巌谷小波や岸辺福雄を含む4名の演者がお伽噺などを語り、次に、余興として幼稚園児数名が歌や踊りを披露し、最後に山本東次郎らが狂言を演じ、午後3時過ぎに閉会したようである。会に参加した12、13歳の少年少女など約400名は「御話に抱腹絶倒し」、なかなかの盛会であったという。

また、次に紹介する神田にある青年会館で開かれた「お伽倶楽部会」の様子が書かれた記事[16]からは、大会場に集った子どもたちが各演目に夢中になる様子が想像される。

第十二回お伽倶楽部会　昨日午後一時より神田青年会館に於て開催定刻前零時半頃には已に満員を告げしが何にせよ七歳、八歳の坊ちゃん達の寄合いとて喜悦昂じてドタバタ騒ぎをなしつつ開会を待ちしが、やがて久留島武彦氏演壇にあらわれ『魯西亜物語』と題し強欲の老人をラッチェルと云う正直な工夫が懲罰すると云う筋のお伽噺をせしが非常の喝采を博し次に高峰築風氏の薩摩琵琶、巌谷小波氏のお伽噺等ある筈なりしも両氏都合ありて出席せず直に当日呼び物たるお伽芝居に移りたり。

神田青年会館は、1880年、日本における最初のキリスト教青年会である「東京青年会（現・東京ＹＭＣＡ）」によって設立された施設である。特に、施設内にあった1000人収容できる大講堂は、明治期から盛んに開催されるようになった講演会などで頻繁に使用されていたようである。記事にあるとおり、午後1時の定刻よりも前に満員となった会場は、開催を心待ちにする7、8歳の子どもたちが喜びのあまりドタバタと騒いでいたが、久留島が演壇でお伽噺「魯西亜物語」を語ると、「非常の喝采」を博したという。さらに、この記事は次のように続く。

先づ『桃から生まれた桃太郎』の楽にて幕をあげば岩の上に親猿と小猿とが蟹を食い居り、其処へ赤鬼現われ来り鉄棒を振って小猿を打のめして「酒の魚にしよう……」と荒々しく引立て行くのを親猿は樹の上より見送りてさめざめと泣くより先刻騒ぎ居たりし坊ちゃん達も水を打ったる如く涙の声にて洟を啜る音諸処に聞ゆ此時花道より華族学校の制帽を着けたる桃太郎犬を連れて現われ猿の話を聞いて屹となり其猿も共に従えて鬼ヶ島へ出発する処にて幕となり次の幕にては赤青黒の鬼共宝物を供えて平服し桃太郎は雉子、犬と共に万歳を唱えて凱旋する処にて満場の子供は勇躍して喜ぶ□てお伽斎柳一氏の手品あり午後四時半閉会を告げしが折しも雨降り出したれば来会者は非常に困難せり。

※□は判読不能な文字

記事によれば、当日、薩摩琵琶の奏者である高峰築風と巌谷は登壇できなかったが、メインの演目であったお伽芝居『桃から生まれた桃太郎』を上演したところ、開始前は騒いでいた子どもたちも「水を打ったる如く」、涙声になり、鼻を啜る音も会場の端々から聞こえてきた。また、桃太郎が凱旋するラストシーンでは、満場の子どもたちが「勇躍して」喜んだという。この記事からは、約3時間半という長時間にもかかわらず、子どもたちが各演目に時に涙し、時に勇み立って喜び、熱中して楽しんだ様子が伝わってくる。

既述のように、久留島や巌谷が企画したお伽噺の会は子どもを相手にしたものであったが、時に子どもより親の方がお伽話を聴きたがって、一家総出で参加することもあったほど[17]、人気を博していたようである。その意味で、当時のお伽話の会は子どものみならず親も楽しめる催し、家族行事の一つだったと考えられる。

ところで、このように数百名規模の大人数を収容する大会場でお話を語る光景は、当時の日本の口演童話ではよくある光景だった。しかしそれは、同時代の欧米のお話の場から見るときわめて特殊な、日本に特有の状況であった。というのも、欧米で図書館の児童サービスの一環として始められたストーリーテリングは、小規模、少人数で行うのが一般的だった[18]。日本の状況が外国に比べて特殊であったことは、早くから英米のストーリーテリングの書物を読み、現地視察に赴いていた久留島もよく理解していた。そのことを示す、一つのエピソードがある。久留島は、1919年9月から約半年の旅程で、文部省嘱託の職務を兼ねてアメリカの研究視察旅行を行ったことがあった。その際、ニューヨークのストーリーテリングの指導者として有名だったワイチと面会し、現地の事情について詳細に学ぶ機会を得た。そのときのことを、帰国後に書いた『米国巡遊　一萬哩』と題する旅行記の中で、次のように回想している。

ワイチ氏は現今は主に師範学校の教師にお伽話の話方を教へて廻るのださうで、一年の三分の二は紐育※以外の地に出張して居るとの事だ、それで直接児童に話をしても多くは二三百人位の少数で、従来一番多数な会集に話した経験は六百人であったといふ、私は昨年中に話した児童の数は約二十三萬人で一度に三千四百人に話したこともあり、尚一昨年国技館で開かれた日曜学校の大会では一萬八千人入って居た[19]。

※「紐育」＝ニューヨーク

ワイチによるストーリーテリングと比べると、久留島が一度の会で3400人、1万8000人という聴衆にお話を語っていたのが、いかに特異な状況であったかが分かる。このように、日本の口演童話が他国とは違う発展を遂げてきたことについて、後に久留島は、「これは日本のみで行はれる一つの誤ったやり方でありまして、その前例を作ったものは巌谷某、久留島某の罪最も大なるものであります。これは世界に於て日本の如く童話を聞かせるのに、子供を劇場に寄せ公会堂に寄せて聞かせるといふやうなところはないのであります」と、巌谷や自分自身の「罪」であったと述懐している[20]。

児童演劇の研究家である富田博之は、日本の口演童話のこうした特殊な発展の事情について、久留島が伊予水軍として知られる一族の末裔で、体つきも巨漢、声の通りやすい堂々とした人物であったことが関係するのではないかと指摘する[21]。たしかに、富田の指摘したように、久留島の語り口があったからこそ、口演童話は千人単位の人々が収容された会場でも成立し得たのだと思われる。だが、別の視点で考えると、これほど大勢の人が一堂に会することのできる環境があったからこそ、言い換えれば、この時代に新たな文化を受容する「大衆」の存在が生まれたからこそ、口演童話が今日まで続くような文化活動として発展したともいえるのではないだろうか。

「大衆」という概念が、学問や研究の世界で一般化するのは20世紀に入ってからだが、「大衆化」という言葉で説明されるような社会状況は、衣食住や娯楽の面であらゆる階層の人々が類似の体験をする消費文化の広まりとともに、すでに19世紀に進行していたという[22]。初期の口演童話が、大正期前後に新たな都市の大衆文化の一つとして人々に受け入れられ発展した面があることは、それが開催された会場の中に、劇場や公会堂など人々が新たな文化を創り出し、享受する現場となった場所が含まれていたことから見て取れる。たとえば、1911年に開館した帝国劇場は、日本初の西洋式演劇劇場である。当時、「今日は帝劇、明日は三越」というキャッチフレーズでも有名になったこの劇場は、百貨店の三越と並んで、都市部のサラリーマン家族を中心とした新中間層が憧れる新たな生活様式を象徴する空間の一つであった。また、今日では、帝国劇場の誕生によって、明治期には「金持ちの道楽の場」であった劇場空間が、都市の中間層の家族が気楽に観劇を楽しむ空間へ、すなわち、「近代市民層の娯楽の場」へと次第に変貌していったとされている[23]。

1921年6月12日に開催された「お伽噺大会」は、このように当時の「時代の気分を象徴した」[24]空間の一つだった帝国劇場で開催された。この会では、巌谷や久留島らによるお伽噺の口演以外に、オペラ歌手の音羽かね子による独唱や、ダンス、歌曲の演奏などが披露された。プログラムでは、オペラのようなヨーロッパの舞台芸術と口演童話が並んで上演されていることから、劇場に集った人々がこの会の演目を新しい娯楽として新鮮な感覚で受容していたことが想像される。また、帝国劇場での「お伽噺大会」は、入場料が「一、二階席一両（円：筆者注）、三階席五十銭」[25]かかる有料の集いであった。同年の他の興行も含む帝国劇場の観覧料金は、最高額が12円50銭、最低額が30銭であり、これに比べると「お伽噺大会」の入場料は、帝国劇場の催しの中では安価な料金設定であったことが分かる。なお、同じ時期の歌舞伎座の正月興行の桟敷席の観覧料が7円80銭、大相撲の観覧料（枡席）が2円80銭、新聞講読料が1円20銭、映画（活動写真）の入場料が30銭、上野動物園入場料が大人10銭（子ども5銭）だったことと比較すると、帝国劇場での「お伽噺大会」は、当時国立だった動物園や庶民的娯楽であった映画ほどではないが、大相僕の観覧や新聞購読と同程度の手の届きやすさであったといえる[26]。
ところで、都市部以外でも、久留島と巌谷は、定期的に全国各地の小学校等や、時に海外を訪れ、口演童話を中心とした子どものための催しを開催していた[27]。特に地方では、久留島が自転車に乗って山間僻地の集落を回ることもあったようで、かなりの広範囲にわたり活動を実施していたことがうかがえる。また、地方で会を開く場合は、通常、教師などの主催者が事前の告知をして参加者を募っており、「東京からわざわざ大先生が来られて、お伽噺をしていただく」というので、近隣の小学校の合同となることが多かったという[28]。そのため、一度の聴衆は、多いときで３０００人にまで達するほど大規模なものであった。巌谷は、「殊に辺鄙な地方の子供になると、我々東京人の言葉に対して、あまり親しみがない所から、解りがわるいといふ障碍がある上に、都会の子供の如く敏感でない為に、言葉の綾によって興味を感じさせるなどの事ができな」かったと、当時の苦労を回想している[29]。ここから、都市の家族向けの大衆文化の一つとして、裏を返せば、「大衆」そのものをつくり出す文化活動の一つとして発展した面のある口演童話は、ちょうど同時代の新聞・雑誌等のメディアが「大衆読者層」の形成を促したように[30]、新たな娯楽やメディアの影響が及びにくい地方の子どもを、この「大衆」の一員として取り込む役割をも担っていたと考えられる。

一方、口演童話が、娯楽的な面だけでなく教育的な面でも、新たな時代の思潮に乗って発展した活動であることは、大正期前後の時期、お伽噺の改良に児童心理学などの科学的知識が反映されるようになったことに表れている。先述の「お伽倶楽部会」の演目の一つとしても出てきたが、お伽話の口演とともに、当時頻繁に実施され人気を博していたのがお伽芝居であった。お伽芝居は、１９０３年、お伽倶楽部の結成と同時期に「専ら子供に見せるための芝居」[31]として開始された、現在は「児童劇」と呼ばれている児童文化活動の一つである。巌谷によれば、お伽芝居は、もともと東京の「有楽座」で毎週日曜に開催されていた催しだった[32]。それが、しばしばお伽倶楽部のプログラムにも演目の一つとして加えられ、目玉となっていたようである。

お伽芝居の創始者は、川上音二郎と貞奴の夫妻である。川上音二郎は、歌舞伎や新派劇とは異なる「正劇」というジャンルを立ち上げた演劇家であり、特に「オッペケペー節」が一斉を風靡したことが、今日ではよく知られているだろう。ただし、お伽芝居の本格的な創始者は川上夫妻であったが、最初に着想を得たのは巌谷で、彼がドイツで子ども向けの演劇に接し、日本の子どものためにも演劇創作の必要を感じたことに端を発していた。巌谷はドイツから帰国すると、さっそく雑誌『少年世界』に「お伽芝居」と銘打って、戯曲『春若丸』を発表した。さらに、同年、お伽倶楽部会の評判を聞いて訪ねてきた川上音二郎を久留島が巌谷に引きあわせ、そこで2人が意気投合したことでお伽芝居の上演が実現したのだった[33]。

このお伽芝居を主に上演していた会場が、1908年、麹町有楽町二丁目三番地（現在の銀座数寄屋橋近く）に建設された有楽座だった。有楽座は帝国劇場と並んで、日本初の本格的な欧風劇場建築と評され[34]、今までにない新しい劇場スタイルを世間に示す建築物として、民営でありながら国立劇場のような地位を与えられていた[35]。また、両劇場とも工学博士の横河民輔によって設計され、その横川が、有楽座を「帝劇建築の小手調べのようなもの」と述べたことからも、それが帝国劇場と同様の性質をもって建築された劇場だったことが分かる[36]。

この有楽座の「子供日（こどもデー）」に、定期的なお伽芝居が開催されており、また、1913年には当館の新事業として「児童娯楽研究会」がつくられ、そこに巌谷小波、久留島武彦、岸辺福雄に加え、高島平三郎や倉橋惣三らがメンバーとして参加することになった。高島平三郎は、今日、日本の心理学の創始者の一人とされ、主に発達理論に基づいた児童研究に尽力した人物である。児童娯楽研究会の結成当時、高島はすでに日本女子大学校（現・日本女子大学）や東洋大学などの教授を歴任し、心理学や教育学に関する著書も多数執筆しており、児童学研究の第一人者であったといえる。また、この頃、東京女子高等師範学校（現・お茶の水女子大学）の講師であった倉橋惣三は、「幼児教育の父」と言われるフレーベルの思想に影響を受けて、子どもの自発性を重視する自然主義的児童観による「誘導保育」を提唱し、1920年代頃から高まりを見せた大正自由教育運動を背景に、今日の保育・幼児教育の基礎となる思想や方法をつくり上げた人物である。

このような顔ぶれの集まった研究会は、次のような設立目的を掲げていた[37]――現在、子どもの「趣味の教育」が等閑に付されている。ただ、その問題を学校だけで解決するのは至難の業であり、学校以外の場において、子どもに適当な娯楽を提供することが求められている。だが昨今は、大人の娯楽は新しいものができつつあるのに、「子ども本位」の娯楽は世間にほとんど顧みられない。そこで、有楽座では「子供日」をもうけ、そこでお伽芝居や活動写真、お伽話、お伽神楽、手品など諸種の催しを行ってきた。これらの活動を「子供本位」から本格的に研究すれば、そこにはまだまだ改良の余地がある。そこで、本研究会の研究成果によって、これまで以上におもしろい活動が生まれることを期待し、有楽座はその指導を受けることとする――。

児童娯楽研究会のメンバーに、巌谷ら子どもの娯楽文化に造詣の深い人物だけでなく、児童心理の研究者などが加わっていたことから分かるように、ここでいう「子供本位」には、科学的な面から子どもの心理を理解するという意味が含まれており、主催者には、心理研究の知見によって提供する娯楽の内容を洗練させていくという意図があったといえる。つまりこの時期から、科学的な観点で子どもの心理や欲求を分析し、その知識に基づいて、より教育的効果の高い娯楽を子どもに提供するという発想で、お伽噺が改良されるようになったのである。

草創期の口演童話は、もともと工業化や都市化によって新たに生み出された社会問題に対応するという、いわば福祉的な文脈で取り組まれた面があった。もちろん、その後もそうした面で口演童話が一定の役割を果たしてきたことには変わりないが、大正期以降、口演童話が飛躍的に発展した一因は、この活動が、都市のみならずそれ以外の地域に住む子どもや大人にも、新たな大衆文化の一つとして広く享受されたことにあったと考えられる。

一方、口演童話の発展期に、お伽噺が発達理論などの科学的な知見に基づいて改良されるようになったことで、これまで相入れない面もあった学校教育と口演童話の実践方法に共通項が生まれることになった。このことが、やがて学校教育の中に口演童話が取り入れられるようになっていく下地をつくることになったと思われる。

第2節　口演童話の教育性

（1）久留島武彦の「童話術」

前章で述べたように、お伽噺は、国内外の昔話を再話・翻案し創作した物語であるという点に特徴の一つがあった。また、このように昔話の作り替えが行われた理由は、内容が時代にそぐわないと見なされたためというだけでなく、お伽噺を語ったときに語りの効果がいっそう発揮されるよう工夫したためでもあった。これらの改作によって、お伽噺は、原作とは異なる独特の物語に仕上がっていたのである。

巌谷のお伽噺の口演用の台本は、久留島にそのまま利用されることが多かったという。ただし、巌谷の語り口は、寄席や講談の話法を参考にしつつも、子どもが聞こうが聞くまいが一向に平気な、淡々としたものだった。というのも、本業は作家だった巌谷にとってお伽噺を語ることはある種の余技で、聴衆側も「世界のお伽噺に通じている第一人者」[38]というだけで彼の口演に聴き入った面があったようである。

一方、久留島は、自らの語りの技法を「童話術」[39]と称していたことから、巌谷とは異なり、内容だけでなく伝え方にもこだわっていたことがうかがえる。また、久留島は、口演童話は単なる演芸ではなく、精神性をともなう「童話道」と言えるものであると考えていた。では、久留島の目指した「童話道」とは、具体的にはどのようなものだったのだろうか。1934年に出版された久留島の著作『新話術』の一節から、それについて検討してみる。

どう云ふ訳か童話を書かれます人は童話に対する観察の基本を誤つて居る。唯笑を以て目標として童話家と云ふものが進んで行くと、童話の話道に進まずして童話の技術的末梢の働に堕落して演芸者と類似のものになるのではないかと思ふ。野球庭球は少しもかう云ふものは子供に聞かせずとも、善い悪いは受ける。是は僧侶が一、二誤る者あるが、佛の数が悪いと云ふことは出来ないのであります。私はこの意味に於てどうか話術が話道迄進みたい。同時に童話術も童話道迄是非進めなかったならば私は今日の童話を毒するものだと信じて居るのであります。さう云ふやうな立場から私は暫く童話術、童話道に進むべき全体としての童話術を申し上げたいと思ふ[40]。

久留島はまず、童話を書く者が子どもの笑いばかりねらうことに対して、基本が間違っていると批判する。そのうえで、おおむね次のようなことを述べている。すなわち、このような笑いばかりねらう姿勢では、創作が小手先の技術となり、やがて「堕落して」、「演芸者」と似たようなものになってしまう。話術が単なる技術ではなく「話道」に、また、童話の創作もただの技術ではなく「童話道」になれば、道を誤った者が批判の対象になるだけで、童話そのものが悪いとされるようなことはなくなる。童話の技術を「童話道」まで発展させなければ、今日の童話が毒されてしまう。久留島は、そのような立場から「童話道」に進むべき全体としての「童話術」について論じるという。

このように同書の意図を述べたうえで、彼は人と人との間で交わされるコミュニケーションについて、次のように続ける。

茲に話すことに就て所謂聴く者の心の働き、聴く者の知識の程度、聴く者の有つて居る言葉の種類、範囲、聴く者の色々の場合に於ける心理的な影響、かう云ふやうなことが子供と大人の根本から違ふ問題であります[41]。

久留島は、人と人とのコミュニケーションそのものには、子どもと大人の区別はないと考えていた。ただし、子どもに話をするのが巧みな人は、大人に対してもうまく話せるが、その逆は必ずしも当てはまらないという。なぜなら、話者の話が伝わるかどうかは、聞き手の知識や経験の量、心理状態、そうしたものすべてが影響を及ぼしてくるからである。そのため、どのような言葉や内容を選ぶかということが、ここでは問題となる。

言葉や内容の選定の仕方を説くにあたって、とりわけ久留島は子どもの語彙の発達を注視している。たとえば、同書で、彼は広島文理大学教授の久保良英博士の調査を引いて、日本の子どもが満2歳で平均269語の言葉をもち、それが、満6歳になるまでの1年で平均200語ずつ増加するため、幼児期は言語の習得率が非常に高く、発育が旺盛だと書いている。久留島によれば、こうして子どもが言語を習得すると、それが知識の確立や生活範囲の拡充にも結びついていくという。例として、「水」を挙げると、ひとたびその言葉を覚えると、子どもの知識は、「水」とは「流れるもの」「冷たいもの」「畳の上に無いもの」「お布団の中にこぼすと嫌なもの」というように、言葉一つからさまざまに広がっていくということである。

久留島は、「子供に語ると云ふことは大人に語るよりはその程度の違ふその知識の範囲の違ふその記載様式を異にする、殊に言葉の数の少い處から考へて私共は先づ言葉を選ぶと云ふことを第一に考へねばならぬ」[42]と、話術においては、聞き手の語彙力を考慮することが何より重要であると考えていた。また、久留島は、次のように、童話の話術において聞き手に訴えかける要素は、相手の耳、目、口の三つがあると指摘した。

今日は如何に耳に語る人が多く目に語る人が少いか、目には語れるが心に語れる人が如何に少いか、東郷さんの御話でホテルアドロンで日本語を使つて目的を達した。それは東郷次官誠意精神が即ち東郷次官の心が相手の心に響いたのでありま す。心で語つたからその心の偽らざることが声に現れたのです。真心を現はしたならば言葉は解らずとも言葉の有つ響に依つてその感じと云ふものが直接伝はる。是がアドロンのテーブルスピーチに於て成功された所以であります[43]。

このように、久留島は、東郷平八郎のスピーチの成功例を挙げ、童話の話術において、耳だけでなく目や心へ訴えかけることが重要であると述べた。つまり、彼は、童話を聞き手の心に届けるうえで、正確な音声だけでなく、視覚的、心理的な要素が重要な働きをすると考えたのである。

さらに、久留島の「童話術」で注目したいのは、久留島が重視した話者の「態度」に関する主張である。たとえば久留島は、次のような例を挙げている。ある講師が、「人格と修養」というテーマを論じるとする。そのとき、もし講師が会場に弱々しい足どりで倒れそうになりながら入ってきたら、講演中に「人は泰山のごとくあるべし」などと言っても、聴衆は先ほどの本人の印象を思い出して笑い出してしまうか、その言葉を信じようとはしないだろう。「態度は目に見ゆる言葉」[44]なのである。このことが、『新話術』の本文には、次のように書かれている。

態度は全人格を表はすところの態度である。態度無くして話すことは出来ない。吾々は如何なる態度を取るべきであらうか。聞く人は如何によく態度に依つて居るであらうか。一点の疚《やま》しき事なくして演壇に立ち得たものは態度を練り得た者に等しい。何となれば全人格が自然に其所に表はれ聞く人は其に動かされるからである[45]。

※ルビは筆者

久留島によれば、話者の態度は、その人物の人格そのものを反映させるものである。それゆえ、態度がともなわなければ、話は聞き手に伝わらない。ここから分かるように、久留島は、話す技術を聴覚的な要素に加えて、視覚的な要素でとらえていた。またそのために、話術を向上させることは、話者にとっては精神の鍛錬であるという。先述したように、彼が「童話術」と「童話道」が同じものとした理由はこの点にある。つまり、久留島は童話の話術を身につけることを、いわば人格修養の道に通じるものと考えていたのである。童話においてなぜ態度が重要なのか、久留島は次のように述べている。

何故態度が必要であるかと云ふに態度と暗示は深い関係がある。人は意識して受けた刺激よりも無意識の間に受け入れた刺激の方が余程大きいものなのである。（中略）暗示の力は何故左程大きいかと云ふに、凡そ無抵抗の時受け入れられる程其儘受入れられる事はない。意識して居る時は第三者となり批評家となる場合が多い。無意識の時は無抵抗でソックリ頭の中に入る。声よりも態度の方が力強く人を動かす事の出来るのは此の暗示の力である[46]。

このように、久留島は、話術において声よりも態度の方がむしろ重要であるのは、それによって聞く側の頭に話の内容がそのまま入るよう、一種の暗示をかけることができるからであると指摘する。彼は、こうした「暗示」や「無意識」の効果について、アメリカの研究視察で訪れた小学校と幼稚園での経験を引き合いにして説明する。アメリカで彼が訪問した幼稚園、小学校、大学には、必ずミレーの絵が掲げられていたという。

ミレーは、19世紀中頃に活躍した、バルビゾン派の画家の一人である。バルビゾン派の著名な画家には他にコローやルソーなどがおり、その画風は、自然の風景や農民の生活などを写実的に描くものだったとされる。

久留島によれば、ミレーの絵の中でも、各学校に共通して飾られていたのは、「アンゼラスの鐘」と題する作品であった。この絵に描かれているのは、次のような情景である。広い農園を背景にして、若い夫婦の農夫が向かい合って立っている。夫は農具をかたわらに置き、妻は手押し車に馬鈴薯を積んだ側で、それぞれお祈りをしている。夕靄でかすむ地平線上には、高くそびえ立つ寺院の塔が描かれ、塔の壁には夕日が映えている。この絵から想像される光景について、久留島は次のように書いている。

> 六時にはアンゼラス上人の感謝の鐘を鳴らす。今日一日の幸を感謝する鐘をガランガランと鳴らすと何をして居たものも感謝のお祈りをする。今しも二人は今日一日を幸に野に働き帰らうとするとガランガランと響いたのはアンゼラスの鐘、二人は立ち止まり静かに清い感謝のお祈りをしている[47]。

実物を知らずとも、久留島の言葉からミレーの絵に描かれた静謐《せいひつ》な世界が伝わってくるだろう。久留島が訪れた学校には、宗教的な教育を行う教室に、必ずこの絵が掛けられていたそうである。このことを、彼は、アメリカの子どもは「全く不用意の内に然も毎日々々、知らせるとも無く深く深く宗教心を心に刻み込んで居る」ととらえ、それを話術にも応用し、「精神的事業に従事する者は此の暗示の力を以つて仕事をする事を忘れてはならない」と述べた[48]。つまり、久留島にとって「童話術」とは、話者の弁舌の巧みさに加えて、無意識に影響を与える態度の力によって、聞き手の心に響くように童話を語る技術なのだと考えられる。

久留島がアメリカの例を多く引いていることから分かるように、彼の話術に関する理論は、欧米における雄弁術の影響を強く受けたものだった。明治期に日本の雄弁術の教科書と評された『雄弁学講座』（１９２８）によると、「雄弁」とは、「自己の意思を多数の人々の前で、正確に、且つ有力に、発表して、その聴者を感動せしめ、且つ共鳴せしむる事」である[49]。この定義によれば、雄弁術は、不特定多数の聴衆を感動させ、共感させる技術といえる。

そもそも雄弁術の起源は、古代ギリシャ、ローマにまでさかのぼることができる。それは、共和制の都市国家ポリスにおいて、公衆の目の前で政治家が自分の意見をはっきりと演説し、彼らを感激、納得させるための技術であった。後にこれが弁論術として体系化されると、特に20世紀の欧米社会で、この演説の力が知識階層には必須の教養となった。日本に最初に雄弁術を紹介したのは、福澤諭吉である。福澤が、明治初年、アメリカのデモクラシー思想とともにこの演説技法の理論を紹介すると、それ以降、日本でも弁論術による演説が広まっていった。とりわけ日本において、雄弁術は当時の自由主義の社会思想と親和的なものであった。

また、久留島自身が講師となった雄弁学の講座[50]には、「子どもに話す心得」という項目が含まれており、ここから、彼は子どもに童話を聞かせる行為を演説の延長上でとらえていたことがうかがえる。その中で久留島は、会場全体に届く声の響きや声の抑揚などだけでなく、身ぶりを効果的に用いることで物語を視覚的に表現することを重視した意図について、次のように述べている。

> フレーベルも、子供に神を知らしめる事は六ケ《マ》敷《マ》いが、感ぜしめる事は出来るといつたやうに、吾等は、それが何事であらうとも知らしめやうとする事は容易ならざる努力を要し、材料を要し手段を要するが、彼らに感ぜしめる事は、純真の赤心があれば、所謂何事のおはしますかは知らね共、忝《かたじけ》けなさに涙こぼるる底の境域に立たしめる事は出来る[51]。　※ルビは筆者

本文によれば、フリードリヒ・フレーベル（Friedrich Fröbel）が、子どもに「神」の存在を認識させることはできないが、その存在を感じさせることはできると述べたように、子どもたちに何であれ認識させることは難しいが、

彼らに純真さやまごころがあれば、その感情に訴えかけ、畏れ多い気持ちで涙がこぼれるような境地に至らせることはできるという。久留島の例に挙げたフレーベルは、1826年に出版された主著『人間の教育』の「教育方法の原理」[52]において、「教育、教授、および教訓は、根源的に、また、その第一の根本的特徴において、必然的に受動的、追随的（防御的、保護的）であるべきで、決して命令的、規定的、干渉的であってはならない」と述べている。また、フレーベルによれば、人間は、幼児であっても「それ自体として最善のものを意志し」、「素質や能力や手段がそれ（最善のもの：筆者注）を表現するのにふさわしいことを自分で感じている形式で、それを意志する」[53]ものである。

久留島は『新話術』の中で、「相手が子供であらうと大人であらうとその心理には違ひがある筈がないのであります」[54]と述べており、これは、フレーベルが人間は幼児であっても「最善のもの」を意志し、その点は大人と違わないと指摘したことに近い考えであるといえる。また、先の引用のとおり、フレーベルの重視した教育の方法は、命令的、規定的、干渉的なやり方ではなく、受動的で追随的な、いわば子どもの自発性に任せるものであった。これをふまえると、久留島にとって、子どものために「有益な娯楽」である童話は、命令的に与えられるのではなく、童話を聞かせる過程で、声や身ぶり、話者の心などさまざまな要素によって、子どもが物語に感化されることで、その内面に自発的な意志が芽生えるような効果の期待されるものだったと考えられるのではないだろうか。

久留島の童話道に見られる教育性は右のようなものであるが、こうした考えに基づき、童話を実践的には雄弁術の話法によって、数百、ときに数千という多数の子ども、すなわち集団としての子どもに伝えていたのが、彼の口演童話の特徴といえる。

（2）　岸辺福雄の「お伽噺仕方」の理論

次に取り上げるのは、久留島や巌谷と同じく口演童話の発展に貢献した、岸辺福雄の「お伽噺仕方」の理論である。岸辺は、1873年、旧池田藩の藩医佐藤秀林の次男として鳥取県岩美郡大岩村に生まれた。彼は、1895年に旧制兵庫県御影師範学校を卒業し、そのまま県下の小学校に勤務し、そこで、当時、体育の一環として扱われていた身体表現活動の「遊戯法」研究に取り組んだ[55]。また、この7年後、青山師範学校の講師になると、翌年には、東京牛込に東洋幼稚園を開園した。開園当初、園は4間の自宅兼園舎の中の畳敷きの部屋を保育室とした手狭なつくりで、通ってくる園児も数名であったが、彼はこの頃からお伽噺を保育教材として扱うようになる[56]。その後、1900年頃から、次第に園児が増加してきたため、園舎は神田神保町に移築された。さらに、園の移築後、岸辺は普通科2年と高等科1年の東洋家政女学校を建設し、これらを拠点に、幼児教育と女子教育に尽力するようになった。

岸辺の経歴から分かるとおり、彼は口演童話を始める以前から小学校教師として子どもと接しており、遊戯法などの教育理論についても学んでいた。久留島と比較すると、岸辺はもとから学校教育に近い立場で、保育などの現場を通じて子どもたちと接する中で、自らの思想や実践の理論を形成してきたと考えられる。では、そのような岸辺のお伽噺や口演童話に対する考え方はどのようなものだったのだろうか。

岸辺の著書である『お伽噺仕方の理論と実際』（1899）は、お伽噺についての最初の本格的な理論書と言われている[57]。同書の冒頭で説明されているのが、幼児教育者にとって必要な「三技術」である。

> 幼児教育に従事する教師に必要なる技術は、音楽と絵画と談話とである。其の中で、世人の重きを措いて居るのは、音楽とか絵画であるが、予が年来の経験によると、先づ、幼児の好むものは、音楽や絵画ではなくて、談話である。そして、思想を豊富にする上からも、感化を与える上からも、談話が最も有効のやうである。然るに、実は三技術の中にて最も軽視されて居るは、幼児教育の為に大いに遺憾である。予はかく信じた為に、児童教育に従事して以来、拾五年、たえず其の研究に志して居た[58]。

このように、岸辺は、幼児教育の技術として大切なものは、音楽と絵画、談話であると述べている。三つ目の談話とは話すことと聞くことを意味し、1899年に文部省から公布された「幼稚園保育及設備規定」において、遊戯、唱歌、手技と並び、保育項目の一つに位置づけられたものである。岸辺によれば、「談話術」の研究は、「組織立った研究所もなく、又書物も皆無である。僅に演舌術か雄弁法などはあるが、児童に向つて談話するの参考には価値が少ない」[59]ために困難であったという。久留島の行っていた雄弁術的な話術は、岸辺の取り組んだ保育現場でのお伽噺の語り聞かせには参考にならなかった。そこでまず、岸辺は落語家や講談師の名人に習って「語り」の秘訣を研究した。この点は巌谷と同様である。しかし、左のとおり、岸辺の話法はそれらの演芸を参考にしながらも、巌谷とは異なり、児童の心理を基礎とすることを第一に重視していた。

「我流」とは、「全く児童になつて話せ」と云ふのである。詳言すれば、先づ、演者自身が児童化して、そして、言葉も、顔つきも、身振りも、悉《ことごと》く子供らしくするのである。此の児童化する事が、お伽噺弁士の最も大切なる点である[60]。

※ルビは筆者

右記のように、岸辺は、お伽噺を語る者を「お伽噺弁士」と表し、あたかもそれが落語や講談などの演芸の一種であるかのように述べている。しかし、「お伽噺弁士」は、児童になりきって語らなければならない。つまり、演者自身が言葉や顔つき、身ぶりに至るまですべて「子供らしく」しなければならない。岸辺はそれを「児童化」と表現し、これが「我流」の語り方であると説明した。

さらに、岸辺は同書において、「児童化」が何を指すのかを言葉と身ぶりの二つの観点から論じている。第一に、言葉の面からいえば、それはやさしく、平易に語るということである。岸辺の挙げた具体例に合わせて説明すると、たとえば、昔話『桃太郎』に「桃太郎が犬、猿、雉子を引率して、鬼ヶ島の征伐に出発した」という一節があるとする。これをそのまま語ってしまうと、本の読める子どもであればある程度は理解できるかもしれないが、幼ない子には決して理解されない。そこで、これをたとえば、「桃太郎さんが、犬と猿と雉子の三人をおともにつれて、鬼をまかしにゆきました」[61]と語ると、子どもにとってやさしく分かりやすいため、失敗することもないという。左は、岸辺が平易な幼な言葉を用いることを重視して書いた『新桃太郎』である。

たゞの桃太郎のお話をしますと云へば、そんなものなら知つて居るから聴きたくないと、耳を圧《おさえ》て（身振 両手で両耳を押へる）しまはれるでありませうしそれでは、古桃太郎のお話をしますと云へば、おやおや、古い桃なんか虫がついて居て食べられりやしないと。聴かない先に顔を（身振 しかめ顔をする）しかめてしまはれますから。それで、一つ思いきつて、新桃太郎と云ふ題を拵《こしら》へたのでありますが、お話は相変らず古いのです。只だ幾らか新しく話すと云ふ丈けであります。さあこれからがお話。（身振 水を呑んで態度を一変す）[62]。　※（　）は語るときの身ぶりの指示。ルビは筆者

本文を見て分かるように、岸辺の『新桃太郎』は、ただ物語の筋を追うだけでなく、「そんなものなら知って居るから聴きたくないと、耳を圧て」や、「聴かない先に顔をしかめてしまはれますから」というように、聞き手である子どもの反応を交えた台詞《せりふ》回しになっている。このように、子どもと会話するように語っていくのが、岸辺の言う「児童化」した語り口である。

他方、『新桃太郎』は、しばしば子どもをまねるように身ぶりの指示を交えて書かれているところにも特徴がある。これが、「児童化」のもう一つの側面である。岸辺は、お伽噺を聴くために集まってくる子どもに対しては、「決して威を用ゆる事を免《ゆる》さぬ」（※ルビは筆者）[63]、つまり、決して脅したり恐れさせるような態度をとってはならないと述べている。岸辺は、語り手自身が「子どもらしく」無邪気に、自然体で子どもの前に立つようにしなければならないと考えていたのである。

また、『お伽噺仕方の理論と実際』では、「お伽噺の話し方」の一つとして、語り手が子どもの身ぶりを模して語ることの意味や、その実際の方法が図付きで解説されている。まず、身ぶりの重要性について、岸辺は次のように説明する。

お伽噺の成功と否とは、話其物の良否よりも、寧ろ話し方の上手下手が主なる原因である。話し方の巧拙は一に身振りの如何による。身振りは、恰も書家が実景を写生して、其の実際を研究する如く、お伽弁士も亦、子供について実地に研究しなければならぬ。大人が子供の身振りを表はすは、大人が女の表情をするよりも至難である[64]。

岸辺によれば、お伽噺の語り聞かせが成功するかどうかは、物語の内容の良し悪しよりも、その話し方の巧拙にかかっている。特に、その巧拙を決めるのが、語り手の身ぶりである。また、この身ぶりは、子どもの身ぶりをそのまま表現するようなものでなければならず、大人はそれを実地で研究することが重要であるという。

さらに、岸辺は、お伽話における身ぶりのパターンとして、「お伽噺の身振り十四種」を示した。具体的にその14種とは、「悲哀、失望、恐怖、驚愕、嘆願、思案、決断、感謝、憤怒、禁止、嘲笑、喜悦、戯謔、感嘆」[65]である。同書では、これらの感情別にふさわしい身ぶりが、図を用いて解説されている。たとえば、物語に母親が亡くなる場面があったとする。この場合、「とうとうお母さんはなくなり」という台詞に、「悲哀」の感情を表す身ぶりをつけると効果的であるという。「悲哀」の身ぶりの注釈によれば、このとき、声は小さく低く、かつ緩く重くするのがよい。また、顔はうつむきがちにして目は静かに閉じ、体は上体を少し前に傾け、さらに、手は開いて左の目にあてるか左の小鼻にあて、足は両足をそろえる。これを図示したのが、図表2①である。

一方、喜びの感情を表現する「喜悦」の身ぶりは、声は大きく高く、また早く軽く発し、顔には笑みを浮かべ、目は自然に細く開け、少し左上を向く。さらに、体はまっすぐ、左右の手は胸の前で向かい合わせ、軽く早くふり、足は小踊りするように雀躍させる。これを図示したのが、図表2②である。このように、身ぶりについて子細にわたる指示がなされているが、岸辺は、こうした身ぶりは、すべて自然に表現されなければならないとも述べている。具体的には、「思ひ内にあれば、色外に表はるるとか、弁士自身が、其話の中の境遇に置けば、自然泣きもし笑ひもし怒りもして、聴衆に真の感動を与へるのである」[66]と、弁士（語り手）自身が物語に共感していれば、おのずと泣いた

図表２　「お伽噺の身振り十四種」（抜粋）

①

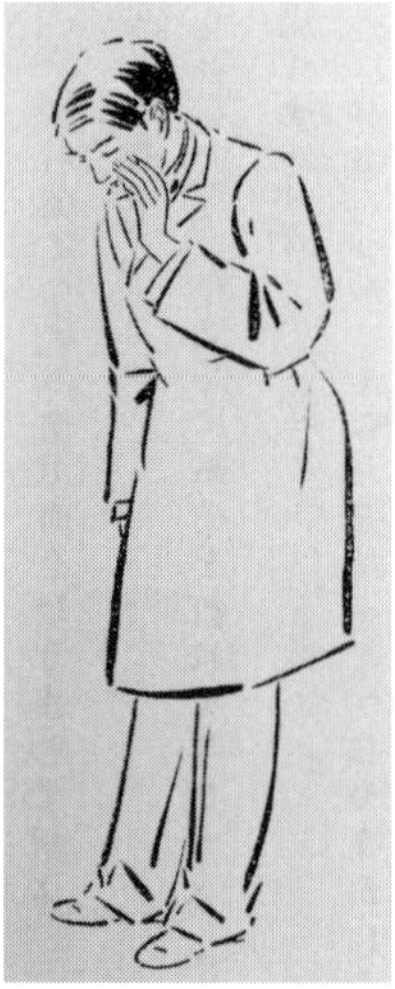

②

①「悲哀」の身ぶり、②「喜悦」の身ぶり
出典：岸辺福雄『お伽噺仕方の理論と実際』
明治の家庭社（1899）p.76 および p.85

り笑ったり、怒ったりできるもので、そのような自然な表現が聞く者に「真の感動」を与えるという。つまり、身ぶりの最も重要な点は、語り手が物語に入り込むことで湧いてくる自然な感情をそのまま体で表現することで、岸辺は、そうして物語の世界に没入することが、同時に子どもらしくなること、すなわち「児童化」することにつながるととらえているのである。

このように「子どもらしさ」や、語り手に自然と湧き起こる感情を基本に論理を展開する点に、岸辺の方法論の特徴があるといえる。岸辺の教育思想と実践を研究した澤田真弓によれば、岸辺は自らの幼稚園での実践について語るとき、たびたびフレーベルの名を挙げ、その主義や思想に賛同の意を表したという[67]。また、澤田は、岸辺が小学校の教育実践において、「教師は児童とともに遊戯すべし」と断言し、教師と子どもが楽しい経験を共有することで近しい関係を構築し、互いに信頼関係を結ぶことの重要性を説いたと述べたうえで、ここには、単に「教える者―教えられる者」という関係、すなわち「主体―客体」関係ではなく、教師が子どもを一人の個人として尊重する「主体―主体」の教師と子どもとの関係が表れていると指摘した[68]。

既述のように、久留島の「童話術」にもフレーベルの思想の影響が見られたが、雄弁術を語りの技法の中心に置いた彼の場合、口演童話における語り手と子どもの関係は、「語り手―『集団』としての子ども」の関係、かつ「主体―客体」の関係であったといえる。これに対して、岸辺の場合はそれが、「語り手―『個人』としての子ども」の関係で、しかも両者は「主体―客体」という一方向の関係ではなく、「主体―主体」という双方向的な関係の図式でとらえられるものである。ここに、岸辺の口演童話の特徴が示されており、また、久留島との違いが見受けられる。

ところで、岸辺は、北原白秋や山本鼎など大正期芸術教育運動の旗手らとともに、雑誌『芸術自由教育』の創刊にかかわっていた。雑誌『芸術自由教育』は、新しい芸術教育についての研究評論雑誌として、1921年の1年間に計10冊が刊行された[69]。自由主義的な芸術教育運動の嚆矢《こうし》となる取り組みとして、誌面では、白秋をはじめとするさまざまな論者によって、子どもの立場から学校カリキュラムの改造が訴えられ、新たな学校論、教師論が展開された[70]。この雑誌の創刊号に、岸辺は「幼児教育者の見たる歌右衛門の政岡」という論考を寄せている[71]。この論文では、歌舞伎役者の中村歌右衛門が演じた「千代萩」（加羅先代萩：筆者注）という物語を題材として、教育者が芸術的素養を学ぶことの必要が説かれている。特に、彼は「千代萩」に登場する「政岡」という女性について、彼女の理性的で意志の強い態度、子どもへの愛情の豊かさといった性質が、「理想の幼稚園の保母」の姿であると述べた。また、創刊号の巻頭言には、北原白秋、山本鼎、片上伸らと並んで、岸辺の書いた次のような文章が掲載されている。

近代の思想家エレン・ケイ女史は、児童の過失は十度のものは九度までは責めるなと叫んで居ますよ。自然的教育の真諦は実に茲に潜在して居ますな。大人は児童に向かつて余りに性急に完成を計画し過ぎるが為に、命令に随へよ、前例に倣へよと高圧しますが、其大人の命令には随分矛盾したものがあり、其前例には沢山の不完全な分子が混つて居ます事に気付かないのでせうか。教育は経験の成長でありますよ。児童の過失は尊き経験であります。此の経験を積んでこそ、初めて真に自然に合致した教育が完成出来るのであります[72]。

文章が「である」調ではなく、「～よ」と語りの口調で書かれている点に、口演童話家である岸辺の個性が感じられるだろう。引用文にあるとおり、岸辺は、フランスの哲学者ジャン＝ジャック・ルソーの影響を強く受けたエレン・ケイの言葉を紹介し、子どもが失敗を繰り返して経験を積んでいくことが、教育において重要であると指摘した。また、それにもかかわらず、教育者は「性急に完成を計画」しすぎ、前例に倣えと子どもに高圧的に命令すると批判した。この文章にも、先ほどと同じように、大人が子どもの主体性を尊重することが教育において重要であると考えた、岸辺の姿勢が表れていると思われる。

さらに、次の『お伽噺仕方の理論と実際』の引用から、岸辺が自らの理論において、お伽噺の基礎を親子の間で行われるお話と考えていたことが読み取れる。

吾々が朝早くから精一杯働いて、その疲れを休めん為に、床にはいって、手足を伸ばした其瞬間は、極楽とも天国とも云ふべく、実に天地の平和は茲に集つて居るのである。子供とても同じ事で、終日遊び遊びて疲れはてた夕、「さあ、ねんねん衣にとりかへて寝すみませう」の挨拶は、此上なき嬉しき、楽しき福音である。此の喜悦の情に満たされて居る時に、殊に、愉快なる話を聴かせると、子供は更に喜ぶばかりか、やがて其の話の感化を受ける（中略）それ故に、子守唄でもお伽噺でも、其の選択に深く注意を要する以所である[73]。

このように、岸辺は、自らのお伽噺の原型を、親が子に夜寝る前に語ったり歌ったりするお話や子守唄に見いだしていた。つまり、岸辺は、口演童話の語り手と聞き手の関係を、親子間の愛情関係の延長で考えていたということである。これもまた、久留島が口演童話の語り手と聞き手との関係を、演説者と聴衆、あるいは講師と聴講者という、一方向の関係でとらえていたことと異なる点であると思われる。

岸辺の「お伽噺仕方」の理論は、久留島の「童話術」が口演童話全体の基本的なスタイルとなっていったのに対して、大正期から昭和初期にかけて行われた、学校教師らの実践に影響を与えたとされる。この点については後述するが、岸辺のスタイルが学校教育に取り入れられるようになったところに、当時の教育活動が、単純な二項対立ではとらえきれない子どもと教育者の関係によって展開されていたことが示されているのではないだろうか。

第3節　口演童話の学校への普及

（1）新たな教育方法の開拓と教室童話の誕生

既述のお伽倶楽部は、創設からまもなく大阪や京都など全国の都市圏に支部をつくり、久留島や巌谷は、定期的に各支部を訪れてお伽噺の口演を行っていた。一方、岸辺は、1903年に神田で東洋幼稚園を創設し現場に入っていたため、二人のように全国を回ることはほとんどなかった[74]。また、支部の他にも、お伽倶楽部には後人の育成のために大小さまざまな研究組織・実践団体が創設され、会員たちはそこで口演童話の題材や話法の研究、実践の訓練に励んだ。こうした取り組みによって、口演童話の実践者や研究者が徐々に増えていくと、その動きは学校教育へも波及した。学校教師による口演童話の研究・実践活動は、1915年、東京高等師範学校に設立された「大塚講話会」に端を発する[75]。大塚講話会を結成した下位春吉と葛原葝は東京高等師範学校の卒業生で、この会の結成前は、ともに久留島らの「お伽倶楽部」に所属していた[76]。

大塚講話会の設立理念には、「子供に話すには大人に話すのとはちがった特別な話方の工夫が必要」であり、「たとへ同じいことを話すにしましても、工夫さえすれば具の話は平易明快で、子供に与える印象も深ければ感動も根強い」、「当時の児童に対する話の会合は教育家ならざる人々の手に独占されてゐたうらみがあり、教育家が教室以外の話の会に出ることはむしろ軽侮の眼を以て見られてゐた嫌」があり、「高師は単なる大学模倣の学問学識詰込所たるに止まらず社会大衆に直接ぶつかることの稽古、換言すれば通俗講話の技術は、必須不可欠の素養」とある[77]。この設立理念によると、子どもに話をするには大人とは違う工夫が必要である。同じことを話すにしても工夫さえすれば、話が明快になり、子どもに与える印象も深くなり、感動も呼ぶ。しかし、従来、子どもに対する話の会にかかわる事業は、教育家ではない人々に独占されてきた。そればかりか、教師らがそうした会に出ると、軽侮の目で見られてきた。高等師範学校は大学を模倣した学問や学識の「詰込所」に止まらず、社会大衆に直接相対し、彼らに受け入れられる「通俗講話」の技術を身につけることが必要不可欠である。下位らはこのように考え、師範学校の学生や教師などに、広く口演童話の技術を学ぶことの重要性を訴えたのだった。

ところで、大塚講話会の主要な活動の一つに、学校で行う口演童話の題材の開拓と話法の研究があった。また、その成果物として、同会が1922年から1933年までの間に刊行したのが、学校における口演童話の指導書『実演お話集』である[78]。同書は全9巻で、第1巻から第5巻は小学生対象、第6巻は幼稚園児対象、第7巻と第8巻は「青年処女」対象のお話をそれぞれ掲載し、第9巻には、口演童話の理論がまとめられている。特に第9巻は、口演童話の話術の説明から始まり、会の進行方法まで、非常に細かに解説された実践的な理論書となっているところが特徴である。

同書は、学校で行われる口演童話を、「童話芸術（芸術的実演童話）」であるとしている[79]。簡単に説明すると、童話の内容と表現は一体であって、童話の語り聞かせ、すなわち「実演」が巧みであれば、内容そのものも優れているととらえられる。そのため、学校の口演童話は、内容と表現をともに完成させることで「童話芸術」に至るのだという。

こうした考えに基づいて、同書では、語りの価値が内容と表現の二つの側面から論じられている。前者の内容的価値について、学校で扱われる童話は、学校外のそれのようにただ子どもの興味を引き、喜ばせるだけの内容では不十分であるという。まず、子どもには年齢や性別ごとに異なる性質があるので、童話の選定はそれに基づかねばならない。次に、子どもは全員が芸術家になるわけではないので、内容が「芸術的」すぎてはならず、最終的に「道徳性」を育むものでなければならない[80]。このように、お伽噺の娯楽性の中に教育的要素を見いだした巌谷小波の考え、あるいは、雑誌『赤い鳥』を創刊した鈴木三重吉に代表される、童話の「芸術性」を重視した童心主義の芸術運動家らの考えとも異なり、教育としての口演童話の特徴は、道徳的内容を重視する点にあった。

具体的に、話材の選定の仕方の解説を見てみる。たとえば、幼年（幼稚園および小学校低学年）に適した童話の特徴は、第一に「児童の感覚即五感の働きに訴えるもの」、第二に「其の経験の範囲内にあるもの」、第三に「各部分々々が一つの面白い話であり、絵である」もの、第四に「音の律をもっているもの」である[81]。幼児期の童話は、子どもの経験の範囲内にあり、物語の各部分がおもしろく、絵のように情景を想像できるものが望ましい。また、この時期の子どもは子守唄などを聞くことで特に聴覚が発達するため、語りの中にわらべ歌や唱歌、動物の声まねなどが挿入された童話、五感を刺激する童話、韻律のある童話などが望ましいという。

一方、少年（小学校高学年）の場合、身体・精神の発達が著しいことから、記憶力の発達に合わせて長く「首尾一貫した」話や、空想よりも事実に基づいた話、英雄豪傑の武勇談、子どもの情操に訴えて尊王愛国の精神を培うような話などが有効であると指摘される[82]。具体例としては、お伽噺に加えて、神話や小説、歴史物語、逸話集などの「道話」、新聞等の「事実談」、教師の「経験談」等が挙げられ[83]、多様な材料から話を組み立てることがよいとされた。

次に、童話の実演技法に関する説明で注目したいのが、物語の感情を語り手の「表情」によって表現することが重要であるという指摘である。

お話に於ては、この表情が非常に有力な武器でうれしい時、かなしい時もみな演者の表情によって直接に、聴衆に映るのでありますから、演者はつとめて又内容に応ずる表情をすることにつとめなくてはなりません[84]。

特に、不可欠なのは、「高雅な芸術的の表現」、すなわち、「複雑な人生又はそれに類似の世界の葛藤を、目に見えるやうに表現」することであるという[85]。『実演お話集』の場合、岸辺の「お伽噺仕方」の理論のように、具体的にそれがどのような表現なのかというところまで細かく説明されているわけではない。だが、そのような話法を実現するために、教師の「精神修養」の重要性を指摘していることから[86]、教育としての口演童話には、久留島の「童話術」に見られるような、語り手自身の精神の鍛錬を重んじる特徴があるといえる。

このように、大塚講話会の「童話芸術」では、童心主義の童話作家らが子どもの本質を純真無垢という価値でとらえ、その本質に即した作品を「芸術」と見なしたのとは異なり、童話の内容と語り手自身の表現に一貫した精神性や道徳性が表れることが「芸術」ととらえられていた。いわゆる学校教育の価値観を、大人数の聴衆に向けて効果的に語り聞かせる口演童話の技法によって子どもに伝えることが、教育としての口演童話の目指した実践のかたちであったということである。しかし、そうした教師らの実践の特徴は、昭和初期になると変化の兆しを見せ始める。学校に自由主義教育の思想と実践が広まるにつれて、学校の口演童話にも、岸辺の方法論に見られたような、子ども一人ひとりへ語る姿勢が表れ始めるのである。このことについて、次節および次章で詳しく論じることとしたい。

（2）「語り」としての口演童話 ― ある小学校教師を事例として ―

学校教師は、どのような経緯で子ども一人ひとりに語る方法に価値を見いだすようになったのか。1938年に結成された「教室童話研究会」[87]に参加し、講堂や劇場等の大会場で行う口演童話に批判的な立場から「教育としての童話及びその技術の確立」[88]を目指した、小学校教師の金沢嘉市の事例を取り上げ検討する。

金沢嘉市は、1908年、愛知県宝飯郡蒲郡町（現・蒲生市平田町）に生まれた。家は農業を営んでおり、父の梅吉と母のだい、二男四女の8人家族であった。彼はその長男である。幼い頃の環境について、金沢はこう記している。

> 今日のような児童文化財はなく、もし文化財というものがあるとしたら、かまどのそばで母から聴いた話が唯一の思い出となっている[89]。

農家の長男であった金沢には、「後継」として多くの役割が課されていた。たとえば、蚕を飼う季節になると、学校へ行く前と帰ってからの1日2回、蚕に食べさせる桑の葉を摘む仕事があった。また農繁期になると、そこに田植えや稲刈りが加わった。当時、子どものための娯楽のようなものはなく、金沢は、日々の生活の中で自分なりに遊びを考え出していたという。そのような中、母親から語り聞かせてもらったお話が、彼にとっては文化的な娯楽と呼べる唯一のものだった。ところで、小学校時代の金沢はかなりわんぱくな子どもであったようで、その頃のことを次のように記している。

小学校時代わんぱく大将だった私はいつも先生に叱られたり、立たされたり、なぐられたりしたばかりではなく、通信簿の操行が甲であったことはほとんどなく、乙かまたは丙であり、時には修身丁、操行丙ということもあっておじさんを泣かせてしまったことさえある[90]。

手記には、他にも級友をいじめたり、女の子を泣かせてしまったりしたエピソードなどが記されている。これを読む限り、金沢は学校ではあまり優等生とはいえず、どちらかといえば問題児であったのだろう。そのような金沢が、当時子どもながら深く感動したのが口演童話であったという。彼が初めて学校外で口演童話を聴いたのは、小学1年生のときである。そのときのことが、手記では次のように回想されている。

その頃の私が初めて本格的な口演童話を聴いたのは、1915年小学校1年生のとき、町の劇場で巌谷小波先生のお話を聴いたことであった。先生は、金びょうぶの前に立って、扇子を片手に手ぶりを交えて語られた。そのとき胸をわくわくさせながら聴いたことは、いまも強い印象となって残っている。後年わかったことであるがそのときのお話は先生お得意の「指輪大名」であった。後に大正デモクラシーなどと言っているが、宿題もなく比較的自由な雰囲気の中で日々を過ごし、絵も自由画、写生が中心となり、学芸会では、お話や唱歌、そして学校劇が上演されて楽しかった印象は今も心に残っている[91]。

皇子様が困ったとき、小人からもらった不思議な指輪を回すと、いつでも小人が「ハイ、ハイ、何のご用でございますか」と、忽然として現れてくる（中略）そのときの小人の姿や皇子の姿は、今もありありと心の中に楽しい思いでとなって残っている[92]。

金沢の手記から、大正初期の口演童話が劇場で行われていたこと、巌谷の舞台が、「金びょうぶの前に立って、扇子を片手に手ぶりを交えて」語るような、視覚的な効果もねらったものであったことがうかがえる。また、金沢が当時聴いた口演童話を、「そのときの小人の姿や皇子の姿は、今もありありと心の中に楽しい思いでとなって残っている」と書いていることから、子どもが、耳で聴いたお話をイメージの世界で楽しんでいることが伝わってくる。

また、金沢は小学校に入学して初めて教師のお話を聴いたり、歌を習ったりするようになった。中でも思い出に残っているのが、「赤松先生のお話」であった。赤松先生は、彼が小学2年のときのクラス担任である。その先生が語った昔話を聴いて、金沢は深く感動し、「将来はあのような先生になりたいと秘かに思った」のだという[93]。左は、『今昔物語集』に収録された信州の伝説「姥捨山」を、彼が赤松先生から聴いたときの回想である。

年をとった母親を山に捨ててこなければならない。いつまでもかくまっておくわけにはいかないというので、その母親を月の出ておる晩に、息子は背中にしょって山に捨てにまいります。だんだんと山にさしかかってきた。けわしくなってきました。すると母親は、息子の帰り道がわからなくなるといけない、迷ってはいけないと思って、松の木をポキン、ポキンと、折っては捨てる。折っては捨てる（中略）

そのころから先生の目が潤んでくるのです。それを聞いている私たち子どもも、大粒な涙を、ポタ－ッ、ポタ－ッと机のふたの上に落として、拭きもしないでじ－っと聴いておりました。やがて話が終わってしまうと先生が「これで姥捨て山の話はおしまい。よかったねぇ、お母さんが助かって。お母さんだけではないの。信州信濃のお年寄りはみんな救われたのよ。よかったよねぇ」とおっしゃる。

ぼくたちも「あぁよかったなぁ－」と胸をなでおろします。そして涙のまだ乾かないその目もこすらないで、友達を向き合って胸をさすりながら、「よかったなぁ、よかったなぁ－」と言い合ったものです。この話はわずか一四、五分のものでしょうが、一生涯私の記憶に残っています[94]。

ちょうど金沢の小学校入学の年に大塚講話会が結成されたため、彼が先生からこのお話を聞いたのは、教育現場で口演童話が語られるようになって1年ほど経過した頃であったと思われる。「赤松先生」が口演童話を学んでいたのかどうかは定かではないが、少なくともこの頃からすでに、教室で教師が、道徳的感化を与えるお話を子どもに語り聞かせていたことが見て取れる。

さらに、小学校を卒業すると、6人兄妹の長男だった金沢は、両親の意向によって実業学校（農学校）に入学した。しかし、教師になりたいと考えていた金沢はその夢を諦められず、実業学校を卒業後、家業を継がずに青山高等師範学校に入学した。この当時、青山高等師範学校には、1917年に結成された「青山講話会」があった。その頃の青山講話会は、大塚講話会と同様に、学校の講堂など大会場で開催する大衆的な口演童話のスタイルを採用し、活動を行っていた。金沢は、この青山講話会の主催する童話会に参加したが、子どもを「くすぐって故意に笑わせる」ところがあり違和感をおぼえたという[95]。そのような印象を受けたため、結局青山講話会には入会せず、1928年に師範学校を卒業し、念願の教師となった。

ところで、ちょうど師範学校を卒業し、小学校で働き始めた頃かその翌年に、金沢は、久留島と岸辺の口演童話をそれぞれ聴く機会を得た。そのときのことが、次のように回想されている。

新聞紙上で帝劇の家庭娯楽会が年末の五日間行われることを知った。それは1928年か1929年頃のことであったと思われるが、その中で早蕨幼稚園長久留島武彦先生の童話があることを知って、西多摩郡から帝劇に出かけていって、初めて久留島先生の童話を聴いた。モーニングを着て帝劇の舞台に立たれた先生は堂々たる態度で、しかも響きのある声、それだけで会場を魅了してしまうような雰囲気をつくっておられ、さすがに……と驚嘆した。そのときの話はイタリヤの炭焼き少年が兵隊に志願していろいろと功績をたてていくユーモアに富んだ話であった（中略）

また、東洋幼稚園長岸辺福雄先生の童話もその頃聴くことができた。岸辺先生のお話は題名は忘れてしまったが、「かたつむり」がにょろりにょろりと木にのぼって行きながら見える下界の光景を詩のように美しく語られたことが印象に残った。金びょうぶの前で静かに語られていく言葉はやわらかで、リズムに富んだものであり、ジェスチュアも美しく一流の歌舞伎俳優の舞台を見ているように酔ってしまった。まさに口演童話の芸術品であるとも思った[96]。

久留島と岸辺の語り方を比較すると、久留島は堂々とした態度で、帝国劇場の会場に響きわたる声で聴衆を話に引き込む話術であった。一方、岸辺の語り口は静かで言葉はやわらか、ジェスチャーを交え、リズムに富んだ語りによって聞き手を話の世界に酔わせるものであった。金沢の回想から、久留島と岸辺の語りの違いと、それが聞き手に与える印象の差がよく伝わってくる。

この2名の口演童話家の語りを聴いた少し前に時を戻すが、金沢の最初の赴任先は、東京府の西多摩郡多西小学校だった。彼が5年生を担任したときのクラスは、子守奉公のため「ひまくろう」と言って早退するような、貧しい生活を送る子どもたちのいる教育環境であった。そのような状況であるから、読書活動も、校長の息子が少年誌を読むくらいのもので、教科書以外にはふれたことがないという児童がほとんどだった。そこで、金沢は児童用図書を買って教室に置くことにしたという。しかし、書物に飢えた子どもたちは、設置した図書をたちまちに読んで次を求める。そこで、子どもに満足するだけの本を与えられなかった金沢は、直接本を貸すのではなく、自らが少しずつ読んで聞かせるようになった。すると、本を与えるより、子どもたちがいっそう喜んで話を聴くことに気がついた。左は、金沢がその当時を回想した文章である。

特にジャンバルジャンの話をするようになったら、他のクラスの子どもたちまでも聴きに来て、教室のうしろはもちろんのこと廊下に立ってじっと聴き入るようになった。その頃、子どもたちは私にジャンバルジャンというあだなをつけた（中略）。たとえば修身科の指導についても、徳目主義からの徳目の押しつけはしたくなかった。「だから皆さんたちも親を大切にしてください」などと教訓の押しつけはしたくなかった。そんなことを言ったらその段階で子どもは離れてしまうおそれがあるので、説話をできるだけ童話風に豊かに話して、その話そのものの中から子どもの心の中に徳目の中味が自然に静かにしみ入るようにするように努力をするようになった[97]。

既述のように、青山高等師範学校の学生時代、金沢は、青山講話会の語りのスタイルが、子どもを故意に笑わせるような印象であったことから、口演童話の活動にはさほど熱心に携わることがなかった。しかし、実際に教師となってから、本に接する機会が限られていた貧しい世帯の子どもたちが読書に飢えていることを知り、そこで、本の代わりに朗読を始めたところ、その方がより子どもに好まれることに気がついた。また、そのような取り組みを始めてからは、修身科の授業でも、徳目を「押しつける」ようにすると、かえって子どもの心が離れてしまうと考えるようになり、「童話風」に話すよう心掛けるようになったのだった。

では、金沢の言う「童話風」とはどのような語り方なのだろうか。彼の回想をふまえると、それは、教室での教師と子どもの関係が、修身の徳目を一方的に与えるだけの一方向の関係ではなく、相互的な関係にあるようなもの、また、物語に込められた徳目が、豊かな語りによって子どもの心に「自然に静かにしみ入る」ようなものであるととらえられる。このような金沢の意識の変化に、学校の童話が、大衆的なものから子ども一人ひとりに語りかけるものへと変容していった様子や、口演童話から、後に金沢らが提唱した「教室童話」の考え方が生まれる契機を見いだすことができるのではないだろうか。

さらに、こうした経験を経て、金沢は、1931年頃から学校内で数人の教師と童話の研究会をもち、口演童話の組織活動にも参加するようになった。当時、口演童話の研究・実践組織には、久留島武彦の「回字会」や岸辺福雄の「喃々会」、芦屋重常の「日本童話協会」、松美佐雄の「日本童話連盟」などがあり、それらの中でも彼は、日本童話協会と日本童話連盟に入会している。また、1934年には、樫の実幼稚園長樫葉勇の主宰する「ひばりの会」の同人として迎えられている。そして、これらの既存の組織に参加するだけでなく、1938年に、彼は「童話が大衆向きになり、派手な会場で喝采を浴びることを願って娯楽本位に堕していく当時の傾向を憂えて、ほんとうに子どものための心の糧となるような童話を与えるようにしたい」と考え、青山高等師範学校の同窓であった原田常久、古関実らとともに、「教室童話研究会」を発足させたのだった[98]。金沢は、この教室童話研究会で活動するようになってから、自らの教育のとらえ方にも変化があったと綴っている。

（童話の研究会に参加するようになって）またふだんの授業の上でもたいへん役立った。それは、子どもたちの注意を集中させるときも話し方の研究は役立った。昔から教師と警官と軍人は一番話し下手であると言われていた。それは相手がさわいでいたら叱ればおとなしくなるからだと言われた。ところが童話の研究をしていると、もし子どもの注意がみだれたり、集中しないときは自分の語り方に問題があると反省して、いかにして彼らが興味をもって注意を集中してくるかを研究するようになったからである[99]。

これによれば、金沢は童話を学ぶようになってから、子どもの注意が散漫になったり集中力が持続しなかったりした場合、その原因は子どもの側ではなく、自分自身の側に問題があるととらえるようになったという。このエピソードは、語り方を学ぶようになったことによって、金沢が教師と子どもとの関係を一方向の関係ではなく、双方向の関係でとらえるようになったことを示していると思われる。序章で述べたように、双方向性は、語る行為そのものがもつ性質でもある。それをふまえると、金沢の教育活動には、「集団としての子ども」に語る、社会統合や学校化を意図した口演童話とは異なる、「語り」の歴史を貫く双方向性という性質をもった口演童話、すなわち、子ども一人ひとりに語りかける、子どもの個性を重視した口演童話の特徴が表れているのではないだろうか。

小　括

本章では、巌谷小波や久留島武彦、岸辺福雄の実践および理論から、口演童話の特徴を検討してきた。本章をふり返ると、まず、巌谷と久留島の創設したお伽倶楽部の活動から、お伽噺は劇場や公会堂など、いわゆる「新時代」を顕現する場において語られる、大衆的な活動であったことが明らかになった。また、そのような特徴から、雄弁術をモデルとした久留島の話術が、後の口演童話の基本的なスタイルとなっていった。一方、巌谷、久留島と同じく口演童話家として著名であった岸辺は、子どもの自主性を重視する教育思想に根ざして、話術では語り手が「児童化」することを重視していた。この久留島と岸辺の口演童話に対する考え方や語り口の違いは、「大衆性」と「教育性」という、口演童話の二つの方向性を映し出すものだったといえる。

さらに、大正期、大塚講話会の設立をきっかけに口演童話が学校に普及するようになると、子どもに道徳心を養わせるという教育意図を達成することが童話を語るうえでも重視されるようになった。しかし、当時、学校外の口演童話が大衆性と娯楽本位の性格を強めていたことから、そうした傾向を批判的にとらえる教師が出てくるようになり、昭和初期から学校で実施される口演童話に変化の兆しが見え始めた。すなわち、教室で語られる童話が、岸辺の語り口に見られるような、子ども一人ひとりに語るという姿勢を重視するスタイルに変わりつつあったのである。本章ではそのような変化を、金沢嘉市の実践から考察した。

なお、1920年代から1930年代にかけては、エレン・ケイやジョン・デューイ（John Dewey）ら新教育の思想家たちの影響を受けた大正自由教育運動が興り、子どもの興味や好奇心、感動を軸にした自由主義的な教育実践が次々に生まれていた。教師らは、たとえば自由画や生活綴方、詩、音楽など、さまざまな表現行為を通じて、子どもの個性や創造性を発見し、それを自らの教育へ生かそうとしたのである。このような時代背景をふまえると、口演童話もまた、教師のまなざしが子どもを新たに「発見」することに結びつく、教育方法の一つになっていたのだと考えられる。次章では、その点をさらに検討することとしたい。

注

1　内山憲尚編（1972）『日本口演童話史』文化書房博文社、29頁

2　伊藤繁（1982）「明治大正期の都市農村間人口移動」『農業開発の理論と実証』森島賢・秋野正勝編、養賢堂

3　当時、社会事業や社会教化事業を展開させる過程において、「社会教育」と「通俗教育」の用語が混在していた。政府は「社会」が社会主義を連想させることを危惧し、後者の語を公式に採用した。また、欧米の社会教育は成人教育の意で、学校の拡張事業を主に展開したが、日本は「社会」が強く意識され、社会生活の向上や国民の共同精神の涵養を目的とする「社会の教育化」を重視した（上杉孝實編（1996）『社会教育の近代』松籟社、16－18頁）。

4　勢家肇編（1993）『童話の語り発達史』九州語り部実行委員会、50頁

5　『教育時論』（1911）第942号、開発社、2頁
なお、教育界に限らず、文明国にふさわしい諸芸能の改良が明治政府の方針でもあった（倉田喜弘（2006）『芝居小屋と寄席の近代――「遊芸」から「文化」へ』岩波書店）。

6　前掲4『童話の語り発達史』50頁

7　この後、少年雑誌を宣伝するために口演を行う方法が、博文館以外の各社でも模倣された。たとえば、時事新報社の『少年』『少女』『少年倶楽部』などがそうである（有働玲子（1992）「大正期の口演童話――下位春吉・水田光を中心にして――」『研究紀要　第2分冊短期大学部（Ⅰ）』第25巻、195－206頁）。

8　前掲1『日本口演童話史』21頁

9　『横浜新報』（1903年6月20日付）（東京大学明治雑誌文庫所蔵）

10　同右『横浜新報』

11　巌谷の場合、たとえば1896年から博文館より出版された『日本お伽噺』シリーズ、1898年から出版された『世界お伽噺』シリーズなど、明治期から大正初期までの著書のタイトルは「お伽噺」という表記を用いているが、作品等の中では「噺」と「話」が混在することもあった。また、1919年と1920年に前・後編に分けて出版された『教訓お伽話』（博文館）からは、著書のタイトルも「お伽話」と表記するようになった。久留島も、1911年に出版された『お伽五人噺』（教文館）のように、「噺」を用いることがあり、巌谷と同様に「お伽話」との混在が見られる。
なお、『現代漢語例解辞典』（1992＝1997、小学館）によれば、「噺」と「話」は、いずれも「はなすこと」や「はなし、ものがたり」を意味するが、「噺」は江戸時代に作られた国字で、特に「新奇なことをはなす」という意味がある。両者の使い分けの仕方は不明であるが、時代が下るにつれて「噺」よりも「話」の方が主流になっていったといえる。また、巌谷が最初に「噺」を用いたことには、彼の作風が江戸期の戯作の影響を受けており、口演童話の語り口も、落語の噺家を参考にしていたことがかかわっていると推察される。

12「お伽倶楽部（表紙）」（１９１２）『お伽倶楽部』（『復刻版・久留島武彦著作集』第3巻（１９８８）勢家肇編、出版社記載なし、３７９頁）
13 上平泰博・田中治彦・中島純共（１９９６）『少年団の歴史――戦前のボーイスカウト・学校少年団』朋文社、96‐97頁
14「お伽倶楽部の近況」（１９１１）『お伽倶楽部 創刊号』（『ストーリーテリング』（１９８５）野村純一・佐藤涼子・江森隆子編、弘文堂、49頁）
15 公会堂の英訳は、パブリック・ホール（public hall）である。公会堂は、公益的な大集会行事に適した建物で、大正初期の頃に、演説会や講演会などを晴雨にかかわらず開催でき、しかも営利性とは無関係の会場を求める世論の後押しで造営されることとなった。東京市（現・東京都）が１９２９年に建造した日比谷公会堂のように公営のものの他に、住民の自治組織が設置した民営の公会堂もあった。和強楽堂は、児童文学者で演劇研究家の楠山正雄が、自著「神田界隈」（『出版人の遺文 冨山房 坂本嘉治馬』栗田確也編、栗田書店１９６８）に「おそらく、公衆向の音楽堂としては、今の日比谷公会堂の先駆」と書いたように、演奏会などを行う公会堂の一種であった。
16『読売新聞』（１９０７年4月20日朝刊）
17 櫻井美紀（１９８６）『子どもに語りを』椋の木社、53頁
18 アメリカの図書館でのストーリーテリングは、ピッツバーグのカーネギー図書館に児童奉仕部が設置された翌年、１８９９年に始まった。この活動は、子どもを本と結びつける手立ての一つだった（前掲14『ストーリーテリング』26頁）。
19 久留島武彦（１９１２）「米国巡遊 一萬哩」『お伽倶楽部』（前掲14『ストーリーテリング』52頁）
20 久留島武彦（１９２８）『童話術講話』日本童話協会出版部、１４９頁
21 富田博之（１９８５）「日本のストーリーテリングとしての『口演童話』」（前掲14『ストーリーテリング』53頁）
22「大衆文化」という言葉が広く使われるようになったのは、１９５０年代以後とされている。しかし、19世紀にはすでに、人々が消費する商品やサービス、それを利用する生活を多くの人々に知らせる新聞や雑誌・本などのマスメディアによって、「大衆化」という言葉で説明されるような社会状況が進行していた。関口進は、この消費の時代の発展が、大衆の時代をもたらしたと指摘している（関口進（２００１）『大衆娯楽と文化』学文社、8頁）。
23 嶺隆（１９９６）『帝国劇場開幕――「今日は帝劇 明日は三越」』中央公論社、１８８頁
24 同右『帝国劇場開幕――「今日は帝劇 明日は三越」』ⅳ頁
25『読売新聞』（１９２１年6月21日朝刊）

26 『値段史年表――明治・大正・昭和』（1988）週刊朝日編、朝日新聞社
27 久留島は、博文館に入社して口演部の主任となって以来、巖谷とともに全国の小学校へ招かれており、また、海外にも遠征して口演童話の活動を行った。主な開催地は、次のとおりである――北海道・山形・秋田・宮城・福島・茨城・群馬・東京・千葉・静岡・長野・山梨・新潟・富山・京都・大阪・滋賀・三重・奈良・岡山・広島・鳥取・島根・山口・香川・高知・福岡・熊本・大分。外国は朝鮮・満州・天津・北京・台湾・ロサンゼルス・シアトル・ポートランド・ニューヨーク・デンバー・サンフランシスコ〔順不同〕――（巖谷小波（1998）『「おとぎばなし」をつくった巖谷小波――我が五十年――』ゆまに書房、および、前掲1『日本口演童話史』より作成）。
28 前掲1『日本口演童話史』10頁
29 巖谷小波（1931）『童話の聞かせ方』賢文社、85頁
30 永嶺重敏（1997）『雑誌と読者の近代』日本エディタースクール出版部、12頁
31 巖谷小波（1912）『お伽芝居』博文館、1頁
32 お伽芝居の初演は、川上音二郎と貞奴の一座によって、1903年10月に東京本郷座で開催された。演目は、ゲーテ原作の「狐の裁判」とスイスの伝説「浮かれ胡弓」を巖谷が翻案した作品であった（南元子（2007）「子どものための演劇とは何か？――お伽芝居の誕生とその意義」『愛知教育大学幼児教育研究』第13巻、39頁）。
33 同右「子どものための演劇とは何か？――お伽芝居の誕生とその意義」40頁
34 永井聡子（2014）『劇場の近代化――帝国劇場・築地小劇場・東京宝塚劇場』思文閣出版、49頁
35 同右『劇場の近代化――帝国劇場・築地小劇場・東京宝塚劇場』76頁
36 同右『劇場の近代化――帝国劇場・築地小劇場・東京宝塚劇場』49頁
　なお、有楽座は1920年に帝国劇場株式会社に合併され、1923年の関東大震災で建物が焼失した後は再建されなかった。
37 『読売新聞』（1913年10月22日朝刊）
38 前掲14『ストーリーテリング』56頁
39 「童話」という語の初出は、1918年に創刊された雑誌『赤い鳥』である。この時期から、近世以来使われてきた「お伽噺」に代わり使用されるようになった（内山憲尚（1957）『童話学入門』東京文化研究所出版部、15-21頁）。なお、当時の「童話」は、昔話やお伽噺と同様に、語る行為と語られる話材の両方の意味を含んで用いられていた。
40 久留島武彦（1934）「童話に関する注意」『新話術』社会教育会館、240頁

41　同右「童話に関する注意」57頁
42　同右「童話に関する注意」57頁
43　同右「童話に関する注意」61頁
44　久留島武彦（1922）「お伽の仕方」『お伽の研究』藤田湛水編、日曜学校研究社、166頁
45　同右「お伽の仕方」167頁
46　同右「お伽の仕方」181頁
47　同右「お伽の仕方」182頁
48　同右「お伽の仕方」183頁
49　日本雄弁学会『雄弁学講座・上』（1928）日本雄弁学会編、潮文閣、2頁
50　久留島は、1929年から2年間、講談社主催で青年向けに開催された「巡回雄弁法講座」の講師を務め、全国の師範学校や青年団を訪れ講話会を開いた（『講談社が歩いた50年』前掲12『復刻版・久留島武彦著作集』第3巻、22頁）。久留島の雄弁術関連の著書には、『通俗雄弁術』（広文堂書店 1916）、『新文明主義――附・雄弁術』（先憂会出版部 1916）がある。
51　久留島武彦（1870）「子供に話す心得」『雄弁学講座・下』日本雄弁学会編、潮文閣、648頁
52　Friedrich Fröbel（1826）"Die Menschenerziehung die Erziehungs =Unterrichts=, und Lehrkunst, angestrebt in der allgemeinen deutschen Erziehungsanstalt zu Keilhau"〔荒井武訳（1964）『人間の教育（上）』岩波文庫、18頁〕
53　同右『人間の教育（上）』18頁
54　前掲40「童話に関する注意」
55　岸辺のこの分野の著書には、『実験新遊戯』（兵庫県師範学校内同窓議会事務所 1899）、『遊戯的教授法』（宝文館 1902）がある。いずれも著者名は、旧姓の佐藤福雄である。
56　前掲1『日本口演童話史』28頁
57　同右1『日本口演童話史』34頁
58　岸辺福雄（1899）『お伽噺仕方の理論と実際』明治の家庭社、1頁
59　同右『お伽噺仕方の理論と実際』2頁
60　同右『お伽噺仕方の理論と実際』2-3頁

61　前掲58『お伽噺仕方の理論と実際』57頁
62　同右『お伽噺仕方の理論と実際』89－90頁
63　同右『お伽噺仕方の理論と実際』53頁
64　同右『お伽噺仕方の理論と実際』51頁
65　同右『お伽噺仕方の理論と実際』74頁
66　同右『お伽噺仕方の理論と実際』88頁
67　澤田真弓（2009）『岸辺福雄の思想と実践――遊戯を基盤とした教育――』兵庫教育大学大学院学校教育研究科学校教育専攻教育コミュニケーションコース・2009年度学位論文、60頁
68　同右『岸辺福雄の思想と実践――遊戯を基盤とした教育――』81頁
69　白秋は、雑誌『赤い鳥』（1918年創刊）とともに同誌の発行に尽力したのだが、雑誌そのものはわずか10冊をもって廃刊せざるを得なかった。彼は、1923年に刊行された『婦人公論』の1月号に、雑誌の廃刊について「時期が早きに過ぎたか漸くその運動の黎明期に於て拠る処の雑誌を失つて了つた。然し私達の同志は誰しもその初一年を翻す者はない。着々として実行に移つている」と書いている（富田博之・中野光・関口安義（1993）『大正自由教育の光芒――「芸術自由教育」別巻』九山社、23頁）。
70　同右『大正自由教育の光芒――「芸術自由教育」別巻』24頁
71　『芸術自由教育』（1921）第1巻、アルス、90－96頁
72　同右『芸術自由教育』第1巻、頁数記載なし
73　前掲58『お伽噺仕方の理論と実際』3－4頁
74　前掲1『日本口演童話史』29頁
75　大塚講話会の取り組みに刺激され、その後、各師範学校や諸大学にも「お話研究会」が誕生し、研究会間の交流も行われた（浅岡靖央（2011）「口演童話と『教室』――青山師範学校における口演童話運動の系譜」『子ども学論集』第4巻、23－30頁）。
76　下位は当時、東京府立第一女学校に勤務していた。葛原は下位の1年後輩で、卒業後、九段精華学校の初等訓導を経て、児童雑誌の編集をしていた（上地ちづ子（1997）「口演童話の方法と思想」『児童文学の思想史・社会史』日本児童文学学会編、東京書籍、2頁）。
77　大塚講話会（1933＝1989）『実演お話集』第9巻、大塚講和話会編、大空社、巻末資料
78　「実演」という語には、同書を童話の「玄人」でない人たちに活用してほしいという願いが込められている（前掲76「口演童話の方法と

思想」３頁）。
79　前掲77『実演お話集』第９巻、３０６頁
80　同右『実演お話集』第９巻、３１２頁
81　同右『実演お話集』第９巻、86頁
82　同右『実演お話集』第９巻、１０２頁
83　同右『実演お話集』第９巻、80－１５１頁
84　同右『実演お話集』第９巻、２３７頁
85　同右『実演お話集』第９巻、３０６－３１４頁
86　同右『実演お話集』第９巻、３３５－３６１頁
87　「教室童話研究会」は、青山師範学校の童話部で活動していた河合徳司らによって創立された。娯楽的な口演童話を批判し、教育のために口演童話を利用することを提唱した（金沢嘉市著作編集委員会（１９８９）『金沢嘉市の仕事１　児童文化とともに ―― 子どもたちの心をより豊かに』あゆみ出版、30頁）。
88　中野光・白井克尚・浅岡靖央・森田浩章（２００３）『教師とは ―― 金沢嘉市が拓いた教育の世界』つなん出版、53頁）
89　金沢嘉市（１９８１）「私と口演童話」（前掲14『ストーリーテリング』64頁）
90　金沢嘉市（１９６７）『ある小学校長の回想』岩波新書、２００頁
91　同右『ある小学校長の回想』65頁
92　金沢嘉市（１９８１）『人間のやさしさ強さ』童心社、１２０－１２１頁
93　前掲89「私と口演童話」65頁
94　金沢嘉市「子どもに感動と共感を」『金沢嘉市著作集』別巻カセットテープ収録（中野光・浅岡靖央 他（２００３）『教師とは ―― 金沢嘉市が拓いた教育の世界』つなん出版、32頁）
95　前掲89「私と口演童話」66頁
96　同右「私と口演童話」69－70頁
97　同右「私と口演童話」68頁
98　同右「私と口演童話」69－75頁
99　同右「私と口演童話」74頁

第5章

昭和初期の口演童話における教育者と子どもの関係

―松美佐雄の「動的」概念を手がかりに―

はじめに

社会状況の大きく変動した昭和初期は、校外教育の実践とその理論の誕生を一つの淵源として、新たな教育観の創出がみられた時代である。それらのうち、松永健哉が体系化した校外教育論は、戦前戦後を通じ最も洗練された理論の一つとされている[1]。松永の活躍した当時は、少年犯罪や非行などが社会問題化したことで、「校外教育」の重要性に注目が集まり、その理論化が試みられた時期であった[2]。ただ、これまでは主に児童個人の成長・発達の諸相によってその教育実践の意義が問われるのみで、そこで教育者たちがどのように子どもたちの活動を支えてきたのか、子どもと教育者の関係においてその全体像を描く視点はなかったといえる。本章はこの点に着目しながら、当時の口演童話の実践の論理を検討することで、その実践が子どもだけでなく教育者自身の変化をもたらすもので、そうした関係性が教育活動そのものの質を高めていったことを明らかにする。

具体的にここでは、右記のような子どもと教育者の関係をとらえるうえで有効だと思われる、口演童話家の松美佐雄の「動的」概念に焦点を当て、運動の主な担い手である小学校教師たちの童話の学習と実践の内容について検討することとしたい。主な資料は、1924年創立の「日本童話連盟」（以降、連盟）の機関誌『話方研究』創刊号（1925年1月）から、最終巻第17巻第9号（1941年9月）までである。松美により設立されたこの組織には、当初から小学校教師や保育者らを中心に約300名の会員が所属していた。さらに、最盛期は1100名超の会員数となり、支部数も40都府県とアジアの5地域で162に達し[3]、1922年創立の「日本童話協会」と並んで、口演童話活動の中心に位置づいていた。

なお、『話方研究』の誌面で口演童話にかかわる語句は、「童話」「お話」「口演」など多数使い分けられている[4]。これらのうち、「童話」は読み物として書かれた物語、「口演」はそれを大勢の子どもたちの前で演じることを指す。また、最頻出の「お話」という表現は、書物に書かれた話材そのものではなく、「それが話される時に生ずる心の交流」と定義される。本書の「童話」と「お話」の使い分けは、右記に準じるものとする。

第1節　松美佐雄の問題意識と活動の目的

本節では、松美が口演童話に取り組んだ背景とその目的について述べる。松美は、1897年に出生地の群馬の高等小学校を卒業し18歳で上京するまで、小学校長だった父の手伝いで無資格の教員を務めていた。これが、彼の最初の教育経験である。その後、20歳で函館の軍の工員となり、『少年世界』の主筆である江見水蔭に師事するため再度上京し、童話を書き始めた。そして、自作童話を『少年世界』や『少女世界』に寄稿しながら、1905年には竹貫佳水が隠田村（現・渋谷区神宮前）に設立した育児院の事務員兼保母役を無給で務めた。竹貫は、松美と同郷出身で、同じく江見に師事した小説家である。彼らの出会いのきっかけは、竹貫が育児院設立の前年に博文館に入社し、『少年世界』の編集者に就任したことだった。松美は、彼と行動をともにするようになって以来、「雑誌の原稿料でたべながら、孤児の世話を焼いて」、「ひとかどの社会事業家になりすまして居た」と後年回想している[5]。

さらに、1906年、二人は東京青山に私立の少年図書館を創設した。明治末期は、国民の読書熱の高まりを受け、公共図書館が児童サービス機能を設置するなど、子どもの読書への働きかけを開始した時期であった。これが来館した子ども相手だとすれば、彼らの構想した少年図書館の性質は、「固定的」ではなく「随意に随所に公開」する「動的」なものだった。では、そのような移動式の少年図書館を構想した目的は何だったのだろうか。その目的について、松美は、「雑誌を読む少年少女などというものはホンの一部のものであつて、大部分の子供は殆ど読んでいない「この読まない子供たちにお話をするのが、真の文化事業である」と述べている[6]。

ただ、当時の東京青山付近では、図書館を設置しても子どもが集まってこなかった。そこで彼らは、子どもたちが気軽に集える場所、たとえば上野公園などへ書籍を運び、「自由にとってお読み下さい」と札を立てて、特設の図書館をつくったのだった。この少年図書館で実施されたお話会は、あるときには児童が「部屋に入りきらぬほど」集まったといい、その盛況ぶりがうかがえる[7]。そして、この実績により、2年後に竹貫は日比谷図書館児童室の開設を主導し、松美は、そこにつくられた「東京お伽学校」でも、毎週1回童話の口演を行うようになった。

他方、松美は1908年に『信濃毎日新聞』の記者となるが、そのときに信州の博文館愛読者大会で童話の口演を行い、さらに、1912年には時事新報社の雑誌『少女』の編集者に就任し、6年後の退社まで各地の小学校の愛読者会などで童話の口演の研鑽を積んだ。この全国行脚を通じて、松美は、都市で目にした状況とは異なる地方の口演童話の問題に突き当たることとなった。その問題とは、地方の口演童話家たちが技術を磨くことなく、「巌谷氏が水地獄を話せば水地獄、久留島氏がイタロの話をすればイタロ」と安易に一律な話材を選んでいたことだった。松美は、このような実情を目の当たりにして、各地の実践家が育たない限り「児童文化」は普及しないと憂慮し、「各地にお話の出来る人々を拵うる」ために自ら取り組むことを決意したのであった[8]。

ところで、1922年頃から、俗的な児童雑誌や漫画の氾濫、安易な童話作家の増加などによる、児童文化の質の低下が有識者に問題視されるようになっていた。このような問題に対して、童話の正しい発展を願っていち早く設立されたのが「日本童話協会」だった。この協会を組織したのは、童話研究者の蘆谷（芦谷）蘆村である。次に、会の設立趣旨（抜粋）を引用する。

　童話をもって、単に子どもの娯楽であると考へたり、教訓の手段であると考へたりするような、幼稚な考へは、今もなお、多くの父兄、多くの教師、はなはだしきは児童文学の作者そのものすら、その位の考へでいるものは少なくない。けれども、今やわれわれは、左様いう簡単な考へ方を捨てるべきである。（中略）正しい批評の標準を立てんがためには、根底ある研究が必要である。過去にさかのぼっては伝説的見地から、童話の本質の上からいえば、芸術的立場から、ある児童心理学的の上から、その応用の点から言えば教育的見地からその外さまざまの立場からして、徹底した研究を要するのである。われらは長い間、そういう研究機関の出現を祈っていた。けれども今日に至るまで、ついにその渇望を満たしてくれるものがなかった。そこでわれら同人が菲才自《よ》らず「童話研究」を創刊するにいたったのである[9]。

※ルビは筆者

このように、日本童話協会は、童話を娯楽でも教訓の手段でもないとし、芸術や児童心理学、また、その応用としての教育学的見地からの童話研究が必要であるとした。つまり、ここで目指されたのは、童話の「正しい批評」のために、「徹底した研究」を行うことだった。

このような協会の性格について、松美は、それは「死んだ童話の世界」を研究する「静的な」活動に終始するものであるという批判を展開した。そこで彼は、「生きて行く」童話を扱い「動的な」活動を行うために、新たな取り組みを模索するようになった。これが、「日本童話連盟」設立の直接的な動機である。松美によれば、「童話研究は理論よりも実際である。実演のない単なる童話理論の研究は、ほんとの力と、意味とを忘れ勝ちにする」という[10]。

松美の指摘したことの中でも注目したいのは、「静的」と「動的」の対比よりもむしろ、日本童話連盟の取り組みが、「生きて行く」童話を重視したという点である。というのも、もし童話をただ研究するだけでなく、それを実践的に用いるという意味を込めるのであれば、「生きている」童話という表現でも構わないと思われる。しかしここでは、あえて「生きて行く」という表現が使用されている。この「生きて行く」という表現には、「生きている」が現在の状態だけを表しているのに対して、未来へ向かっていくという意味も含まれているように感じられる。つまり、この表現には、童話そのもの、あるいはそれを子どもたちに伝える場、さらには子どもたちの存在そのものが未来に向かって変化し続けているというニュアンスを感じ取れるのである。松美の「動的」概念が示すのは、そのような開かれた童話観であり、このような観点が、口演童話の在り方に重ね合わせられているのだと思われる。

このような松美の問題意識の中には、「動的」という語をめぐる、二つの活動の方向性が示されていたといえる。その第一は、たとえば孤児のような生活環境に恵まれない子どもたち、または雑誌や本を読むことのできない多くの子どもたちが「知識」を享受できる場をつくり、「生きて行く」童話によって彼らの成長を促すことである。第二は、優れた童話家を養成するという意図から、童話や童謡を研究することである。この二つの「動的」活動によって、児童文化そのものの質を高めていくことが、松美の実践の目的だったのではないだろうか。

第2節　日本童話連盟による活動の社会事業的側面

ではそのような松美の問題意識は、連盟の取り組みにどのように反映されたのだろうか。本節では、童話がどのような子どもたちに向けて、どのような方法で話されたのかという点に着目し、「動的」概念の内容をさらに掘り下げることとしたい。

まず、左は1925年1月創刊の『話方研究』第1巻第1号に掲載された「日本童話連盟規約」の全文である。

第一條　本連盟は童話を中心とせる社会教育の普及を計るを目的とす
第二條　本連盟は左記の事業を行ふ

一　各学校各日曜学校幼稚園工場寄宿学校等の集会に於いて「童話と童謡」の教授をなすこと
二　この課外教授をなすために国民思想に適応する優秀なる童話を選定し又創作すること
三　この童話教授の講師を養成するために日本童話教育研究所をおくこと

規約によれば、連盟の活動目的は、「童話を中心とせる社会教育の普及を計る」ことであった。そのための具体的な事業として、第一に、学校や日曜学校、幼稚園、工場、寄宿学校などの集会で童話と童謡の教授を行うこと、第二に、そのような事業を行うために、「国民思想」に適応した「優秀なる」童話を選定し、創作すること、第三に、童話を教授する講師を養成するため、「日本童話教育研究所」を設置することが定められた。

ここから分かるように、連盟の活動は、小学校や幼稚園のような教育現場だけでなく、寺院の境内などで開かれる日曜学校といった宗教関連の子ども会、あるいは、工場の寄宿学校で開催される工女向けのお伽話会など、子どものいるさまざまな場所で実施されることが想定されていた。また、子どもたちに語る童話の内容面に関しては、「国民思想」に適応していることが重視されており、そのような童話の選定と創作活動を推進したことに加え、そうした「童話を教授する講師」、すなわち口演童話家を養成することにも取り組もうとしていたことが読み取れる。このように、連盟では、子どもに向けた活動と口演童話に取り組む大人に向けた活動の両方を合わせて、「社会教育」の普及ととらえていた。

次に、口演童話家を養成するための取り組みについてさらに詳しく見ると、『話方研究』の誌面には、図表3のような講習会および研究会が実施されていたことが示されている。

図表3から、講習会や研究会は、たとえば保育童話研究部や仏教童話講演部、工場女子教育研究部、農繁期託児事業の研究のように、おのおのの活動する現場に合わせて細分化された内容で実施されていたことが分かる。また、通常の対面による童話の語り聞かせだけでなく、放送童話研究部やラジオ童話研究のように、当時新たに登場したメディ

図表３　連盟の研究組織・講習会の一覧

研究部・講習会名	主な活動
(1) 講習会（童謡遊戯とお話の仕方）	文部省「幼稚園令」(1926 年）の発布にともなう、幼児教育者・保母のための話方と遊戯の講習
(2) 童話実演講習	松美主事の指導の下、講習会員が組織的に実演研究を行う
(3) 放送童話研究部	東京、名古屋、大阪の各放送局との連絡・無線放送による家庭向けの童話の放送。話材と話法の批評
(4) 工場女子教育研究部	女子工員向けの講演の開催と話材の研究
(5) ラジオ童話研究	内容に関する記載なし
(6) 実演指導部	会員の中から実演指導部委員を嘱託し、新入会員の指導を行う
(7) 佛教童話講演部	佛教童話の話材の研究。各地の寺院の「朝の集い」「夕の集い」への講師の派遣 ※なお、他日「基督教童話講演部も設置す」と記載されているが、その後そういった記事はない
(8) 農繁期託児事業の研究	農繁託児所保母講習会への参加。他組織との連携事業（お話および童謡、童謡遊戯の講師として参加） ※佛教童話講演部の講師諸氏を中心とする
(9) 保育組合	「保育についてのお願ひ」を愛児の居る家庭隣近所に伝える
(10) 話方研究會	会員による実演とそれに対する批評、テーマごとの討論 ※研究会の要綱を雑誌に載せ、地方会員の参考にする
(11) 教材準備部	小学校の読本教授の各種教材の提供 1. 各地の絵葉書　2. 各地産物の見本　3. 歴史的関係の調査
(12) 教材交換會	教材および保育材料の交換を雑誌面で行う 例）絵葉書、参考書類、特産物の見本、小傳記、案内書、地図
(13) 保育童話研究部	東京本部で保育童話の研究会の開催。雑誌上で全国各地の保母先生と幼稚園の紹介
(14) 創作童話の研究會	読み物としての創作および実演の創作、翻案を各自制作、報告する。優秀なものは『話方研究』に掲載、再考の作品は梗概を掲載

出典：『話方研究』より筆者作成。

アやそこで使用する話材の研究が行われていたことも、資料から読み取れる。さらに、創作童話の研究会は、会員らが読み物としての創作童話と、実演、すなわち語り聞かせ用の創作童話や昔話等の翻案作品をお互いに披露し合う機会で、そこで優秀な作品と認められた場合は、『話方研究』に掲載されることもあった。このように、どこで、誰を対象にして、どのような方法で活動しているかということに考慮して内容を細分化することで、より現場に即した研究や講習を行い、優秀な実践家を養成しようとしたのだと考えられる。

ところで、松美自身が取り組んだ活動の一つに、各地の紡績工場等の女子工員を対象にした「工場講演」があった。『話方研究』の創刊号には、「工女に対する教育：『工場講演部』の発会式」と題した記事が掲載されている[11]。記事によれば、――農村出身で、義務教育修了後に女子工員となった少女の情操が、過労により破壊されている。そこで、連盟では、そのような「二千名の處女」のために定期的な講演会を開催し、童話による「工場教育」に取り組んでいく。それによって、少女らの「品性」を向上させ、彼女たちが郷里へ帰った後に「善良なる家庭の主婦」となるよう努力することが、連盟会員の本務である――という。

綿糸紡績業は、明治期以来、製鉄業や造船業などとともに、西欧の先進的な技術や機械を備え、工業化の先端をいく代表的な産業であった。しかし、その労働条件は昼夜二交替制で、14、15歳以下の若年労働者や女子労働者による深夜業や長時間労働などが、人道的、健康的な面から問題視されていた。また、造船業や鉱山業、軍需工場などの主要産業も同様の状態で、こうした工場労働者の劣悪な労働条件や、労働争議の頻発による労使関係の不安定化が社会問題化したことを憂慮した政府は、1911年に「工場法」を制定し、さらに、1923年にも「改正工場法」を公布し、女子労働や年少労働の就業時間を制限し、深夜業を禁止した。

これらの法律の制定によって、深夜業の撤廃、労働時間が短縮されたことで、紡績経営者は、労務管理上寄宿舎に収容している大勢の女子労働者に生じた、余暇時間対策に苦慮することになった。そこで、余暇時間を活用して女工たちが知識を身につけられるようにすることで福利を増進させようと、①将来主婦になるのに必要な裁縫・手芸・家事等を中心とした花嫁教育の実施、②健康増進のための体育倶楽部の奨励、③趣味・慰安・娯楽施設の設置と奨励、④すでに紡績工場に併置されている補習学校、補習教場を基盤に、補習女学校・実科女学校を開設する等の対策をとったのだった[12]。

日本童話連盟による工場講演部の発足は1925年で、「改正工場法」が制定され、紡績工場の経営者らが、女子工員の労働環境や余暇環境の改善に動き出した時期と一致している。右記の対策の種別でいえば、童話による「工場教育」は、「花嫁教育」の一環という位置づけになるのだろう。また、連盟には、実践に従事している正会員以外に、献金などで事業を支える会員たちが存在したが、その中の、連盟の取り組みを理解し後援する「名誉会員」として、たとえば、「鐘紡（鐘淵紡績株式会社：筆者注）工場長」や、「富士紡（富士瓦斯紡績株式会社）工場長」「満州紡績会社取締役」「立石合名会社」など、14社の企業が名を連ねていた[13]。ここから、紡績工場における取り組みに貢献することには、彼女たちの置かれた環境を改善することとともに、その成果によって企業家らの賛同を集めることで、口演童話の社会的意義を高める意義もあったのではないかと思われる。それがまた、資金面での連盟の組織体制の維持に結びついていたのである。

他方、機関紙『話方研究』には、全国各地の加盟団体の開催したお話会の実施状況が、定期的に報告されていた。それらの中の一つに、東京深川の「猿江善隣館」の「善隣館だより」がある。猿江善隣館は、1923年に発生した関東大震災の復興事業を担った同潤会が、1930年、深川猿江裏町で実施した不良住宅改良事業の際、住宅建設とともに、病院、授産所と並んで設立した施設であった。後に民間団体に委託され運営が継続された当館は、今日の福祉史上、地域福祉のためのセツルメント運動の拠点の一つに位置づけられている[14]。

この猿江善隣館が初めて記事で紹介されたのは、1933年8月創刊の『話方研究』第8巻第2号であった。この記事に、「灰色にくすんだ工場地帯の細民街に童話連盟のお力を借りて、子どもの仕事を始めてから満一年」とあり、猿江善隣館でのお話会は、1932年頃から始められたことがうかがえる。また、記事によれば、善隣館では、毎月

図表4　善隣館のお話会プログラム

三月十三日
参会者　男・百八十名／女・百五十名
お話
一．鯨波の庄屋　　錦織先生
二．小人の話　　中原先生
三．じゅげむじゅげむ　　井部先生
映画
一．漫画の陸軍　四巻
二．上海事変
東京日日新聞提供　六巻

出典：『話方研究』第8巻第5号（1932）53頁より筆者作成。

1回日曜日、館内の講堂で、子どもたち向けに定期的なお話会を開催していたようである。このお話会には毎回、松美の他、連盟の講師らが数名参加していた。また、図表4のお話会のプログラムによれば、会には口演童話だけでなく、映画上映などの演目もあり、巌谷や久留島らが行っていたお伽倶楽部などにも似た構成となっている。こうしたお話会のスタイルは猿江善隣館に限ったものではなく、たとえば、童話の口演は三～五つほどで、その他に、唱歌・童謡、合唱、児童劇、舞踊、詩、朗読、映画などの中から、いくつかの演目を組み合わせるプログラム構成はよくある形式だった。その意味で、お話会という名称ではあるが、その性格は子どものための総合的な文化イベントという色合いが強かったといえる。

一方、図表5は、神奈川県橘支部の「生田小学校（生田尋常高等小学校：筆者注）」で開催されていた童話会のプログラムである。こちらは、主に生田小学校の在籍児童を低学年と高学年に分けて、それぞれの学年が隔月で童話会に参加するかたちをとっていた。図表5の6月11日（土）は、小学5年生以上の児童約350名と、実業補習学校女子部の生徒に加えて、「一般の母姉」の参観もあり、大変なにぎわいだったようである。また、プログラムの詳細を見ると、多くの演目で生徒自身が登壇しており、この童話会が学校の文化行事の一つに位置づけられていたことが分かる。

ここまでの例で示したとおり、主催団体ごとの活動目的や活動場所、集まる子どもの属性などによって、お話会の位置づけは、福祉活動の一環なのか、教育なのか、あるいは両方の意図をもつ取り組みなのか、それぞれに異なっていた。ただし、お話会の内容に関しては、いずれも複合的なプログラム構成となっており、明治期から引き続いて、

図表５　神奈川県橘支部生田小学校の童話会プログラム

六月十一日（土）　午後一時

開会のことば	校長先生
1 お話　ふしぎな鍋	尋五女　米山ムツ
2 童話　忠犬ポチ	尋六男　佐々木工
3 唱歌　春の別れ	高一二女
4 お話　たくわん和尚	尋五男　荒井幹夫
5 童話　山犬と獅子	尋六男　横山一郎
6 お話　打たん太鼓に鳴る太鼓	尋六男　香山章
7 児童劇　一寸法師	尋六男　当麻その他
8 児童劇　弥次喜多さんの川渡り	高一男
9 ハーモニカ合奏	高二男
10 お話　立志	高二男　高橋哲二
11 唱歌劇　クラス音楽会	荻野やす子他
12 児童劇　朗らかな子供達	福田輝枝他
13 おはなし	大塚先生
14 唱歌　夏は来ぬ	尋六女
15 お話　海軍ラッパ	尋五男　阿部隆
16 お話　幡随院の義侠	尋六男　吉澤欽一
17 唱歌　暁景	高女　横山小泉
18 お話　茶目子と戦争	高二男　吉澤登美造
19 児童劇　仕合わせハンス	尋五　当麻成志他
20 唱歌　肉弾三勇士	高二男
21 児童劇　父に会いたくば靖国神社へ	高二女　石井その他
22 児童劇　からすとぼろ靴	高一男女
閉会のことば	中島先生

注：図表中の「尋」は尋常小学校、「高」は高等小学校を指す。
出典：『話方研究』第８巻第８号（1932）34頁より筆者作成。

総合的な児童文化活動という性格の取り組みであったといえる。

さらに、定期的な活動以外の単発的な取り組みの例を挙げると、その一つに災害時の慰問活動があった。たとえば、1930年11月26日に発生した北伊豆地震の際には、連盟独自に慰問団を結成して現地で活動を行っている。「伊豆震災地慰問童話團 ― 涙ある會員諸氏の奮起をのぞむ」と題する記事によれば、地震の発生後、慰問団は12月17日から19日の3日間にわたり被害のあった地域の小学校を巡講している。具体的な巡講先は、三島第二校、錦田校、函南校、韮山校、田中校、下狩野校、中狩野校、月ヶ瀬校の8校で、講師は松美佐雄の他4名であった。記事には、この慰問団の成果として、「各地とも非常なる感謝を受け、此事業が如何に罹災兒童の童心を復活させ得たか」と書かれている[15]。

また、誌面には、第1回目の慰問団の活動報告とともに、第2回目の慰問活動の参加を募る記事も掲載されている。それによれば、現地訪問の旅費は自費、慰問のお話会は1日で午前と午後の2回か3回の実施を予定しており、講師の募集人数は15名ほどであった。この慰問団第2班は、松美の他に連盟の東京本部の講師5名と、被災地の連盟会員5名の計11名で編成され、第1班よりも多い16校の小学校を訪れたことが、後の誌面で報告されている[16]。

このような『話方研究』の誌面で報告されている事業の実態を見ると、連盟の取り組みが、福祉的性格の強い教育活動であったことが分かる。つまり、これらの活動の特徴からうかがえるのは、貧困層の子どもたちや働く青少年たち、あるいは、都市ほどには資源が充実していない地方の子どもたち、災害で平時の生活環境が失われた子どもたちの教育環境や文化環境をいかに保障するかということに、松美の関心があったということである。

大正末期の日本では、たとえばラジオ放送の開始や『サンデー毎日』などの大衆雑誌の創刊、高島屋や松屋、松坂屋などの呉服店の百貨店化といった、文化面で人々の暮らしが豊かになりつつあっただけでなく、普通選挙法の公布など政治面でも社会的進展が見られた。しかし一方で、1920年代以降、第一次世界大戦後の戦後恐慌や1927年の金融恐慌、1929年の世界恐慌等の相次ぐ経済危機による不況や関東大震災などを背景に、社会は貧困問題や労働問題などに直面し、大人のみならず子どもたちの生活環境も守り、ととのえることが喫緊の課題の一つとなっていた。

こうした危機的状況の中、国家の責任として社会事業の法整備が求められ、実際に多くの法律が作られた。特に昭和初期になると、子どもの問題にかかわる法律として、1929年に「救護法」、1933年に「少年救護法」と「児童虐待防止法」、1937年に「母子保護法」などが制定され、政府の児童保護事業が民間の活動とともに本格的に展開されるようになった。そのような時代状況を反映して、連盟の活動のような文化・教育面の社会事業も、人々に広く受け入れられたのだと思われる。

第3節　学校教育の補完的役割としての教師の童話学習

(1)　童話の教育における「実行性」

本節では、口演童話の「動的」な性格を、松美の「童話教育」の内容と連盟の口演童話家の養成事業に着目して検討する。松美は、童話による教育を子どもの「情操教育」の一つに位置づけている。左は、そのことを示した、『話方研究』創刊号の冒頭の宣言文である。

・童話協会以外に私は童話の話方を中心として全国に活動する童話口演家を集め社会的に連絡をとつて情操教育の為に働いたなら頗《すこぶ》る意義ある事業としてどんなに響き合ふところの熱烈さを見ることが出来るかと思つて昨年十二月童話連盟の第一声を挙げてみた。
・我々は課外教育として童話によつて、優秀なる児童の童心を発揮させ、完全に学校教育を助成したい。
・童話の愛護者と童話の研究者が手をにぎつて権威ある連盟を作り左の事業を中心に児童校外教育の完成を期さなければならない。

・童話教育が完全に行われて、児童の心の感触がこまやかになり（即ち完全なる趣味性を養い）又児童の心を純一にすることが出来るならば、校庭にも家庭にも不良不善などの行為が現るべき筈がない（中略）課外教育として童話によって、優秀なる児童の童心を発揮させ、完全に学校教育を助成する。

※ルビは筆者

これに加えて、松美は、童話が「茶談でなく確実に児童の精神生活の糧」「思考陶冶及び純真性陶冶の基礎」[17]であり、また、童話は子どもたちの娯楽であるのみならず、児童の「不良不善なる行為」を抑制し、彼らの思考や感性、情緒、道徳心、宗教心、社会性など総合的な情操の発達を促すものであると述べた。さらに、松美によれば、このような童話の働きは、「児童の世界を幸福にすることがやがて大人の世界を完成すること」につながり、「課外教育」として「学校教育を助成」するものであるという[18]。つまり、松美は、童話を子どもの趣味性を養う娯楽であるだけでなく、子どもたちの情操の発達を促進する「課外教育」の教材の一つととらえており、しかもそれは、今教師の目の前にいる子どもを「幸福にする」ことのできるものと考えていた。後述するが、「口演」の対面的、相互的な在り方には、子どもの感情に働きかける「動的」性格が含まれているといえる。「課外教育」としての童話に期待されたのは、そのような効果だったのである。

加えて、松美によれば、たとえば昔話の『桃太郎話』には「勇敢愛国の観念」があり、『舌切り雀』や『花咲爺』には、「動物愛護の観念」があるという。このように、童話には一話ごとに一つの観念、「一つの生命」がある。それゆえ、子どもが童話を聞くとき、何よりその「観念」の表現を深く理解することが必要となる。ただし、子どもがその「観念」得るということは、それを頭で理解すればよいということではない。そこには必ず、「実行性」がともなわねばならない。これが、松美の考える童話による教育の本質であった。彼はこのような童話の教育性を指して、「昔の修身」と表現している。

実は童話は昔の修身なのだ。無論昔は、童話などと科学的な名称はなかつたらう。昔話、お伽噺、噺、なんでもいい、それがみんな子供への修身話だった。祖母が兎の仇討を話せば、母が義太夫の千松の話を話す。「おなかがすいてひもじゅうない」と母は歌ひながら、お餅のやけるまで我子をまたせておく。父が律義者の「越後伝吉」「監原多助」を読む時は、行燈の下へ家族はぐるりと首をもつて来て、ため息をつきながら聞いて居る。皆集って聞くということが、既に実行力の芽生で、修身を生かす道であつた[19]。

この文章から分かるように、松美は、童話がかつて祖父母や両親によって語られていた、昔話とも通ずるととらえていた。そして、彼は、昔の「修身」には必ず実行性がともなっていたが、現在の童話、あるいは学校の修身の教材は「概念運動」ばかりで、それを子どもの生活上に生かすことができていないと指摘した。これが、松美の既存の童話による教育に対する問題意識であった。

松美は童話による教育の行き着く先を、どこに見いだしていたのだろうか。彼の著述によれば、それは第一に、子どもが童話によって「豊かなる国民性の教養」を身につけることであった。松美は、次のように書いている。

一体尋常小學校修身書の、根本精神を考えてみると、常に国憲を重んじ国法に尊ぶところの、健全なる国民をつくるにある（中略）国民必須の精神が、脈々として、児童の精神に伝って行かねばならぬ[20]。

松美は、そのためには学校だけでなく、家庭の両親をはじめ民間の教育家や宗教家など、子どもの教育にかかわる大人たちが一丸となって協力していくことが必要であると指摘した。また、ここでいう「国民性の教養」は、尋常小学校の修身書の根本精神である、「常に国憲を重んじ国法に尊ぶ」ことであると理解できる。

このように、松美が童話による教育を修身と同一視していたことは、第4期修身国定教科書が使用され始めた1933年頃から、『話方研究』の誌面に変化が表れ始めたことからもうかがえる。この時期の国定教科書は、1931年に勃発した満州事変後に高まった国家主義思想を反映し、「国体明徴の思想」に基づき「神国日本の思想」

を強く示した内容に編集された点に特徴がある[21]。たとえば、この時期から、『話方研究』に掲載された童話には、「幼児に聞かす紀元節のお話」等のように、神武天皇が登場し、日本国の成り立ちを説く物語がたびたび出てくる。また、1935年2月1日の紀元節に際しては、同年10月発行の『話方研究』第11巻第10号で「皇太子殿下奉祝童話集」を発行することが宣言され、会員たちに対しては、その童話集に収録するにふさわしい童話を積極的に投稿するよう呼びかけがなされた。

加えて、日中戦争が開戦する前年の1936年の第12巻以降は、連盟規約の第1条に「現代児童教育」と「社会教育」の普及を図ること、「以て躍進の日本児童及び父兄母姉に忠君愛国の精神を鼓吹するものとす」という一文が加えられ、『話方研究』の誌面に戦時色が強く表れるようになる。また、1937年から政府による児童図書浄化運動が始まると、翌年の内務省警保局図書課による「児童読物改善ニ関スル指示要綱」の通達、その翌年の文部省の図書推薦制度の拡大など、児童文化統制の動きが本格化していった。そしてこれ以来、『話方研究』も、「軍旗」「軍艦」「銃後」「乃木大将」「傷兵」といった大戦にかかわる題材を扱う童話がいっそう目立つようになった。

さらに、誌面の特徴で注目したいのは、繰り返しになるが、松美がかつての昔話が語られた場を学校教育の「修身」と同一視してとらえていたことである。つまり、昔話が近代以前は宗教によって、いわば「聖なるもの」によって規定された共同体を維持する機能を担っていたのに対して、ここではその維持されるべき共同体が、国家にスライドされているのである。

このことについて、さらに事例を基に検討を進める。松美は童話による教育を、「国民教育」とは別の価値からも説明している。既述のように、松美は口演童話が学校教育を助成するという意味において、自分たちの実践を「校外教育」であるととらえていた。ただ同時に、童話には学校教育の教える内容とは異なる、宗教的な「人格教育」の意義があるとも述べた。では、この「人格教育」とはどのようなものだろうか。左は、『話方研究』に松美が書いた文章の引用である。

現代の小学教育を思う時は、慥《たし》かに現世の教育は国民教育の基礎となることのみに力を注いで居るので、人生から見る時は如何にも抽象的な教育である（中略）元来日曜学校の目的とするところは、前述のごとく小学校の目的とは異って、国民教育の基礎でなく、人間教育の基礎である。学校の復習所でなく、人格教育の修養所である。童話にしたところ、童謡にしたところ、此点から出発せねばならぬのに、現代の日曜学校を見る時は其処をはなれて迎合主義であるのが多い[22]。

※ルビは筆者

このように、松美は、口演童話の実践が学校教育を補足する役割を担っているとしても、童話の価値は決してそれのみにとどまるものではないと指摘する。なぜなら、本来の童話は、学校だけでなく寺院の日曜学校や家庭など、子どもたちが日常生活を送るさまざまな場で語られるものだからである。それゆえに、童話は国民教育の基礎というよりも、むしろ人間教育の基礎なのだと、松美は主張したのである。彼はもともと熱心な仏教徒であり、連盟には、多くの仏教系日曜学校の関係者たちも所属していた。また、彼自身が各地の日曜学校の子ども会へ毎月のように足を運んで、子どもたちに童話を語っていた。加えて、『話方研究』の誌面でも、日曜学校のお話会の話材となる「宗教童話」が、どのような内容であれば子どもにふさわしいかという議題がたびたび扱われた。つまり、松美が童話による教育の本質であると考えた「実行性」には、従来の学校教育とは異なる意味合いも含まれていたのである。

ここまで述べてきたことをまとめると、連盟の取り組みにおいて、童話の「生命」を児童が深く理解することは、将来の国家を担う優れた人材として子どもを育て上げることに結びついていた。またそれは、頭で理解するということではなく、そこに「実行性」をともなう必要があった。松美は、学校教育の補完としての童話を、このようにとらえていた。しかし同時に、学校教育は、教師が修身の教材を読むだけの「概念運動」であって、これでは、童話の観念を児童の生活に生かす「動的」な教育は行えないと、松美は認識していた。そこで、彼は教師らの童話の学習を奨励し、教師らに教材の良し悪しや童話の伝え方を自分自身で考え、工夫できる力をつけさせようとした。

松美は、「観念を通るということは、所謂実行性が伴うことで、童話を研究する教育家には、この実行性があるために、教室が明るく、愛が充実され、熱がみちて居る」と述べている[23]。つまり、「動的」な教育とは、子どもと教育者の関係、子ども自身の成長・発達、そして教師自身の変化、これらすべてにわたる教育実践を示す概念である。さらにそれは、童話が「国民教育」ではなく、むしろそれをも含む「人格教育」であるという意味で、既存の学校教育の想定した枠組みにとらわれない視点を含んでいたものと考えられるのである。

（2）　教師の学習動機

ここでやや視点を変えて、実際の教育者が童話を学習する動機はどのようなところにあったのかという点について検討する。

たとえば、深川の小学校教師である鈴木すみ子は、「私が全校の児童とよく親密に結びついたのは、童話の力であると断言したいと思います」と綴っている。鈴木は、童話の学習を始める以前、1年生の指導は「遊戯」が「全生命」と考え、それを熱心に学んでいたという。だが、いくら勉強してみても、「何となく児童との間が親密に」ならない。それがある日、一人の児童にお話を聞かせたことをきっかけに、始業時は必ず「先生お話して頂戴」と児童たちから請われるようになった。さらに、休み時間には知らない他級の生徒からも、「先生お話聞かせてよう」と話しかけられるようになり、それ以来、鈴木は「うっかりとしたお話はできない」と考え、童話の講習会に参加するようになったという。そして、研究会で「幾分かの自信」をつけ、実際に児童と接するようになると、児童に「特別の親しさ」をもって迎えられるようになったという[24]。この鈴木の例にあるように、教師が童話を学ぶ動機の第一は、子どもと信頼関係を結ぶことにあるといえる。

次に、同じく小学校教師の鈴木房吉の例を挙げる。鈴木房吉がかつて奉職していた学校には、昼休み、二宮金次郎のお話を読んで聞かせるという決まりがあった。しかし、教師らは、本にろくに目もとおさず、義務としてやむを得ないという姿勢でそれを読んで聞かせていたという。このように読み手がおもしろくなければ、児童にも「なだらかに聞かれない」のは当然だった[25]。

そんなあるとき、鈴木は、子どもたちにせがまれて曲亭（滝沢）馬琴の『南総里見八犬伝』を話して聞かせてみた。実際にお話をしてみると、準備不足なので言葉が続かない。登場する人物や土地の名前を覚えていないだけでなく、物語の筋を相手にうまく伝えるような表現が出てこない。それにもかかわらず、子どもたちはしきりに瞳を輝かし、身動きせずにおもしろそうに聞いてくれたという。さらにその後、話材を心の中にしっかりと入れて話すようにすると、自分自身が落ち着いて話せるだけでなく、子どもたちの「瞳の動き方」が違い、彼らをお話に引き込み、よく聞かせることができるようになった。鈴木はそうした子どもの態度の差を目の当たりにして、朗読と比較して自分なりに創意工夫できる「口演」の魅力を知ったのだった。

この例から分かるように、童話は、一面では国家を担う人材の育成という、当時の学校教育の目的を補完するものだった。しかし同時に、そこには児童の幸福感を満たすという「動的」な役割が期待されていた。教師の学習のきっかけも、この点と深くかかわっている。つまり、教師は、口演童話を学んだことで、言葉の表現一つで内容の伝わり方が変化し、話を聞く子どもの態度が明白に異なるだけでなく、お話がうまくなるほど、子どもは教師の言葉をよく聴くようになり、そのことが両者の関係をいっそう親密にすると実感したのである。ここに、「口演」の相互性は、教師と子どもを、上下関係ではなく「信頼」を核に結びつけ、また、教師自身をも変化させるということが示されていると思われる。

第4節　お話における教育者と子どもの関係

（1）「目の交流」の意味

お話の場の子どもたちの姿は、教師たちの目にどう映ったのだろうか。これについて、まずは幼稚園教諭の大塚喜一の事例から検討する。左は、1922年1月24日の京都の華頂幼稚園でのお話の実施記録である。

サァお話と口を切ろうとすると子供達は静かにと制し合い、一言話し出すやサッと気分は一転して話に入る。何分心境を調える間も無く声も幾分出にくいが、目の前近く並ぶ顔が顔々が何よりのたより、語りつつ聴き聴きつつ語る経験を得るは今ぞと思えば、不安もよろこびもお話の現景の後に動く背景の様な（第二次的な）気がする[26]。

ひとたび話が始まると、騒いでいた子どももさっと気分を変えお話に集中する。話者はその態度に応えようと、お話を展開していく。そのような場の様子が、文章から生き生きと伝わってくるだろう。さらに、この記録は次のように続いている。

一男児が幼い瞳をうるませて聴いているのを、横に居た為に途中で気づいた。少しお話の前後したところをよく取り直して進んで行く（中略）不思議によく聴いている子供達の顔々が眼の前に並んでいる、その表情の動き殊に心配そうなのが、話していながら反響の余りにも直接で端的なのに怖くなる程……それで「大丈夫」というところの感を十分に与えようと努めたが、そこが意識的になり過ぎて全体の流れから不自然に浮かび上っている様に感ぜられるのが気になる。後はずんずん進んで終る。

大塚の記録から、お話は、一方的に教師が物語を語り伝えるものではないということが分かる。すなわち、それは

「語りつつ聴き聴きつつ語る」という表現から知れるように、教師が子どもの表情や態度からその心情を感じ取り、「動的」に進むものである。お話の場は、このような両者の呼吸、相互関係によって成立しているのである。

また、鈴木房吉と大塚喜一の記述に共通しているのが、子どもの「目の表情」を描写している点である。たとえば、鈴木の場合は、子どもが「瞳を輝かし、身動きせずに面白そうに聞いていてくれた」、子どもの「瞳の動き方」が違うと、先の文章で子どもの眼の表情にふれていた。一方、大塚も、子どもが「幼い瞳をうるませて聴いている」と、同じく眼の表情から、彼らがお話に夢中になる様子を表現した。その他にも、たとえば小学校教師の谷口盛祐は、「動物音楽隊（ブレーメンの音楽師の改作）」を語った際、低学年の児童たちが「手をにぎり眼を光らして真剣に聞いている」と、やはり眼の描写によってその状況を綴った[27]。さらに、大阪の教師井上行忠も、毎朝子どもたちが教室で「嬉々として、美はしい目を輝して」自分のお話を待っていると書いている[28]。では、教師らは、子どもの眼の表情にどのような意味を込めたのだろうか。それを示すのが、保母A子の左の手記である[29]。

子供達が、あの澄んだ目で、あのあどけない顔をほころばせて、私を迎えてくれた時、下手も上手も側の先生も友も心配もふきとんでしまいました。これが夢中と云うのでしょうか。それでも私には、子供達一人一人の顔がはっきりと感ぜられているのです。じっと見つめた子どもの目、今日の日まで、こんなにも美しいものだと思いませんでした（中略）自分の力の足りない事を、本当に安心させて呉れるのは子供である。子供が話して呉れます。私の足りないお話でも、本当に満足してくれるのです。そして、子供の眼を見る事によって、全てを私に話して呉れます（中略）私は子どもの眼を見てお話をする事により、不思議な力を得て、「幼児の世界」へ入る事が出来たのです。

先ほど例に挙げた鈴木すみ子の場合も同様であるが、特に経験の浅い教育者は、その未熟さを自覚するゆえに、不安と緊張を感じながら子どもと接している。しかし、A子が書いているように、お話をすることで、彼女は「子供達一人一人の顔」や目の「美しさ」を感じ、それによって、子どもたちが「本当に満足してくれる」ことを知って、いっそうの力を得たのだった。つまり、お話によって教師は、A子が「幼児の世界」と呼ぶような、「子ども」という存在の未知の領域にふれることができるようになったわけである。しかもそれが、目前の子ども一人ひとりに、教師がまなざしを注ぐことで可能になっているという意味で、お話は、全員同じで一般化された「子ども」ではなく、子どもの存在の個別性をも、教師に認識させたのだと考えられる。これが、お話の場における「目の交流」の意味である。

（2）お話の場の双方向性

次に、『話方研究』における教師らの活動記録の中でも、子どもの姿が描写されている文章を拾い上げていくことで、お話の場の双方向性について検討する。先に結論を述べると、子どもたちはお話を聴けば聴くほど、消極的な聞き手から、能動的な聞き手へと変化していくものである。そして、このような子どもの変化を支えているのが、お話の流れをつくりだす教師の技術と、それに呼応する子どもの聴く力である。具体的に説明していく。

1926年12月23日の大塚喜一の日記には、お話『正直小吉』を話した際の子どもたちの様子が記されている。それによれば、「我が園と他園との幼児のお話の聴き振りを比較するに、我が園の幼児は兄ちゃんのお話を度々聴いて慣れているので、他園の如く物珍しげなおとなしい聴方は少いが、お話に対する反応や応答等が勢いよく所謂能動的な深みある聴き方である」[30]という。ここから、お話に慣れない子どもたちは、身ぶり手ぶりを交えて語っている大塚の姿を「物珍しい」と感じ、静かに聞いたことが分かる。また、時にそうした子たちは、お話に入り込むことができず、横を向くなど注意が他へ逸れてしまったり、隣の子と話したりしてしまうこともあったという。さらに、次の引用からは、子どもの「注意」の度合いと教師の話の調子が影響し合っており、そうした双方向的な関係がお話の流れをつくっていく様子がうかがえる。

・「長いお話」との所望のお児があったので、新入の幼児に適する話の中相当内容のある話をした。注意一張一弛なれども興味あり、応答活発でハイハイと返事しすぎる程[31]。
・子供達の熱心な眼が、お話の調子に従って、近づいて来たり遠くなったりする事のみが、感ぜられた。(中略)子供達の聴こうとする力によってお話ができる[32]。
・殊に前列の年少児が僕が話に力を注ぐにつれ視線を合わす児が増えて来て次第にお話の世界に引き入れられた(中略)お話が終って次の週のお話の前に或る子どもが「先生のお話ほんとうだったよ。僕見たら子どもの手の跡があった」と語った[33]。

このように、教師の口調やリズムなどの「お話の調子」は、直接的に子どもの「注意」を惹きつけたり遠ざけたりすることに作用している。一方、子どもの聴く態度ができてくると、その聴こうとする力や、お話に対する応答といった能動的な反応によって、教師の語りが引き出されることもある。つまり、お話は教師と子どもの双方向的で「動的」な関係によって成り立つものなのである。

さらに、ここで注目したいのは、大塚の記述の中で「子ども」を指す語が、「子供達」という複数形と、個別の「子ども」とに書き分けられていることである。この区別には、教師がお話をするときに、集団として子どもたちに語りかけ、同時に、まなざしの交換によって一人ひとりの子どもにも向き合っていることが示されているといえる。これは、集団としての子どもに語りかけながら、一方で、お話の最中や事後に個別の子どもたちの反応に接することで、教師がそれぞれの子どもの個性を発見するということとも同様である。つまり、お話の場における「動的」性質の核心は、多であり個である子どもとの関係を往還することで、教師が一般化されない子ども一人ひとりの個別性を認識し、そこで育まれた信頼関係から自信を得ていくという点にあるのだ。この「動的」性質の核心は、子どもたちとの双方向性において、教師が彼らを新たな社会の形成者へ育成していくという、産業社会が求める社会進歩の論理とも符合するものであり、ここに、近代の口演童話の特徴を見いだすことができる。

小括

ここまで、松美佐雄の「動的」概念を手がかりに、お話において子どもと教育者との関係がどのように展開していくのかということについて検討してきた。松美は、童話による教育を「知識」の享受による情操の発達と、子どもの幸福感という二方向から意義あるものとした。また、そこには子どもが物語の「観念」を実生活に生かすという意味と、学習する教師自身が考え創意工夫するという意味で、それぞれが「実行性」を養うという意図が含まれていた。これらの観点のそれぞれに、活動の「動的」性格の意味が込められたのである。

さらに、童話における「動的」概念の核心は、お話の場における「目の交流」を通じ、教師が目の前にいる児童を多であり個でもある「子ども」として認識することだった。言い換えれば、教師が一般化されてしまうことのない子ども一人ひとりの個別性を発見できたのは、「口演」が朗読とは異なり、子どもとの相互行為によって成立する場であったからといえる。そして、そうした関係が子どもとの信頼を育み、教師の自信となったことが、活動そのものの質をいっそう高めていこうとする意欲に結びつき、同時に、新たな社会の形成者として子どもを育成する、つまり、子どもを成長・発達する存在としてとらえる教師の認識へと展開していったのである。

１９２０年代前後は、既述のとおり第一次世界大戦後の産業資本主義の発展にともない、都市部を中心に新中間層という新たな社会階層が誕生した時代であった。日本においては、この新中間層の形成が、アリエスの指摘したような近代における「子ども」の誕生のきっかけとなった。すなわち、明治期になって、伝統的な共同体の規範が衰退する中で、世俗的な国民国家は、人々を「国民」として再形成していくための基礎単位として家族を必要とした。また、その家族の紐帯となり、愛情の対象としてとらえられたのが「子ども」だった。社会学者の遠藤薫は、こうした社会の変化について、伝統的な社会における聖なる価値が、子どもに内在する聖性へとその位置を逆転させたことを意味していたと指摘する[34]。そして、この子どもそれ自体がもつ価値である「童心」の発見が、大正期以降、児童文化運動や児童中心主義の教育を発展させていったのである。

こうした時代状況を考え合わせると、童話による教育もやはり新教育の児童観と親和的であり、国民国家の形成という学校教育の目標とも重なり合ったものだといえる。しかしそれは、たとえば少年団のように規律訓練による身体の統制を重視した活動とは異なっている。なぜならお話は、「語りつつ聴き聴きつつ語る」というように、教育者と子どもが上下関係ではなく、「信頼」によって結びつくことで「動的」に展開するものだからである。さらに、その核心は、そうした両者の相互関係において、教育者が子どもへのまなざしを変化させ、その異文化性をとらえられるようになる点にあった。こうして教育者と子どもの関係がたえず組み替えられることで、子どもとともに大人も変化していくという教育の在り方は、当時にあって、既存の国民国家の形成という枠組みに必ずしもとらわれない社会形成の緒ともなり得たのではないだろうか。

注

1　菅忠道（1960）「児童文化運動」『日本教育運動史3』三一書房、黒澤ひとみ（2008）「松永健哉の校外教育論に関する研究――『児童問題研究』における理論展開を中心に」『日本社会教育学会紀要』第44巻、31‐40頁等

2　校外教育論は1932年の文部省訓令「児童生徒ニ対スル校外生活指導ニ関スル件」以来、議論が盛んになった。背景には、第一次世界大戦後の相次ぐ恐慌の影響により全国規模で引き起こされた社会問題への対処を迫られたこと、また、満州事変や国際連盟の脱退という国家の非常時へ教育面から対応する必要が生じたことなどがある。

3　1933年、最大支部は静岡県の29支部、次いで埼玉県18支部、愛知県11支部、鹿児島県と千葉県10支部であった（東京本部除外）。また、海外は樺太、朝鮮、満州、台湾に1支部、中華民国に3支部が設置された。詳細は章末資料を参照。

4　その他、幼児童話や教室童話は、ふさわしい対象を年齢や場所で限定した呼称、宗教童話や科学童話は内容で童話を区別した表現である。創作童話は、口承文学とは異なり児童文学作家や連盟会員たち個人が創作した童話を指す。また、実演童話はそれを壇上で口演する

ため語り口が工夫され、身ぶりなども付け加えられた、いわば台本のような童話である。さらに、「話方」は学校の教科として「お話」を学ぶことを指す。
5　松美佐雄（1935）「童話一夕話」『話方研究』第11巻 第9号、日本童話連盟、2頁
6　日本童話連盟本部（1941）『話方研究』第17巻 第9号、10頁
7　前掲5「童話一夕話」3頁
8　前掲6『話方研究』第17巻 第9号、10頁
9　日本童話協会（1988）『童話研究（復刻版）』第1巻 第1号、日本童話協会編、久山社、1頁
10　日本童話連盟本部（1925）『話方研究』第1巻 第3号、33頁
11　日本童話連盟本部（1925）『話方研究』第1巻 第1号、3頁
12　谷敷正光（2003）「『工場法』制定と綿糸紡績女工の余暇 ―― 工場内学校との関連で ――」『駒沢大学経済学論集』35（3）、27頁
13　「日本童話連盟規約」において、会員の種類は次のように分類されている。
・正会員：第一期の基礎会員300名、童話の創作・講演・研究いずれかを行う篤志家
・名誉会員：連盟の事業を理解し、後援する名望家
・特別会員および賛助会員：童話教育を理解し、連盟の事業を援助する士
・愛護会員：年額金二拾円以上を寄附するもの（特別愛護会員）、もしくは月額一口金五拾銭以上を寄附するもの。連盟の主宰する各種のお話会に家族の同伴出席が可能。特別愛護会員は希望により連盟講師の派遣を請求できる。
このうち、連盟の事業に対して資金的な援助を行う名誉会員は26名いた。具体的には、前伏見桃山陵墓監、子爵（内務官僚・三島通陽）、陸軍省新聞班長、丸亀市長などの行政関係者と、鐘紡工場長、富士紡工場長、満州紡績会社取締役、立石合名会社、片倉会社製糸所長、東洋モスリン会社工場長・同次長、太陽堂東京支店長、純粋館製糸所長、加藤商事会社などの企業関係者、豊山大学長・同学監、女子学習院教授、大阪家なき幼稚園長、廣島光道学校理事、深谷こども会などの教育関係者の他、岩下農場主、医学博士が挙げられていた。
14　土井直子（2009）「猿江善隣館における隣保事業の展開 ―― 同潤会猿江裏町不良住宅地区改良事業に関する検討」『東京社会福祉史研究』第3巻、社会福祉史研究会、103-106頁
15　日本童話連盟本部（1930）『話方研究』第7巻 第1号、53頁
16　日本童話連盟本部（1931）『話方研究』第7巻 第2号、31頁
なお、災害時に慈善事業としてお伽話会が開催される例は、沼津支部の柳下規矩男からも報告されている。彼は、「沼津市のお伽事業の

足跡」において、1913年3月3日の沼津大火災発生の際、娯楽のない子どもたちのために「お伽会」を開催したことを綴っている。また、当時、学校教員と父兄の合同事業で「児友会」が発足するが、発起人の教員たちの転任により組織が消滅してしまった。そこで、沼津の寺院の子ども会「積善会子供部」が「お伽会」の開催などの地域の子ども事業に貢献したという。ここには、田中治彦の指摘したように、地方の児童文化事業が宗教関係者により推進された点が示されている（田中治彦（1988）『学校外教育論』学陽書房、34頁）。

17 松美佐雄（1930）『教室童話学——初篇』日本童話連盟、5頁
18 日本童話連盟本部（1928）『話方研究』第4巻 第5号、1頁
19 日本童話連盟本部（1939）『話方研究』第15巻 第12号、20頁
20 同右『話方研究』21頁
21 豊泉清浩（2015）「道徳教育の歴史的考察（1）——修身科の成立から国定教科書の時代へ——」『教育学部紀要』第49巻、文教大学教育学部、34-35頁
22 日本童話連盟本部（1925）『話方研究』第11巻 第3号、3-7頁
23 日本童話連盟本部（1935）『話方研究』第8巻 第11号、2-3頁
24 日本童話連盟本部（1931）『話方研究』第7巻 第5号、15-18頁
25 日本童話連盟本部（1927）『話方研究』第3巻 第1号、28-29頁
26 日本童話連盟本部（1937）『話方研究』第13巻 第2号、3頁
27 日本童話連盟本部（1929）『話方研究』第12巻 第5号、14頁
28 日本童話連盟本部（1927）『話方研究』第3巻 第3号、14頁
29 日本童話連盟本部（1937）『話方研究』第13巻 第6号、14頁
30 前掲16『話方研究』14頁
31 同右『話方研究』15頁
32 日本童話連盟本部（1931）『話方研究』第7巻 第6号、11頁
33 同右『話方研究』12頁
34 遠藤薫（2009）『聖なる消費とグローバリゼーション——社会変動をどうとらえるか』勁草書房、60頁

章末資料　日本童話連盟　全国の支部名一覧

東京都	東京本部	（埼玉県）	与野支部	静岡県	田中支部	（愛知県）	寶飯支部	高知県	高知支部
北海道	函館支部		南埼玉支部		島田支部		南設楽郡支部	佐賀県	佐賀支部
	深川支部		北葛支部		蒲原支部		蒲郡支部	長崎県	佐世保支部
宮城県	仙台支部	神奈川県	秦野支部		江尻支部		下川支部	大分県	桃園支部
福島県	福島支部		浦賀支部		庵原支部		碧海支部		大分支部
山形県	東村山支部		横須賀支部		敷地支部	三重県	亀山支部	宮崎県	田原支部
	北村山支部		足柄支部		園田支部		桑名支部	鹿児島県	西志布支部
	鶴岡支部		生田支部		氣田支部	滋賀県	大津支部		大崎支部
	山形支部		星川支部		浦川支部		犬上支部		姶良支部
茨城県	茨城支部		久里濱支部		犬居支部		長濱支部		加治木支部
千葉県	佐倉支部	栃木県	下都賀支部		御前崎支部		蒲生支部		枕崎支部
	六郷支部		鹿沼支部		地頭方支部	京都府	京都支部		志布志支部
	八街支部	群馬県	新田支部		白羽支部	奈良県	初瀬支部		肝属支部
	君津支部		吾妻支部		堀之内支部	大阪府	大阪支部		名瀬支部
	中山支部		勢多支部		田原支部		大阪市小路支部		噌唹支部
	内郷支部		館林支部		安倍支部		小坂支部		鹿児島支部
	大森支部	新潟県	長岡支部		三島支部		佐野支部		
	成田支部		佐渡支部		修善寺支部	和歌山県	高野山支部	海外の支部	
	浦安支部		置賜支部		中遠支部	兵庫県	神戸支部	樺太	樺太支部
	木更津支部		三島支部		富士支部		三木支部	朝鮮	朝鮮支部
埼玉県	大宮支部		能生支部		二俣支部	鳥取県	鳥取支部	満州	満州支部
	粕壁支部		直江津支部		静岡支部	岡山県	岡山支部	台湾	台湾支部
	北埼玉支部		糸魚川支部		清水支部	広島県	呉支部	中華民国	天津支部
	小林支部		高田支部		濱名支部		三原支部		上海支部
	深谷支部		刈羽支部		森支部		海田支部		青島支部
	川越支部	富山県	富山支部		小笠支部		若松支部		
	入間支部	石川県	石川支部		由比支部		廣島高師支部		
	慈音寺支部	福井県	足羽支部		大井川支部		廣島支部		
	櫻井支部		福井支部		浅羽支部	山口県	下関支部		
	本庄支部	山梨県	山梨支部	愛知県	北設楽郡支部		熊毛支部		
	秩父支部	長野県	水内支部		西尾支部		長府支部		
	兒玉支部		南信支部		名古屋支部	香川県	香川支部		
	久喜支部		大岡支部		岡崎支部	徳島県	市哇支部		
	柏間支部		松本支部		豊橋支部		徳島支部		
	蕨町支部	岐阜県	津島支部		碧南支部	愛媛県	愛媛支部		

出典：「日本童話連盟幹部名簿」（『話方研究』第９巻 第11号（1932））より筆者作成。

第6章　須藤克三の戦前教育活動における創作童話の語り聞かせ
―その思想と論理―

はじめに

戦後の山形県で教育・文化運動の中心的役割を担った教育家の一人に、須藤克三がいる。今日、須藤の携わってきた教育・文化実践としては、戦後、山形新聞社の論説委員に就任した後のものが注目されているが、彼は、1927年に師範学校を卒業し教師となって以来、目の前の子どもと向き合い問題意識を深める中で、民間の教育運動である生活綴方運動や児童文化運動へ関心をもつようになり、すでに戦後の実践へとつながる活動に取り組むようになっていた。

須藤に関するまとまった先行研究には、児童文化運動に関する取り組みを中心に扱った土田茂範編著『海図のない航路』[1]、鈴木実編著『やまがた児童文学の系譜』[2]がある。また、戦後の青年団や婦人会、生活記録運動など地域の諸運動を総合的に検証した論考として、北河賢三「須藤克三と戦後山形の教育文化運動」[3]がある。だが、須藤の戦前の活動に関する研究は戦後のものに比べ圧倒的に少なく、戦前から戦後へと続くその全体像は見えにくい。

ところで、須藤が教師を目指し、師範学校に入学した1920年代前後は、第一次世界大戦後の産業資本主義の発展にともない、都市部を中心に新たな「社会」問題が発生した時代である。当時、転換期の社会状況にともない子どもを取り巻く生活環境にさまざまな問題が生じたことで、民間では校外教育の実践や児童文化運動などが活発となり、それが新たな教育観を創出しようとする動きへと結びついていった。須藤は、このような社会の胎動期に、新たな教育観にふれ、その立場から新しい教育活動を生み出すことに尽力した教育家の一人であったといえる。

そこで本章では、これまでほとんど注目されてこなかった須藤の戦前の活動の中でも、特に童話の創作と語り聞かせに着目し、それが彼の教育に関する思想や実践全体にどのように位置づけられるかを明らかにする。それによって、近代の教育的営みとしての「語り」の性質をさらに検討することとしたい。

第1節　幼少期の「語り」の経験

(1)　生い立ちと家庭環境

須藤克三は、1906年、山形県東置賜郡宮内町（現・南陽市）において、父の多蔵と母のていの三男として生まれた。父は郵便局に事務員として勤めるかたわら、わずかな田畑の小作を営んでいた。また、母も町の製糸工場で昼夜働き、家計を補助していた。須藤は自身の生育環境について、後年、貧しい家庭に育ったと語っている。当時の郵便局員の給与は、内勤で6円から13円程度である。これは、同時期の小学校教員の平均月俸が約16円、官立専門学校卒業者の初任給約30円と比較すると安いものだった[4]。須藤の家庭は、両親と3人の子ども、祖母の6人家族の生活費や子どもたちの教育費をそこから捻出しており、母のわずかばかりの賃金の支えがあったとはいえ、その暮らしむきは貧しかったといえる。

ところで、須藤の故郷の山形県東置賜郡は、明治から昭和10年代まで、国内の輸出産業の要である製糸業が盛んな地であった。そのため、当時の宮内町は、各地域から工場で働くためにやってきた寄留者により活気に溢れていた。

呉服屋や下駄屋、小間物屋など、通りに大小の商店が乱立し、そこをさまざまな人々が活発に行き交う。そのような人の往来の頻繁な地域において、豊かな文化的土壌が形成されたことは想像に難くないだろう。

中でも、須藤の父の多蔵は、ホトトギス派の俳人として「流蔭」と号し、当時の宮内町を代表する文化人の一人であった。父の雅号「流蔭」は、「悲惨小説」と呼ばれる社会派の小説家、広津柳浪の「柳」から「リュウ」という音と、『少年世界』（1895年創刊）の主筆を務めた江見水蔭の「蔭」を組み合わせて命名したものである。この二人はともに、1885年に尾崎紅葉らによって結成され、巌谷小波も所属していた文学結社「硯友社」の同人であった。そのような縁もあり、多蔵は、『少年世界』に掲載された巌谷小波のお伽話を自ら合本し、須藤にしばしば語って聞かせていたという[5]。

また、須藤の父である多蔵は幼くして実父が行方不明となり、養父も16歳のときに結核で亡くしていた。そのため、少年時代から生活は貧窮し、小学校までしか卒業できなかった。だが、須藤によれば、多蔵は誰から教えられたというわけでもなく、書を好くし、文学を愛し、俳句を作る文学青年であったという。それに加えて、多蔵は小学校時代の学友で帝国大学に進学した本間喜代松や、その友人で後に日本大学の初代医学部長に就任した梅津小次郎、フランス文学者となった鈴木信太郎らと交友があり、彼らから高等学校や大学の教科書、参考書などの寄贈を受け、独学で諸学問の研鑽を積んでいた。こうして苦労を重ねながらも、文学を愛し、生涯学び続けた父親の影響を受け、須藤は、父親が「これを読め」と指示した作品を濫読し、次第に文学少年へと成長していったのだった。

さらに、須藤の幼い頃の文化環境に影響を与えたこととして述べておかねばならないのは、祖母の存在である。須藤の祖母は1855年生まれでありながら、新聞だけでなく小説なども読む才女だった。彼女は気が強くしっかり者だったため、町の人からは「かせぎものおつまさ」と呼ばれ親しまれていたという。この祖母が、共働きの両親に代わって貧しい家計を切り盛りし、3人の孫を厳しくしつけ、育て上げた。須藤にとって、そのような祖母はときにやかましい存在であったようだが、後々までの生活の知恵はすべて祖母に教わったものだったとも述べており、その影響力の大きさは、須藤が戦後、祖母について多くの文章を書き残したことからもうかがえる。

須藤が祖母について記した文章の中に、たとえば、絵本『ばあちゃんのたからもの』がある。これは、須藤が祖母との思い出を数編の物語にまとめた作品である。同書の物語の中から一例として「おはよう、ツツジさん」[6]を挙げると、あらすじは次のようなものである。主人公の少年太一の「ばあちゃん」は、庭のツツジの木をとても大切に育てていた。毎年、その枝に咲いた花がぽとりと落ちると、彼女は「ごくろうさん、ごくろうさん」と、まるで人間に言うように、木に言葉をかけていた。また、白いツツジが咲き出す季節になると、どういうわけなのか、ばあちゃんはいつも世の明けないうちにこっそりと外に出て行った。太一はそれを不思議に思い、ある日、そっと後をつけてみることにした。すると、ばあちゃんは白ツツジの側に行き、一つひとつの花に「おはよう、おはよう」と言葉をかけていたのである。太一がばあちゃんに、花には耳がないから聞こえないではないかと尋ねると、彼女はこのように答えた。「花には、耳などないけど、いのちをもってるから、人のいうこともわかんだな」。

須藤の祖母は、この物語にあるように、周囲の自然を「いのち」あるものととらえ、人と会話をするように植物に接していたという。児童文学者の鈴木実は、「おはよう、ツツジさん」のあとがきで、須藤が終生草花に親しむようになったことには、この祖母の影響が大きかったと指摘している。

加えて、須藤は幼少期、折にふれて祖母から山形弁の昔話を聞かされてきた。彼は、そうして祖母に語り聞かせてもらった昔話をアレンジして、童話を創作することもあった。昔話が基となった作品には、たとえば、１９７５年に出版された創作民話『やまんばのたからもの』がある。この物語は、彼が幼い頃に祖母から聴いた昔話を懐かしむ気持ちで、その語りを思い出しながら書き綴った作品である[7]。そのため、本文の文体は、「むかしむかしのことよ。山の山のおくに、やまんばがすんでおったとよ」という風に、全体が語り口調になっており、須藤の記憶の中の祖母の語り口が生かされている。

（2）口演童話との出会い

さらに、須藤が少年期を過ごした大正初期は、口演童話の活動が盛り上がりをみせていた時期であった。そのため小学校の低学年のときから、須藤は、来校した口演童話家の久留島武彦や童話作家の天野雉彦らの口演を幾度となく聴く機会があった。その当時の思い出を、後年の彼は次のように綴っている。

（久留島の口演の：筆者注）話のすじは忘れてしまったが、ただ水車が雨の日も風の日も休むことなく、ぎいっこっとんとまわっているというところだけ今も鮮明にのこっている[8]。

この口演を聴いて以来、須藤は子ども心に水車に興味をおぼえ、学校からの帰り道にあった米つきの水車を、久留島の語った物語の筋を思い出しながら眺めたり、宮内町の内原という部落にも水車があったので、わざわざ見に出かけたりしたという。その影響で、後年、彼は「水車」という童謡も創作している。

一方、口演童話を聴くだけでなく、須藤は同じく小学生の低学年の頃から人前で童話を語るようになった。須藤が語りの話材としたのは、彼が幼い頃に祖母から聴かせてもらった昔話や、父親から読むよう教えられた童話だった。祖母や父の影響で、披露する話材に事欠かなかった須藤は、小学校5、6年生になると、昼休みにも毎日連続で独演を行うようになったという。この時期の須藤は、『猿飛佐助』などの作品に代表される、当時の小中学生がこぞって読んだ「書き講談」シリーズの立川文庫や、冒険小説家の押川春浪の作品などを話材として、同級生の前で語り聞かせを行っていた。

さらに、小学校の高等科に進級すると、須藤は、人気の冒険小説家で翻訳家でもあった黒岩涙香の翻案ものなどを語るようになった。それがあまりに頻繁だったために、時に先生からストップをかけられてしまうこともあったという[9]。また、ちょうどこの頃から、須藤は童話だけでなく雄弁部の弁論大会に何度も出場するようになり、自身の話芸の腕にますます磨きをかけていった。

このように、須藤の幼少期は身近な環境に「語り」があり、その影響から自然と「語り」に関心をもつようになっていった。鈴木によれば、後年の須藤の文章には「骨組みだけで、ストーリーだけで動かしていく」、語りの文体を貫こうとした意図があり、その「語り」には、口演童話と山形の昔話の語りの両方が影響しているという[10]。では、鈴木の指摘したような、須藤の童話に見られる特徴は、彼の教育実践の中でどのように生かされてきたのだろうか。

第２節　須藤克三の教育思想の特徴

（１）大正自由教育時代の教育体験

ところで、須藤が師範学校に入学以前、ちょうど高等科に在学していた頃は、１９１８年に鈴木三重吉らロマン主義の文学者たちによって推進された「最初の計画的な児童文化運動」[11]の影響が、学校の教育改革へと波及した時期であった。ロマン主義の文学者たちは、明治期以来、子どもの娯楽の中心であったお伽噺に対して、芸術として真価のある童話と童謡を創作することで、児童文学の質の向上を目指そうとした。また、当時、この運動が画期的だったのは、雑誌『赤い鳥』に作家らの童話や童謡だけでなく、子どもたち自身が創作した綴方や童謡、自由画を積極的に掲載したことにあった。この試みによって、「大人の創造した芸術が子どもに与えられることによってすぐれた文化が子どもに内面化されるとともに、子どもの創作作品が発表されることによって子どもの内面が形ある文化として表現される」[12]ことになり、そのことが、学校教師らに子どもの自由な発想から生まれた創作物の教育指導上の価値を認識させる契機となったのである。

ちょうどこの頃に高等科に在学していた須藤は、図画の教員の田島絹亮に、雑誌『赤い鳥』から生まれた「自由画」を習っていた。自由画は、美術において子どもの個性的表現を発展させることを目的に、１９１９年、画家の山本鼎が初めて長野県神川小学校で試み、全国的に広まった教育活動である[13]。自由律俳句の詠み手としても著名だった田島は、山形師範を卒業後、1919年から宮内小学校に赴任し、この自由画による美術教育を実践していたのだった。須藤は、この田島の自由画の授業を経験して、個性を尊重した創作活動によって、子どもの成長・発達を促す自由主義的な教育実践に初めてふれることとなった。

（2） 教育を通じた社会改革への関心

既述のように、貧しい家庭で育った須藤にとって、高等小学校を卒業して旧制中学へ進学するなど想像もつかないことであった。そのような中で、両親が苦労して入学させてくれたのが山形師範学校であった。須藤が師範学校へ入学した1923年前後は、教員らが組織して、自発的に教育改革を推進しようとする運動が頂点を迎えた時期だった。当時、第一次世界大戦後の国内のインフレーションの影響によって、教師の実質賃金は下落し、生活は極端に逼迫するものとなっていた。そのような教員たちの困窮した生活事情を背景に、新たな教育改革の運動が盛り上がりをみせたのである。

この時期の教員の厳しい生活状況を示す資料として、たとえば、大日本図書株式会社が発行する教育雑誌『教育研究』（1904年4月創刊）を挙げると、1919年に発行された本誌の7月号には、「教員生活の実情募集」と題し、教師らが自らの生活の窮状を「虚飾なく簡潔に記述した」原稿を募集する記事が出されている[14]。この募集記事によって集まった原稿を基に、「小学教員生活の実情」の特集が組まれたのは翌々月の誌面であった。この特集は全7ページにわたり、そこには5人の教師の投稿文が掲載された。

ここでは一例として、島根県の教師「SM生」の記事を取り上げる[15]。この教師は、中学校時代から教育事業に関心をもっており、今日まで「教育ということは犠牲的精神であり、利他的行為であり、天職であると任じてきた」。また、彼は、教職が「生活に生きるという自己の主義に適合して居ると信じて奮闘して来た」が、最近の物価の高騰によって「生活に生きる」ことのできない状況に至らしめられたという。妻子合わせて一家5人暮らしで、毎月の俸給は30銭、その他いかなる収入もないというこの教師の家計の内訳は、次のとおりであった。

・家賃　２・００円
・食費　計３０・００円
　……米麦代（５斗）　２５・００円
　……醤油味噌（３升５００匁）　１・５０円
　……塩、酢、砂糖、鰹節、乾物類　１・５０円
　……肉、野菜　２・００円
・燈薪料（薪炭マッチ石油等）　２・５０円
・衛生費（歯磨粉石鹸理髪洗濯等）　０・５０円
・被服費（下駄足袋櫛帽子等）　１・００円
・修繕費（洋服靴時計傘下駄髪挿等）　０・５０円
・交際費（来客通信贈答諸会費等）　２・００円
・子供費（玩具菓子学用品等）　０・７０円
・雑費　０・３０円
　　　　合計　３９・５０円

この教師によれば、右の内訳は「切りに切り詰めた予算の見積り」のため、毎月末になると支出が40銭を超えてしまう。そのため、この教師は自らの技術向上のための「修養費」を収入から確保できないのはおろか、自分自身の「子供の将来の貯金などは夢にも見たことがな」かったという。

このような状況に対して、教員たちの過酷な境遇を改善しようと全国的に教師の自主的サークルや組織が結成され始めた。たとえば、1919年に下中弥三郎を中心として発足された教員団体「啓明会」がその一つである。同年の8月4日、「啓明会」は、雨の降りしきる東京の青年会館において満場の参加者たちの前で、次のような「宣言」を採択した。

（一）吾等は真人間の生活を基調とする社会生活の実現を理想とす。故に公正なる人間一切の要求を肯定し、公正なる凡ての社会的存在を尊重す。
（二）吾等は日本人なり。日本民族としての純真を発揮し、公正偉大なる国本に生きんとす。故にそれの障碍たるべき一切の不合理不自然なる組織・慣習・思想を極力排斥す。
（三）吾等は教育者なり。教育者としての天職を自覚し、自由を獲得し、万民の味方として之が救済と指導とに専念し、人類に対する熱愛に目覚めんとす[16]。

「宣言」にあるとおり、啓明会は、民衆への教育によって、社会を「公正」で「自由」なものに変革することを目標に掲げ、その運動の中心的な指導者でありながら、現在は窮状を余儀なくされている教員の地位や待遇の改善を目指した。また、啓明会は、1920年5月に上野公園で開催された第1回メーデーに参加し、一般の労働組合との連帯を図り、同年9月には組織名を「日本教員組合啓明会」に改称し、「教育理想の民主化」「教育の機会均等」「教育自治の実現」「教育の動的組織」を主張する「教育改造の四綱領」をまとめあげた。教育学者の中野光は、この下中の率いた啓明会の実践について、大正デモクラシーの教育運動の代表的なものの一つであり、日本初の教員組合として先駆的な役割を果たしたと評価している[17]。

須藤によれば、当時の山形師範学校にもこの運動の波は押し寄せており、教師の中には「明治調の古武士敵風格のタイプ」と、「自由主義調の若い教師」が入り交じり、水と油のように同居していた。須藤が憧れを抱いたのは、どちらかといえば反抗、解放型の上級生や自由主義の立場の教師であったという。また、須藤は山形師範学校を卒業するとすぐに地元の宮内小学校へ赴任するが、当初は専任教員よりも低賃金の代用教員としての採用だったため、その暮らしは決して安泰とはいえなかった。そのような環境に直面して、須藤は「やがて教育機構の矛盾を感じ」、「教育者の生活待遇について義憤を感じ」るようになり[18]、教育運動を通じて社会そのものを変革させていくことへの関心を強めていったのだった。

(3) ペスタロッチへの私淑

一方、須藤の教育活動に別の方向から影響を与えたのが、「民衆教育の父」といわれた教育家ヨハン・ハインリヒ・ペスタロッチ (Johann Heinrich Pestalozzi) の思想であった。ペスタロッチは、1746年、スイスのチューリッヒに生まれ、思想家のルソーに強い影響を受け、教育実践家となった人物である。18世紀のヨーロッパでは、フランス革命の勃発と革命後の共和制の樹立、ロベス・ピエールらジャコバン派の政権独裁、ナポレオン皇帝の出現と失脚、さらに、ブルボン朝の復古王政と、後の近代国家の成立に至るまでのさまざまな変革が、フランスを舞台に繰り広げられていた。ペスタロッチは、1827年に亡くなるまで、母国スイスにおいてこの当時の大きな社会の変化を目の当たりにしてきた。そして、経済的、社会的な状況が不安定になったことで大量に発生した貧児や孤児のために孤児院を設立し、そこで貧しい子どもたちと向き合う実践に尽力したのだった。

日本では、ペスタロッチの実践が師範学校などで紹介され、当時の教師らの理想の教師像となっていた。その関心の高さは、1925年に出版されたペスタロッチを主人公とした三浦関造の小説『愛は貧に輝く』が、翌年までに10版を重ねたことからもうかがえる[19]。とりわけ、青年教師らのペスタロッチへの憧憬は深かった。当時の日本社会は、関東大震災以来の社会不安と、その後の恐慌による不景気によって、特に東北などで盛んであった製糸業が大打撃を受けており、それによって庶民の生活状況が著しく悪化していた。青年教師らは、直面する社会問題とペスタロッチの生きた時代状況とを重ね合わせ、子どもたちの貧しい生活を教育により救済すべく奔走したのである。

須藤は、「私は幼い頃から貧しい家に育てられて、いつも夢の中に幸福をのぞんでいた。世の中のことが少しわかって来た時、私はペスタロッチの聖愛に感激し、一切をすてて教育家になろうと思った」[20]と、教職を志した動機の一つにペスタロッチの存在があったことを後に記している。

(4)「平凡」な教育

ペスタロッチの影響を受けた須藤は、子どもと教育者の間に上下関係ではなく、信頼や愛情に基づく関係が生まれて初めて、教育が達成されるものと考えていた。たとえば、「落穂」と題した須藤の著述には、劣等生、不良とされる子どもたちに慈愛をもって接することを重視した彼の教育姿勢が表れている。

顧みられない落穂。素晴らしい生命力は永遠にこのまま土となってしまう。不注意から忘れ去られた落穂。我々の教室にいる幾十の児童のいづれに対しても、我々は毎日その生命力の健やかな伸展をのぞんでいる。そして精魂を傾け尽くしているのであるが、果たして我々の教室の中に落穂はいないであろうか。ほんの不注意からつくられる劣等生。わずかの投げやりから生まれる不良児。それだけでない。一人一人の生命の中にこもっている個性の芽生についても、落穂のない教育をしていないだろうか。校訓の徳目は大切だが、その大切なことの中から洩れこぼれた生命に対して、どれだけのやさしいはぐくみがあるか[21]。

このように、須藤は、「ほんの不注意からつくられる劣等生」や、「わずかの投げやりから生まれる不良児」を、本来は「素晴らしい生命力」を秘めているのにもかかわらず、気にかけられることのない落穂にたとえ、そのような子どもへ優しさと慈愛をもって接する教育の重要性を説いている。須藤によれば、子どもたちの優劣の差は、ほんの些細な違い、たとえば家庭の境遇や生活環境などから生じてくるものである。それゆえに、すべての子どもたちの心身を健やかに育むためには、不利な生活環境に置かれた子どもたちに対しても、分け隔てない親しみや優しさを与え、彼らの個性の芽を伸ばすことが、徳目を教えること以上に大切なのだという。

須藤はこうした教育者の姿勢を、「平凡」に徹する教育と表現し、その内容について、須藤の著述「平凡の発見」の中で、同僚の蒔田訓導のエピソードを引いて説明している。須藤の赴任した小学校では、学内外の子どもたちの生活環境の荒れに対処しようと、毎朝のクラスの朝会で、訓練主任が10分、20分と声をかぎりに「『べからず』的訓育令」を発表する習慣があった。須藤の同僚の蒔田訓導は、そのような「べからず」教育の似合わない、おだやかな男性教師だった。しかし、不思議なことに蒔田訓導の担当する5年生の学級の生徒に粗暴な者はおらず、むしろ、朝夕街頭で先生に丁寧にお辞儀をする、校庭に散らばった紙くずを拾う、落書きを消すなどを、進んで行うことができ、意外なほどに素直な生徒たちであった。その様子を見た校長が、あるとき、蒔田訓導の「徹底した訓育ぶり」に感激し、彼の実施する訓練方法を全教員に知らしめようとした。すると、蒔田訓導は静かにこう言ったという。

私は何も特別な施設などしていません。極めて平凡なことを行つて居るにすぎないのです。先ず私は、『先生お早う』と子供がお辞儀をしたら、私も必ず帽子をとつて『お早う』ということにしています。掃除当番の時は、私も必ず上衣をぬいで、雑巾を持ち、少くとも教卓教団と私に直接関係あるものは私が掃除します。それから食事は必ず彼等と共にして、楽しく語らいをしているのです。この外にさあ、いえばいくらでもありますが、大抵は常識以下の平凡なことを、飽きずに愛情をもつて実践しているにすぎません[22]。

須藤はこの蒔田訓導のエピソードに加えて、「平凡なこと」、すなわち子ども一人ひとりに誠実に、慈愛をもって接することを見失った訓育目標では、それをいくら教え諭しても、子どもの心には何も残らないと述べている。ここから、須藤は、子どもと教師との関係が上下の管理・抑圧という二項対立的な関係ではなく、信頼や愛情を基盤とした関係にあって、初めて教育の効果が発揮されるととらえていたと分かる。

第3節　新たな教育実践としての童話創作

（1）創作で「心を通わせる」

須藤が山形師範学校に在校していた頃、同校には口演童話家の一人として有名だった橋本賢助が訓導兼教諭として赴任していた。橋本は山形師範学校の出身者で、卒業後6年間小学校の訓導を務めた後、後進の育成のために母校で教鞭をとるようになっていた。教師でありながら博物学の研究者としても優れていた橋本は、在校中、『鳥海登山案内』や『高山之智識』など[23]、自らの専門分野の著書をいくつか出版している。また、口演童話家としては、1925年に「孝子芳松ノ童話」を昭和天皇に披露し、その功績によって学校から栄誉賞を受けたこともあった[24]。これは、須藤が在校中の出来事である。

須藤の在校時、山形師範学校には、橋本を中心とする校友会「酬志会」に弁論部が置かれ、当時、口演童話家として高名だった樫葉勇らを招いて実技の指導を受けるなど、子どもの心理に適した口演童話の声調や仕草などが盛んに研究されていた。また、春と秋の長期休みには、部員が県下の小学校を巡回して口演童話を行う「童話行脚」を実施し、さらに、須藤はこのときすでに卒業していたが、1933年の8月には、師範学校で「酬志会子供大会」という子ども向けの催しを開いた記録もあり[25]、研究だけでなく実践面においても活発な取り組みがなされていたことがうかがえる。

既述のような須藤の語ることへの関心の強さをふまえると、橋本や弁論部の活動と何らかのかかわりがあったと推測されるのだが、彼はその頃、「口演童話家としての」橋本には近づかなかったという。それはなぜなのだろうか。実は当時の須藤が没頭していたのは、文学、ことに短歌の世界であった[26]。師範学校に入学すると、須藤はすぐに文学に関心をもち、創作活動へ傾倒するようになったので、学内の口演童話の組織的な活動には加わらなかった。ただ、須藤は後年の回想録で、教育者としての橋本から教わったことについて言及している。橋本は、師範学校では「博物」を専門に教えていたが、口演童話家という肩書が示すとおり普段の授業においても話術が巧みで、生徒からの評判も良い教員だった。須藤が参加していた橋本の授業では、しばしば植物採集に出かけることがあったという。その授業で須藤が教わったのは、野草は「ただむしり取る」のではなく、「話しかける」ものということだった。須藤は、回想録の中でこの橋本の教えについて、博物の点数よりも「自然と話すこと」を教えてくれた先生に感謝したいと綴っている[27]。

須藤は後に、童話を創作する場合、生活綴方のような観察的、傍観的な視点だけでなく、物語に描かれる人やものに「心を通わせる」視点が必要だと述べている[28]。これは言い換えれば、須藤が、童話の創作では、対象を一方的に観察することではなく、いわば双方向の関係を結び、想像力を働かせることが必要だと考えていたということである。橋本から教わった自然に話しかけることも、ここでいう心を通わせること、すなわち、想像力を働かせることに通じる姿勢だと思われる。そして、このような須藤の考え方は、既述の鈴木が指摘したような語りの文体を特徴とする彼の作品スタイルに反映されており、さらに、彼が童話の創作活動を通じて子どもの特性を理解し、子どもと心を通じ合わせることを重視していたことにも表れていると思われる。これについては、第5節で詳しく述べることとしたい。

(2)　童話の創作運動の高まりの背景

山形師範学校を卒業後、須藤の教員としての初の赴任先は、故郷である宮内の小学校だった。最初は、代用教員としての採用であった。教師となり、日常的に子どもたちと話をする機会が多くなると、須藤は、幼少期の経験を生かして教室で童話を語るようになった。このとき、須藤が子どもへの語り聞かせの技術を向上させるために参考にしていたのが、大塚講話会の口演童話のテキスト『実践お話集』であった。ただ、同書を参考にして自己流で技術の研鑽を積みながらも、須藤が実際に子どもに語っていたのは、ほとんど自ら創作した童話だったようである。

須藤の創作の源泉となったのは、小学生の頃に自らが語っていた「小波もの」のお伽話などであった。また、その語りの口調は、「感銘深かった久留島先生の話術」を思い出し、それを意識したものであったという。須藤がテキストに書かれた話材をそのまま用いるのではなく、自作の童話を語ることにこだわった背景の一つには、おそらく須藤自身が子どもの頃から昔話などの語り聞かせを経験しており、また、学生の頃には短歌などの作品づくりにも取り組み、物語の創作に抵抗がなかったということがあると思われる。それに加えて、昭和初期になると、口演童話家たちの間でも自ら話材を創作することが望ましいとされるようになっていた。たとえば、東京で子ども会を主催しながら口演童話に取り組んでいた藤飯勉は、童話の創作について次のように述べている。

> 私の実話実演は、私自身の思想が、全面的に主張される事であり、そしてそこには唯、聴衆と、場所より来る約束が、種々の形式を実演方法に制限を加へるだけであり、其の内容性に何の影響を受く可きでない事が、判然と自覚されるに至つた（中略）従つて此の時期に於ては、私の実演童話が創作されねばならなかつた。そして数多い話が創く《ママ》られた[29]。

藤飯は、自分の取り組んでいる「実話実演」は、自らの思想を全面的に反映したものであり、その意味で、場所の制約や聞き手の数などの形式的な条件以外の童話の内容面に、何らかの制限が与えられるべきではないと自覚するようになった。そう考えて、自分自身で童話をつくることが必要であると思い至り、以来、彼は数多くの話材を創作するようになったという。

このような考え方が出てきた背景の一つとして、当時、童話による教育をめぐり、物語の形式化や類型化が問題視されるようになっていたことがある。この問題については、たとえば、須藤の師範学校の後輩で親交の深かった教育実践家の国分一太郎が、論考「静かに読むものへの転向」の中で指摘している。国分のこの論考は、１９３０年、山形師範学校の校友会誌『真琴』第18号に掲載されたものである[30]。ここで国分が主張したのは、おおむね次のようなことだった。

現在、児童文学と教育の世界では、声に出して歌う童謡と語る童話のそれぞれに対して、児童自由詩教育運動と読ませる童話の創作運動が起きている。なぜ童話の創作運動が生まれたかというと、従来の口演童話は、魔法使いや鬼などが登場する、児童の生活とは離れた神秘的、架空的な話が類型化されたものが多かった。このように物語の類型化が進んだのは、そうしないと児童を飽きさせてしまうからと考えられていたからだが、このような傾向は、かえって児童を「真の生活」から遠ざけてしまうことになる。昨今、大人の文学において「個性」が重視されているように、児童文学でもその重要性が叫ばれるようになっている。しかし、現在の口演童話は「個性」を滅却しており、『桃太郎』なども誰が語っても同じ話に聞こえる。このような風潮に対して、読ませる童話の創作活動が生じてきたのだが、創作童話は作者の個性の表現そのものであるため、一度見聞きしただけでは子どもがその味わいを理解するのは難しい。それを理解するには、作品を何度も読んでみることが必要なのである。国分はこのように主張し、さらに次のように述べている。

読むことは単に文字を読むことではなくて文の内容を読むことであり、もっと深く言えば作者の自然観照、人生観照の姿をさぐることであると考えられてきました。その文章なら文章、詩なら詩に没入して読み浸る1＋1＝1の境地、即ち鑑賞の境地に浸ることが読むと言うことの大体である。こう考えられるようになってきました。しかし、かく自己の中に他の作者と同じ生活をしてゆくところに生命の進展があり深化があり拡充があると考えられていました。しかしてこれは遂には表現欲を起こさしめる所以であるとされました。勿論この鑑賞の境地は自己の創作品の鑑賞の場合も同じわけです。しかしてかかる読むの真の姿はどうしても大声をあげて朗々と読んだり歌ったりするよりも先づ静かにそれを読むと言うことが先行されねばならない[31]。

国分によれば、子どもが作品の「鑑賞の境地に浸る」ためには、何度も黙読してみることが重要である。それにより深い作品理解がなされて初めて、子ども自身の表現活動に対する欲求が生まれてくるのだという。国分はこのように述べ、特に現在は童話作家に任せきりになっている童話の創作を、児童の生活に直接かかわる教育者らが自ら取り組んでいかねばならないと主張したのである。

国分の論考の主旨は、黙読によって作品を深く味わうことの教育的意義を指摘する点にあったが、ここでは、従来の口演童話の類型化や形式化が問題視されるようになったことから、「読ませる童話の創作運動」が生じたという点に注目したい。つまり、教師が自ら童話を書くようになった背景には、子どもの個性を重視する教育観や、作家独自の表現を重視する文学観が広まるにつれて、口演童話の主な話材であったお伽噺を、個性のない形骸化した物語と見なすようになったことがあるのだ。

第4節　子どもの生活への気づきと教育観の変化

(1)　文芸重視の綴方教育から生活綴方教育へ

童話の創作に加えて、須藤が学生時代から強い関心をもち、宮内小学校の教員になってから熱心に取り組んだのが綴方教育であった[32]。須藤は、東京高等師範学校附属小学校の発行していた機関誌『教育研究』の愛読者で、掲載された綴方の理論や童詩教育の記事を参考にして綴方教育の方法を学んでいた。

ちょうど須藤が師範学校を卒業して教師となった頃は、雑誌『赤い鳥』から始まった綴方教育の思潮が大きく変化した時期であった。具体的には、1923年の関東大震災以降、それまで大いに盛り上がりを見せていた民主主義的な運動が目に見えて停滞した。とりわけ教育界では、1927年に池袋児童の村小学校（1923年創設）を主導した教育の世紀社が解体し、翌年には機関誌『教育の世紀』も廃刊となったことが象徴するように、かつて青年教育者たちを惹きつけた新教育運動の魅力が急速に失われつつあった。また、1929年、ニューヨークの株式市場が大暴落し世界恐慌が起こると、その影響を受けて、国内で子どもたちの生活環境が極端に悪化し、教師たちはこの問題に真正面から取り組む必要が生じた。このような社会状況が、それまで一世を風靡していたロマン主義的な子ども観に基づく教育実践を物足りないと感じる青年教師たちを生みだすことになったのである。

そうした思潮の変化を示す出来事の一つとして、当時の教育界では、「生活綴方論争」などの国語教育の方法に関する議論が沸き起こっていた[33]。この論争は、従来の表現指導重視の綴方教育に対して、綴方に書かれた児童の生活を指導して、その生活の改善や向上を図ろうとする生活指導重視の立場からの綴方教育に取り組む教師らによって展開された。特に、この立場からの実践が活発に行われたのは、教員らが児童の厳しい生活状況を目の当りにしていた東北地方であった。たとえば、小学校教師の小砂丘忠義を中心として１９２９年に発刊され、生活綴方運動を担った教員たちの実践発表や論争の主な舞台となった全国雑誌『綴方生活』には、次のような宣言が掲げられた。

生活教育の叫ばるるや久しい。されど、現実の教育にあって、これこそ生活教育の新拓野であると公言すべき一つの場面を発見し得るであらうか。（中略）真実に生活教育の原則を握り、その実現力としての技量を練るの道、これこそ若き日本教育家のなすべき仕事中の仕事であらねばならぬ。社会の生きた問題、子供達の日々の生活事実、それをじつと観察して、生活に生きて働く原則を吾も掴み、子供達にも掴ませる。本当な自治生活の樹立、それこそ生活教育の理想であり又方法である[34]。

右にあるように、この新たな綴方教育の実践の目的は、『赤い鳥』に代表される文芸的表現を重視した綴方の内容を、現実の生活をありのままに表現するものへと変えることで、子どもたちが社会の生きた問題や生活の事実を認識し、その改善や向上に主体的に取り組むようになるよう指導することにあった。この宣言は、全国の教師たちに大きな反響を呼び、特に須藤の故郷である山形県を含む東北地域では、窮迫した農村生活の現実に向き合おうとした青年教師らにより北方性教育運動が推進され、盛り上がりをみせたのだった[35]。須藤自身は、この頃まだ東京で教師をしていたことから、郷里山形の農村の凶作が身に迫ってくるようで、「焦燥感が身うちをかけめぐる」思いをしながら、この教育運動の中心を担っていた国分一太郎や村山俊太郎の「叫びと仕事」に胸を締めつけられていたという[36]。

というのも、ちょうど同じ時期、須藤自身も綴方教育の実践で一つの壁に突き当たっていた。須藤は当時、校長に自ら志願して活版刷の全校文集を作ったこともあるほど、熱心に綴方教育を推進する教師だった。しかしあるとき、学校林の杉の下刈りで怪我をした児童の家を訪問した際に、偶然その家庭の「陰惨な生活姿」を目の当たりにし、大きな衝撃を受けた。なぜなら、その児童は、いわゆる芸術性の高い綴方が上手で、須藤はしばしば授業で他の児童らに対し、模範的綴方としてその児童の作品を読み上げたこともあったほどだったが、その作品には、須藤が目にしたような児童の貧しい家庭生活の現実が描かれたことは一度もなかったからである。

この出来事をきっかけに、須藤は、「いくらつづり方の表現がうまくなっても、このこどもは救われない。もっとこどもの日常生活の中にとびこみ、その生活をなんとかしてやらなければ」[37]と考えるようになった。それと同時に、彼は教員としての力不足を痛感し、いったん教職を辞して、日本大学高等師範国語漢文科で学び直すことを決意した。須藤は、子どもの生活の窮状に直面したことで、これまで信奉してきたロマン主義的な子ども観に基づく、文芸重視の綴方教育の限界に突き当たったのである。

(2) 変動期の社会状況と新たな教員生活

須藤が東京でふたたび小学校の教員となったのは、日本大学高等師範に入学した翌年の1929年である。日中は代用教員として高井戸第二小学校（現・杉並区立高井戸第二小学校）に勤務し、夜間に師範学校へ通学するせわしない生活を、須藤は1931年の大学卒業まで3年間続けた。その後に、現在の東京都豊島区内にあった長崎第四小学校に正式な教員として就職するが、このときには、勤務のかたわら教育雑誌『教材王国』の編集にも携わっており、こうした二足のわらじ生活は1940年まで続いた。なお、1940年、大政翼賛会の発足により教育雑誌の統合が始まると、須藤は、それにともなって新設された国策会社の国民教育図書へ入社した。そこで、学年別の雑誌『国民教育』の編集を任され、それをきっかけに小学校教員を辞職することとなった。したがって、ちょうど１９２９年から１９４０年までの約10年間は、須藤が戦前において最も精力的に教育活動を展開した時期であったといえる。

この時期の須藤の教師生活を具体的に知ることのできる、１９４０年とその翌年に三成社書店から出版された手記『らくがき教案簿』と『教室風土記』をここでは取り上げる。須藤が杉並区で代用教員を務めた１９２９年から31年は、アメリカ合衆国から始まった世界恐慌の影響が日本経済にまで及び、昭和恐慌と呼ばれる大不況を巻き起こした時期だった。昭和恐慌は、極端な物価の下落に失業がともなったデフレ不況で、その影響はそれまで国内の基幹産業であった養蚕地帯の農業経済に、長期にわたる深刻な打撃を与えた[38]。また、都市においては失業者や生活困難者の増加、児童の校外の生活環境の悪化などが問題となった。

さらに、１９３０年代に入ると高橋是清らによる財政政策が功を奏し、日本は昭和恐慌を脱出した。この頃から、繊維工業の衰退に代わって飛躍的に発展していったのが、重化学工業の分野であった。特に鉄鋼業や機械工業、自動車・航空機産業などの新興財閥が急成長を遂げ、それらの工場群が立ち並ぶ都市近郊の人口は、関東大震災以来の大幅増を記録した。たとえば、日本大学師範学校卒業後に須藤が教師として赴任した豊島区を例に挙げてみる。豊島区域は、明治期以降、巣鴨町、巣鴨村、高田村、長崎村の４町村であったが、１９２３年の関東大震災後に都市の復興計画の一環で、東京市の区画整備と郊外開発が大規模に進められたことで人口が大幅に増加し、１９２６年までに巣鴨村、高田村、長崎村の３村すべてで町制が実施された。具体的な数値で見ると、１９２０年の調査時の人口が10万８６５２人であったのに対して、１９３５年は26万７９９１人となっており、関東大震災の前後に区内の人口が倍以上に増えたことが分かる。また、１９３５年の豊島区内の人口密度は、東京市の全区中でも第４位の値で一平方メートルに20万２１２人で、当時、この地域に人口が密集していたことがうかがえる[39]。

こうした人口の増加にともなって、１９３５年の豊島区の工業生産額は３千万円余にまで達し、西巣鴨や池袋、高田町などを中心に次々と「工場集団地帯」が形成されていった[40]。詳しい人数の推移を見ると、５人以上の従業員のいる「機械器具工業」関係の工場は、1926年度調査の126から、3年後には156まで増加しており、職工だけでも合計5336人の従業員が雇われていた[41]。これらの数値が示すように、かつては見渡す限り農耕地であった豊島区は、この時期に大規模な工場地帯へと変貌していったのだった。

1930年代以降の郊外の市街地化や新興産業の発展は、須藤の勤務校にも影響を与えた。豊島区の爆発的な人口の増加によって、多いときには全体で40人もの転校生が、毎月のように学校にやって来たのである。そして、このような状況が学内外の教育環境を悪化させ、教師らがその対応に苦慮していたことは、次の引用に表れている。

大小の工場が立ち並び、未曾有の賑わい。日ごとに増加する授業。種々雑多で移民的な児童の群れ、小ぢんまりとした従来の教育の精神を打ち壊す。乱暴な言葉遣い、買い食い、らくがき、無作法、怠惰、あらゆる悪徳が一時に洪水の如く押し寄せた。悪貨は良貨をしのぐ。訓練部では毎日のように会合、頻繁な職員会の開催。校長や職員は寝ても覚めても訓練、「べからず」的訓育令の発表。いかがわしい落書き、女の子をからかう、禁止遊戯を街頭で行う[42]。

須藤の文章から、新たな児童が続々と転入してきたことで、児童らの言動に荒れが生じて従来の教育活動が立ち行かなくなり、須藤自身は否定的にとらえていた「べからず」的訓育令によって児童の行動を規制せざるを得なくなった、当時の教員や学校の混乱ぶりが見て取れる。須藤はこのような状況について、「工場街という土地のせいばかりでもあるまいが、毎時間毎の喧嘩沙汰にはすっかりうんざりさせられる」[43]と嘆いたが、同時に、その元凶となる児童らが「いくら叱られても、ひどい体罰も平気」なのは、「そんな生易しい懲罰よりもひどい家庭での体罰」があるからだとも述べている。須藤は、学校で見せる児童らの様子を単に規則違反と見なすのではなく、その心に影響を与えている家庭の生活環境の厳しさを読み取っているのである[44]。

（3）　現実の子どもに向き合う教育への目覚め

こうした児童へのまなざしは、須藤の教員生活の日々の記録に、特に貧しい子どもたち、劣等生や不良児と呼ばれる子どもたちが多く登場することにも表れている。たとえば、須藤の著述である「落書き」は、便所に落書きすることをやめない男子児童Tの話である[45]。話のあらすじを説明すると、学校の便所への落書き被害が相次いでいることを受けて、須藤はいたずらの犯人検挙のために一策をもうけることにした。ちょうどそこに授業で教えたばかりの漢字が落書きされていたため、受け持ちの生徒らにそれと同じ文字を書かせることにしたのである。すると、「下手くそ字」で落書きした犯人は、「劣等生」のTであることがわかった。須藤はTに、「お前はどうして落書きをするのかい、おもしろい？」と尋ねた。すると、Tはしゃくりあげながらこう説明した。「僕……便所に行くと……誰もいないから、一人で何か書きたくなるんだもの……」。「それで、どうして字ばかり書くの？」。「僕、黒板に字を書かせられると、先生も、みんなも、笑うんだもん。僕、誰にも笑われないとこで、字が書きたいんだ……」。この言葉を聞いて、須藤は、Tの落書きが悪意ではなく、恵まれない自分自身を慰めるためのものであったと理解した。そして、その行為が同時に、教師に対する反抗でもあったことに気がつき、「鞭で打たれるような衝撃を感じた」という。

他方、著述「私の綴方教室」で紹介されたのは、貧しく恵まれない家庭に育つ男子児童Gのエピソードである。Gの綴方の作品は、その生活環境ゆえに「息づまるような」ものが多かった。それに、Gは文集のために作品を自選するよう言われても、幾十の作品の中から良いものを選び分ける力がなかった。そこでGは、自分なりの判断で先生からの評点の高かった次の詩を提出してきた。それは、次のようなものだった[46]。

姉の着物
めつきり寒くなつた夜、
会社から帰つた姉が

さも言ひにくさうにして、
「とうとう袷《あわせ》を着てゐないのがあたし一人になつてしまつた」
と母に言つた。
「さうね、お父さんにたのんで出してもらひな」
母は低い声で言つた。
きつと姉さんの着物はまだ質屋にあるのだらう。
家は静かだ。淋しいな。
隣の家ににぎやかさうな声がきこえる。
お父さんが間もなく帰つて来た。
やつぱり元気のない様子だ。
姉はもぢもぢして
たのんでみたさうだが
父の顔を見て何も言はない。
母も言はない。
僕はこつそり本を開いた。
寒い夜風に虫が鳴いてる。

※ルビは筆者

しかし詩を提出した翌日、Gは慌てて須藤のところへやって来て、元の詩の内容を修正した作品を差し出した。確認してみると、内容はほとんど変わっていないが、「たのんで出してもらひな」の箇所が、「買つてもらひな」となり、「質屋にあるのだらう」が「まだないのだらう」に改められていた。須藤は、この修正が綴方の作品の価値そのものに影響を与えると考えながらも、このように訂正した親の心にある、綴方への「無言の抗議」と「血の出るような哀願」とを感じたという。

一つ目の児童Tの話は、学校で「劣等生」と見なされる児童の、一見すると規則破りでしかない行為に実は子どもの本心が隠されており、それが須藤自身の教育活動に対する反省へ結びついたというエピソードである。また、二つ目の児童Gの話は、たとえ生活綴方で教育的に優れた評価を与えられたとしても、どうにもならない現実を生きる子どもの親にとってその評価には意味がなく、むしろそれは、反発心や事実を明るみにしないでほしいという哀願の気持ちしか生まないと、須藤が教育の矛盾を感じたエピソードである。

こうした出来事を通じて、以前は気がつかなかったさまざまな子どもたちの姿や、彼らの置かれた生活環境を目の当たりにした須藤は、自分自身の少年時代が、今目の前にいる子どもたちといかに隔絶したものであるかを認識した。たとえば、幼い頃の須藤は、父親から毎日のように小波山人（注・巌谷小波）のお伽話を聞かされてきた。貧しい生活ではあったが、父親の語るお伽噺を聴いているときには、楽しさやおかしさ、喜びがあったという。一方、現在学校で受け持っている児童らは、皆きちんと洋服を着て、ランドセルをしょって、講談社の絵本を持っており、須藤の子ども時代とはかけ離れているように思える。新興の都市で教鞭をとっていた須藤の出会った児童らは、「高等官何等という父を持つ子、日傭の子、倫落の母の私生子として生れた子、大問屋の子……どれもこれも私などの知らない境遇」で、「自分の子供の時と著しく環境の違う子供といったら、教室の中にいる子供九分九厘までそう」であった[47]。しかし、一見すると、どの子も昔に比べて物質的に恵まれた豊かな生活を送っているように見えるが、児童一人ひとりをよく知るようになると、必ずしも皆が恵まれているわけではないことに気がつくようになった。

須藤は、ある童話作家が、幼年時代の作家自身の姿を投影した「子どもの定型」とは異なる「工場の子供のことなど、どうもわからないからおそろしくて書けない」と話したことに対して、「我々はおそろしければおそろしい程取組んで行かなければならない」と述べている[48]。つまり、今の児童も昔とはまったく異なる環境ではあるが、必ずしも富めるものばかりではないため、都会の「激烈な生存競争」の中に生きる児童とその両親のために、「もう一度親の心になり、ふるさとの心になって、ランドセルや洋服の裏の裏にひそむものを見つめ直し、厳しく教育せねばならない」[49]。言い換えれば、物質的に豊かに見えるその裏に、貧しさや困難との戦いの中に生きている子どもや親の現実があり、それは昔と変わらない。須藤は、そのようなところに自分自身との共通項を認めたうえで、かつてとは異なる現在の子どもの姿をつかみ、そこに働きかける新たな教育方法を模索していくことの重要性を指摘したのである。

このように、教員生活を通じて、既存の学校教育の評価や規則の枠組みからはとりこぼされてしまう子どもの本心や生活の現実を目の当たりにしたことは、須藤が自らの教育観を問い直す契機となったといえる。つまり、須藤は子どもの生活環境の全体に目を向けるようになったことで、彼が「一人一人の生命の中にこもっている個性の芽生についても、落穂のない教育をしていないだろうか。校訓の徳目は大切だが、その大切なことの中から洩れこぼれた生命に対して、どれだけのやさしいはぐくみがあるか」[50]と述べたように、既存の評価では必ずしもはかれない子どもそれぞれの個性の芽生えに対して教師が働きかけることへ、教育の意義を見いだすようになったのだと考えられる。

第5節　教育における文化活動の位置

（1）教科以外の文化活動への積極的なかかわり

須藤は、山形児童文化研究会の機関誌『気流』（1951年創刊）において、豊島区で教員をしていた時期の教育活動を次のようにふり返っている。

子どもというものをもっと研究してみよう――教育とは一体なんであるのかを――根源的にさぐってみようというようなきもちにかわっていきまして、いろんなものを書いたり、みたりしましたが、その中で教科だけ教えていくだけでは、これはだめだと――教科以外のところに子どもの息づきがある――何か生き生きしたものが、別の世界にあるんでないかというようなところから作文で――綴方教育でいろんな教育をやるんですが、まあ、同時に落合聡三郎だとか金沢嘉一君だとかいう方々のつくっております学校劇研究会のメンバーになりまして、劇を通しての子どもの指導というところから、児童劇に入り、さらに紙芝居だとか、口演童話――口で童話を語るという口演童話とかいわゆる児童文学といわれるような、教科以外の中で、子どもの生活にうるおいのあるような何かやってみたいと[51]。

ここに書かれているように、再度教員となってからの約10年間は、須藤にとって「子ども」の存在をとらえなおす機会となった。特に須藤が意識していたのは、教科を教えていただけでは、目の前の子どもを理解することはできないということだった。ちょうど１９３０年代頃から、教員や民間の教育家らによって、学校の内外で子どもの生活の文化水準を向上させるため、教科教育にとどまらない多様な教育実践が展開されるようになっていた。その一つが、先の須藤の書いた『気流』の記事に挙げられていた、学校劇である。学校劇は、１９１９年に広島師範附属小学校の教員である小原國芳らが主導して行った、学芸会での演劇上演がその始まりとされている[52]。この活動は、大正自由教育の波に乗って、それから5、6年の間に教育界の流行の一つとなり、全国の教育現場で実践されるようになった。そして、この学校劇に取り組んでいた東京、大阪、名古屋の公立小学校の教師たちが、１９３２年に「学校劇研究会」を結成したのである。須藤は、当時赴任していた豊島区の長崎第四小学校の同僚である宮崎靖や、近隣の第一小学校の教員である菊田要など、学校劇研究会の中心メンバーと親交があったことから、右記の引用文にあるとおり、１９３６年にその会員となった。特に、須藤は、研究会の記念事業の一つとして募集された学校劇の脚本において、自身の作品「強い弱い」「遠めがね」が入選すると、それをきっかけに劇の脚本を多数手がけるようになったという[53]。

さらに、学校劇研究会が母体となって１９３９年に創設されたのが、「日本少年文化研究所」であった。須藤は、この研究所の創設にも、結成メンバーの一人として加わった。研究所の機関誌『少年文化』を見ると、日本少年文化研究所は、読物、演劇、歌、舞踊、美術、映画、放送など、児童文化の各ジャンルの調査研究から、劇場公演や移動公演、舞踊発表、学芸会講習等の開催まで、幅広い事業に取り組む組織だったようである。児童文学者の浅岡は、このように広範囲の活動が展開されたのは、日本少年文化研究所が、小学校教師が関係し得る「児童文化」を総合的に扱おうという意図をもっていたためだったと指摘している[54]。ただ、日本少年文化研究所は、1942年に創設された「日本少年国民文化協議会」へ発展的解消を遂げるかたちで、結成からわずか2年後の1941年に他の多くの文化団体と同様に解散することとなった。そのため、研究所としての活動期間はごく短かったのだが、須藤はそこで、既述の学校劇や口演童話に取り組むことで、教科以外で子どもの生活に「うるおい」を与える活動の重要性を認識していったのだと思われる。

一方、校外の児童文化活動だけでなく、学校内でも、須藤はしばしば雨の日の体操時間や校庭の木陰などで、児童らに自ら創作した童話を語り聞かせていた。その日々の児童らとのやり取りの様子は、著書『一年生オハナシ十二ヶ月』や『二年生オハナシ十二ヶ月』（ともに三成社書店 1935）からうかがい知ることができる。国語の読方の授業に合わせてすべてカナ表記で書かれた同書には、小学1年生と2年生の児童のために須藤が創作した数多くの作品の中のほんの一部である、12編の童話が収録されている。なぜ12編かというと、掲載された作品がすべて、1月は「ユキダルマトタドン」、3月は「ネズミトオヒナサマ」、9月は「ユタカチャンノオツカイ」というように、それぞれの季節に合わせて、子どもたちの生活に身近な題材を扱っていたからである。『一年生オハナシ十二ヶ月』の「ハシガキ」において、須藤は、同書をまとめた経緯や目的を次のように述べている。

子ドモ　ハ　ダレモ　オハナシ　ガ　スキデス。ワタクシ　モ　小サイ　トキ、オバアサン　ニ　ヨク　オハナシ　シテイタダイタ　コト　ヲ　オボエテ　ヰマス。ワタクシ　ハ　十ネン　ノ　ナガイ　アイダ、ミナサン　ノ　ヤウ　ナ、カアイラシイ　子ドモ　ノ　センセイ　ヲ　シテ　キマシタ。「センセイ、オモシロイ　オハナシ　ヲ　シテ　チヤウダイヨ。」ト　マイニチ　マイニチ　セガマレマシタ。ソノ　タビ　ニ　オハナシ　シタ　モノ　ガ　ナン百　アルカ　ワカリマセン。ソノ中デ、「ア、オモシロ　カツタ」ト　ミンナ　テ　ヲ　タタイテ　ヨロコンダ　オハナシ　ヲ　エランデ　ミマシタ。ダレ　モ　ヨク　ワカル　ヤウ、ヨミカタ　ノ　ゴホン　ト　オナジ　ヤウ　ナ　カキブリ　ヤ、オナラヒ　シタ　コトバ　ヲ　ソノママ　ツカヒマシタ。デス　カラ、コノ　ゴホン　一サツデ、タノシク　ヨミカタ　ノ　オベンキヤウ　モデキマス。マタ　オハナシ　ヲ　一月　カラ　十二月　マデ、十二　ノ　月　ニ　ワケマシタ。一ネン　中　オハナシ　ヲ　タノシム　コト　ガ　デキマセウ。マイツキ　ノ　オハナシ　ヲ　ヨク　ヨミ、オトウサマ、オカアサマ、オトモダチ　ニ　オハナシ　ヲ　シテ　アゲテ　下サイ。ソシテ　ヨイ　セイセキ　デ　二ネンセイ　ニ　オススミ　ナサイ。「二ねん生・おはなし十二ケ月」ガ　マタ　アナタガタ　ヲ　マツテ　キマス[55]。

須藤が赴任した豊島区内の小学校の児童の中には、当時、文部省がいくら良書を推薦しても1円以上もする単行本を手にとって眺める機会にさえ恵まれない子もいた。そうした児童らは、秋の祭礼で露店商人から漫画や豆講談などを5銭ほどで買って、繰り返し読むことしかできない環境に置かれていた。須藤は、このような児童が「文化」から置き去りにされてしまうことを憂慮し、あるとき、校長を熱心に説いて学校に児童文庫を開設した。この児童文庫は、親たちに呼びかけて、読み古しの雑誌や自費で購入した文庫本を集めて設置したものだった。それが完成して以来、日々、須藤は書棚の本を児童らと読み合っていた。そのような中で、右記の引用のとおり、須藤は児童にせがまれて何百という数の創作童話を語ってきたのだった。

須藤の接していた児童らにとって、童話の語り聞かせがどのくらい身近なものであったかをうかがえるエピソードがある。あるとき、須藤は、校庭の隅に自分の受け持ちの2年生の子が7、8人集まっているのを見つけた。そこで、こっそり近づいてみると、児童Kを中心に夢中で何か語っている。よくよく聴いてみると、彼らはリレー式で創作童話を語り合う遊びをしていたのだった[56]。このような子どもの遊びに注目しているところにはまた、須藤が、童話の創作や語り聞かせなどの教科以外の活動を通じて児童らとふれ合うことから、生き生きとした子どもの世界を発見していたことがうかがえる。

いる。

（2）コミュニケーションとしての童話の創作と語り聞かせ

須藤は、自分が語った童話は、その多くが教育活動の中で子どもたちから着想を得て創作したものであると述べている。

たとえば、『二年生オハナシ十二ヶ月』に収録された童話「はなのすけ」は、「馬鹿だか利口だか分からない少年」が主人公の物語である。この少年は、10歳にもなるのに、いつも鼻水を2本たらしていたので、村の人たちには本名の「友のすけ」ではなく、「はなのすけ」と呼ばれていた。また、はなのすけは、いつも鼻をたらしているので、子どもたちからは「汚いからこっちに来るな」と言われ、誰にも仲間にいれて遊んでもらえず、一人ぼっちだった。それでもはなのすけは、他の子と喧嘩をしたり、他の子の悪口を言ったりすることはなかった。

こうして毎日一人で過ごしていたはなのすけは、海沿いの砂山に登って、一日中飽くことなく空と海を眺めることを日課にしていた。ある日、朝から空がきれいに晴れ渡り、海も鏡のように穏やかだったので、村の男女がそろって舟に乗り海に出かけたことがあった。この日も、はなのすけは「馬鹿だからお留守番だ」と言われ、皆と一緒に海へ連れて行ってもらえず、いつもどおり砂山に座って海と空を眺めていた。すると突然、彼は何を思ったのか、砂山を一目散に駆け下りた。そして、「嵐になるから、みんな海から上がれ」と嵐のときに鳴らす合図の鐘を打ち鳴らしたのである。皆は驚き、半信半疑で岸に上がると、そこに本当に大波がやってきた。村の男女は、はなのすけのおかげで九死に一生を得、それ以来、はなのすけの様子をおかしがることはなくなったのだった。

須藤によれば、この創作童話は、クラスにいた「文字一つ書けない知恵遅れの児童」をモデルにした物語であった。その児童は、主人公はなのすけと同じように、いつも鼻汁を2本たらしていた。ある晴れた日、その児童は誰に言うともなく「あした雨降る」と何度もつぶやいた。クラスの他の児童らはその言葉を信じなかったが、次の日になると本当に大雨が降り、予定されていた遠足が中止となった[57]。このように、実際の出来事と童話を比べると、舞台が教室から海沿いの村へと変化しているが、筋はほぼ事実に基づいていたことが分かる。

他にも、たとえば、『一年生オハナシ十二ヶ月』に収録された「なめくじのおんがえし」という童話がある。物語の筋は、ある日、偶然通りかかったお父さんつばめが、蛙に襲われそうになっていたなめくじを助けてやった。すると、後日その恩返しで、両親がいないところで子ツバメが蛇に襲われそうになったとき、なめくじたちが揃って蛇を追い返し、子ツバメを救ってくれたというものである。この童話は、あるとき、子どもが電柱に這い上ってくるなめくじを見つけ、その様子を詠んだ詩が基になっていた。須藤は、子どもが詩に表現した情景をさらにふくらませ、一編の物語に仕立てたのである。

これらの例が示しているように、創作された童話は、児童の言動や綴方、創作詩などから、須藤が汲み取った子どもの内面世界を反映したものが多い。ここから考えられるのは、須藤は、日常的に接していた目の前の児童らの想像力や個性を感じ取ることで童話を創作し、そうして生まれた童話を、ふたたびに彼らに語り聞かせていたということである。つまり、童話の創作と語り聞かせが繰り返されることによって、須藤と子どもたちとの間に、童話を媒介とするある種のコミュニケーションが成立していたと思われるのである。

須藤にとって童話が、教育活動における子どもとのコミュニケーション媒体の一つだったということを示す例をさらにいくつか挙げてみる。たとえば、『一年生オハナシ十二ヶ月』の童話「にじのご門」は、須藤が勤務していた豊島区や近隣の板橋区あたりが舞台となった物語である。これは、ある虹の出た日に、子どもたちが原っぱで虹を追いかけて遊んでいて、そのまま夕方まで帰らなかったという、実際に起きた出来事を物語にした童話である。物語でメインに描かれているのは、時間も忘れて虹に夢中になる子どもたちの姿だが、それにまつわるエピソードとして、須藤や親たちが、当時いなくなってしまった子どもたちのことを大変心配して、一緒にほうぼう歩いて探し回ったことも語られている。また、「母さんのにおい」は、家族を残して満州に行ったまま消息のないN子の父親をモデルにした童話である。この物語には、孤児同様になった主人公に、作者である須藤が「泣くな」と呼びかけ、励ましの言葉をかける場面がある[58]。そうした言葉を物語に挿入していることから分かるように、須藤は童話の主人公へ「泣くな」と呼びかけることを通して、N子自身に語りかけているのだと思われる。
鈴木は、戦後の須藤の童話を取り上げて、その文体の特徴を「子どもへの感情移入」がみられると指摘している。また、須藤自身は作中の子どもに語りかけることで、「書きながら山形のあちこちでふれあった現実の子どもに対してそういっていた」とも述べている[59]。これらをふまえると、戦後の作品のみならず、先に挙げた戦前の須藤の童話も同様の特徴をもっていたといえる。つまり、須藤の童話は、現実に存在する子どもたちの感性や個性に着想を得ること、あるいは、その言動や境遇に感情移入することで創作されており、そのような童話を書くこと、あるいは語ることによって、彼は現実の子ども一人ひとりに呼びかけているのである。そして、これらの童話を教育現場で語り聞かせ、子どもが何らかの反応をみせることで、須藤がまた新たな発想を得るという意味において、須藤の童話の創作と語り聞かせは、子どもとのコミュニケーションの役割を担っていたと考えられるのだ。
さらに、須藤が、子どもたちの童話の受け止めや反応によって、新たな創作の発想を得ていたことを示す例として、彼が主宰となった山形童話の会の機関誌『もんぺの子』の記事を次に引用する。

童話には、写実的なものばかりでなく、幻想があるのではないか、リアリズムと空想をどう対比させていくか、ということになったが、創作がどうのと云ったところで先づ子供らがどんな姿勢で受けとめているか、童話、物語を読んでどんな反応を起し、それがどう影響してるのか、現象面から入るのが具体性であろう[60]。

記事によれば、童話の創作の議論では、書かれた内容がリアリズムか空想かということばかりを話題にするが、重要なのは、子どもたちが童話をどのような姿勢で受け止め、どう反応し、それがどういった影響をもたらすかという「現象面」である。須藤は、童話の「具体性」は、内容や描写に写実性をもたせることよりもむしろ、そうした現象面に着目することで実質化されるととらえている。ここから分かるのは、須藤が、童話を抽象化、一般化された物語ではなく、童話を通して作者が個別具体的な子どもに語りかけ、それを子どもが受け止め、さらにその子どもの反応を受けて、作者により新たな物語が紡ぎ出されるという、ある種のコミュニケーションの現場で、たえず変化していくようなものと見なしていたということである。このような須藤の創作への姿勢を「語り」に置き換えると、それは、教師が子どもに語りかけ、その語りかけに子どもが応じ、さらに、その反応から子どもの新たな一面を発見することで、教師の語りかけそのものが変化していくという、双方向の関係によって発展的に循環、変化していく、「語り」の営みに特有の論理を見いだすことができるのではないだろうか。

小　括

本章では、須藤克三の戦前の活動の中でも、童話の創作と語り聞かせに着目し、それが彼の教育に関する思想や実践にどのように位置づけられるかを検討してきた。

須藤の少年期から山形師範学校へ入学した時期は、ちょうど大正デモクラシーの風潮が社会に生じ、綴方教育や自由画教育など、自由主義的な教育実践が学校で積極的に試みられ、発展した時期に重なっていた。また、同じ頃、日本初の教員組合が誕生するなど、教員らが組織して、自発的に教育や社会の改革を推進する運動もその頂点を迎えていた。須藤はこのような教育界の新たな思潮を身をもって経験し、自ら教育運動に参画することで社会そのものを変革させていくことへの関心を強めていった。

さらに、須藤が教員になった1930年前後は、世界恐慌などの影響を受けて、国内で子どもたちの生活環境が極端に悪化し、社会的に問題となっていた時期で、教師たちも教育実践を通じてこの問題に真正面から取り組む必要に迫られていた。また、このような社会状況が、それまで一世を風靡していたロマン主義的な子ども観に基づく教育実践を物足りないと感じる青年教師たちを生みだすこととなった。そして、須藤自身もその一人として、日々の教育活動の中で、既存の学校教育の評価や規則の枠組みからはとりこぼされてしまう子どもの本心や生活の現実を目の当たりにし、これまで取り組んできた綴方教育に矛盾を感じるようになり、新たな教育実践を模索することの重要性を認識していった。

特に須藤が重視したのは、学校で見せる児童らの様子を単に規則違反と見なすのではなく、その心に影響を与えている家庭の生活環境の厳しさを汲み取ること、あるいは、「一人一人の生命の中にこもっている個性の芽生についても、落穂のない教育をしていないだろうか。校訓の徳目は大切だが、その大切なことの中から洩れこぼれた生命に対して、どれだけのやさしいはぐくみがあるか」と述べたように、既存の評価では必ずしもはかれない子どもそれぞれの個性の芽生えを教師が受け止め、それに働きかけることであった。

須藤は、そのような教育活動を行うためには、教科を教えるだけでは足りないと感じ、自分自身も幼い頃に夢中になっていた口演童話をはじめとする子どもの文化活動へ関心を寄せていった。また、実際に、「子どもというものをもっと研究してみよう」「教育とは一体なんであるのかを根源的にさぐってみよう」という意欲をもって、学校劇や口演童話などの校外の児童文化活動に積極的にかかわるようになった。中でも須藤が力を入れたのは、童話の創作活動である。彼はもともと、山形師範学校を卒業後に故郷で初めて教員になったときから、幼少期の経験を生かして自己流で子どもへの語り聞かせに取り組んでいた。その当時は、久留島武彦の語り口調を意識して、小学校の頃に自らが語っていた「小波もの」のお伽話を創作の源泉にしていたという。

他方、１９３０年代以降になると、子どもの個性を重視する教育観や作家独自の表現を重視する文学観が広まるにつれて、口演童話の主な話材であったお伽噺が、個性のない形骸化した物語と見なされるようになっていた。この流れに呼応するように、須藤も日本大学高等師範学校で学び直し、教員生活を再スタートさせてからは、校外の児童文化活動に携わりつつ、これまでとは異なるやり方で童話を創作するようになっていた。具体的に、彼は子どもに語り聞かせた数百という童話の多くを、日々の教育活動の中で子どもたち自身の発想や言動から着想を得て創作していたのだった。そして、須藤がこのように、現実に存在する子どもたちの感性や個性に着想を得たり、あるいは、その言動や境遇に感情移入したりすることで童話を創作した意図は、童話を書くこと・語ることによって、現実の子ども一人ひとりに呼びかけるためであったと思われる。このことは、須藤が後に、童話を創作する場合、生活綴方のような観察的、傍観的な視点だけでなく、物語に描かれる人やものに「心を通わせる」視点が必要だと述べていることからもうかがえる。

戦後に書かれた論考の中で、須藤は、創作童話には「具体性」が必要だと指摘している。須藤によれば、この「具体性」は、内容や描写に写実性をもたせることよりもむしろ、「現象面」に着目することで実質化されるものである。この指摘をふまえると、須藤は、童話の創作を、童話を通して作者が個別具体的な子どもに語りかけ、そのメッセージを子どもが受け止め反応し、さらにその反応に子どもの感性や個性を見いだした作者が、新たに物語を紡ぎ出すという、ある種のコミュニケーションのプロセスと理解していたと考えられる。つまり、須藤にとって童話は、抽象化、一般化された物語ではなく、子どもとのコミュニケーションの現場でたえず変化するような具体性のあるものだったととらえられるのである。そして、このような須藤の童話創作の姿勢は、「語り」に置き換えられる。すなわち、彼の童話の創作には、教師が子どもに語りかけ、その語りかけを子どもが受け止め、それに応じ、さらにその反応から子どもの新たな一面を発見することで、教師の語りそのものが変化していくという、「語り」の営みに見られる双方向の関係の発展・変化の論理を見いだすことができるのではないだろうか。

なお、戦後の須藤は、児童文学作家で教育家の鈴木実らが、山形の地域の児童文学を盛んにするために企画した山形童話の会の立ち上げに加わり、会の機関紙である『もんぺの子』の創刊号（1954年4月発刊）で、子どもの文学の意義を論じている。左は、その寄稿文の一部である。

現在の、日本の子どもたちが、どのようなことを、心から喜び、どのようなことを、心からかなしみ、どのようなことを、心から怒り、何を、どのようにしていったらよいかを、正しく考え、正しく判断し、正しく行動するように、大人であるわれわれが、こまかく、注意ぶかく、周到に、配慮しなければならないと、つねひごろ考えている。そういう願いを、はたしてくれるものの一つとして、私は、子どもたちの文学や童話が、なければならないと思つている。だから私は、大人の文学とは、だいぶちがつた意味で、子供の文学や読物を、欲している61。

この文章から分かるように、戦後の須藤は、現実の子どもたちの喜怒哀楽を大人が認識し、それを土台に教育を行う方法として、子どもの文学や童話を位置づけている。本章で論じてきた須藤の教育実践に見られる考え方は、ここに示したように戦後の山形での教育・文化運動の取り組みにも一貫しており、ここに、戦前の教育的営みとしての「語り」の論理が、戦後の教育活動へと展開していく道筋の一つを見いだすことができると思われる。

注

1 土田茂範編著（2004）『海図のない航路——山形児童文化研究会の五十年——』北の風出版
2 鈴木実編著（2010）『やまがた児童文学の系譜（資料編）——あるいは、その体験的断章』山形童話の会
3 北河賢三（2014）「須藤克三と戦後山形の教育文化運動」『戦後史のなかの生活記録運動——東北農村の青年・女性たち』岩波書店、105-147頁
4 磯辺孝明（2010）「明治後期三等郵便局の局員構成」『郵政資料館研究紀要 創刊号』郵政歴史文化研究会編、日本郵政株式会社郵政資料館、26頁
5 須藤克三（1972）『カヤ野のスヾメ』みどり新書の会、253頁
6 須藤克三（1983）『ばあちゃんのたからもの』童心社、63-75頁
7 須藤克三（1975）『やまんばのたからもの』あかね書房
8 前掲5『カヤ野のスヾメ』252頁
9 同右『カヤ野のスヾメ』253頁
10 前掲2『やまがた児童文学の系譜』317頁
11 上野浩道（1981）『芸術教育運動の研究』風間書房、359頁

12　浅岡靖央（２００４）『児童文化とは何であったか』つなん出版、12頁
13　中野光（２００２）『大正デモクラシーと教育 ―― １９２０年代の教育』新評論、１０６頁
14　『教育研究』（１９１９）第１９３号、大日本図書株式会社、89頁
15　『教育研究』（１９１９）第１９５号、大日本図書株式会社、67 - 68頁
16　前掲13『大正デモクラシーと教育 ―― １９２０年代の教育』78 - 82頁
17　中野光（１９７６）『教育改革者の群像』国土社、84頁
18　須藤克三（１９６７）『自伝おぼえがき』みどり新書、21頁
19　浜田栄夫編著（２００９）『ペスタロッチ・フレーベルト 日本の近代教育』玉川大学出版部、２０８頁
20　須藤克三（１９４０）『らくがき教案簿』三成社書店、15頁
21　須藤克三（１９４１）『教室風土記』三成社書店、１６４頁
22　同右『教室風土記』１０２- １０４頁
23　橋本賢助（１９１８）『鳥海登山案内』山形山岳研究会、および、橋本賢助（１９１９）『高山之智識』山形山岳研究会
24　橋本賢助（１９２５）『光栄に祝して』山形県師範学校、１頁
25　須藤克三（１９７１）『随筆 山形師範学校』みどり新書の会、１９１頁
26　須藤の短歌にかかわる略歴を簡単に説明する。彼は師範学校へ入学すると、古本屋から詩集や歌集、翻訳本などを買い漁り、手当たり次第に読むようになった。その一方で、校友会誌『真琴』に折々自作の短歌などを投稿し、途中からは編集責任者や文芸部の幹事も務め、ますますその熱を上げていった。さらに、１９２７年に地元の宮内小学校に勤めるようになると、小学校の先輩や後輩たちと文芸雑誌『陽樹』を創刊、翌年には歌人の生田蝶介を自ら訪ねて、『吾妹』の准同人となった。そこでは、１９３１年に脱退するまで雑誌編集などの事務を手伝い、後には念願の処女歌集も刊行した。なお、その書名は、父の俳号をそのまま付した『流蔭』であった。同書を出版した同年、須藤は歌誌『梅檀《せんだん》』を創刊しその主宰となり、戦時下の統制が進む中でも雑誌の発行を続けるのだが、１９４５年４月13日、東京大空襲によって自宅もろとも雑誌、歌稿、歌書類をすべて消失してしまう。戦後、山形新聞の短歌欄の選を担当する須藤の短歌への関心には、このように父の影響が強く、またその活動は師範学校時代から始まっていた。
27　前掲25『随筆 山形師範学校』36頁
28　山形童話の会編（１９５４）『もんぺの子』第３号、山形春秋クラブ、19 - 20頁

29 藤飯勉（１９３１）「小悟百返、大悟十返」『話方研究』第7巻第7号、14頁
30 国分一太郎（１９６０）「静かに読むものへの転向」『日本の児童詩』百合出版、11‐19頁
31 同右「静かに読むものへの転向」17‐18頁
32 須藤は、教員となってからは歌壇よりも生活綴方運動に深い関心をもつようになり、１９３４年には吉田瑞穂らの『綴方行動』（１９３８年に『綴方研究』と改題）に参加し、しばしば寄稿していた。
33 滑川道夫編（１９８１）『国語教育史資料――運動・論争史』第3巻、東京法令出版株式会社、4頁
34 綴方生活同人「宣言」『綴方生活』第2巻第10号（同右『国語教育史資料――運動・論争史』28頁）
35 北方性教育運動は、１９２９年、秋田の成田忠久により設立された北方教育社を中心に、山形など東北各地の青年教師らによって展開された生活綴方教育運動である（前掲2『やまがた児童文学の系譜』３２１頁）。
36 前掲18『自伝おぼえがき』56頁
37 同右『自伝おぼえがき』54‐55頁
38 岩田規久男編著（２００４）『昭和恐慌の研究』東洋経済新報社、2頁
39 坂本辰之助編（１９４１）『豊島区史』豊島区役所、２０５頁
40 同右『豊島区史』６１7頁
41 同右『豊島区史』６１9‐６２０頁
42 前掲21『教室風土記』１０２頁
43 前掲20『らくがき教案簿』17頁
44 前掲21『教室風土記』１０３頁
45 前掲20『らくがき教案簿』51‐53頁
46 前掲21『教室風土記』１５２‐１５4頁
47 同右『教室風土記』１４9‐１５１頁
48 同右『教室風土記』21頁
49 同右『教室風土記』１４9‐１５１頁
50 同右『教室風土記』１６4頁

51　山形児童文化研究会（１９８０）『別冊 気流』（前掲１『海図のない航路 ―― 山形児童文化研究会の五十年 ――』２９８‐２９９頁）
52　上田真弓・上間陽子（２０１３）「『学校の演劇 ―― 学校劇』と日本の演劇史 ――」『琉球大学教育学部紀要』第83巻、１５１‐１７６頁
53　須藤の学校劇関係の著作には、『学芸会用児童劇珠玉集』（三成社書店 １９３８）、『銃後学校劇新集』（同 １９４０）、『行事劇新集』（同 １９４１）、『錬成学校劇集』（同 １９４３）がある。なお、「強い弱い」「遠めがね」は『日本学校劇集』（日本学校劇連盟編、教文社 １９３８）に掲載されている。また、演劇以外のその他の著作には、『忠烈軍神物語』『少年少女忠烈軍神物語』（ともに三成社書店 １９３４）、『名作物語』（同 １９３７）などがある。
54　浅岡靖央（２００４）『児童文化とは何であったか』つなん出版、１４０頁
55　須藤克三（１９３５）『一年生オハナシ十二ヶ月』三成社書店、２‐４頁
56　前掲20『らくがき教案簿』１９０頁
57　前掲５『カヤ野のスヾメ』２５５頁
58　同右『カヤ野のスヾメ』１５９頁
59　前掲２『やまがた児童文学の系譜』３１７頁
60　山形童話の会編（１９５５）『もんぺの子』第8号、山形春秋クラブ、９頁
61　山形童話の会編（１９５４）『もんぺの子』第1号、山形春秋クラブ、３頁

第7章　「語り」の形式が生み出す教育の可能性

第1節　「語り」とは何か―語り手の側から見た場の論理―

本書では、明治末期に誕生した口演童話の実践を取り上げ、その論理や社会的役割を明らかにすることで、「語り」の営みと教育の豊かな関係を解明し、またそれによって、「近代」とはどのような社会であったのかを検討してきた。最後に、本書の課題に即して各章で述べてきたことをふり返り、この問いについてあらためて考えることとしたい。

まず、本書の課題の第一は、口演童話について探究していくにあたり、基本的な視点として、そもそも「語る」行為がどのようなものなのかを問うことであった。そこで、第1章では、現在、図書館や学校等でのボランティア活動の一つとして広く実施されている「おはなし」に着目し、その実践論理の検討を行った。

第1章の小括で述べたとおり、文字に書かれた言葉を声に出して語ること、すなわち物語の身体化は、「おはなし」という行為の中心軸であり、語り手はそれを「おはなし」の醍醐味とも、難しさともとらえていた。また、「おはなし」が絵本等の読み聞かせと異なるのは、文字化され、標準化された物語を自分の声で自由に語ること、いわば「自分化」することにあった。「おはなし」の特徴の一つは、この「自分化」によって、物語がある種の定型を逸脱するという点にある。さらに、物語の「自分化」は、既存の物語を語ることだけではなく、「おはなし」の学習プロセスで語り手自身が幼少期の記憶をたどり、経験をとらえ直したり、これまで意識していなかった経験を新たに掘り起こしたりすることからもなされていた。このように、自分の記憶によって紡がれる「内なる物語」を語るという意味での「自分化」は、語り手にとって、現在の自分が発する言葉への自信を生むことにつながり、そしてこの自信が、語り手の子どもと向き合う姿勢にも変化をもたらしていた。

一方、「おはなし」の学習プロセスは、語り手にとって、口伝えされてきた物語の定型を語り継ぐ「伝承者」の立ち位置から、文字化されたテキストの昔話を学び、時間・空間を隔てた存在と自己との結びつきを感じ取る機会でもあった。これは、物語の「自分化」とは対照的な立場であり、語り手の意識は、この物語の「定型」と「自分化」との間でたえず揺れ動くものととらえられる。つまり、「おはなし」の語り手は、語りの伝承者として、自分自身を経験を超えた大きなものと結びつけ、その歴史の中に自分を位置づけつつ、同時に、固有の語り手として、自分の物語を紡ぎ出すことで新たな歴史をつくりだすという、二方向の存在として自らを感受しているのである。そして、「おはなし」では、このような語り手の二重の意識の在り方が、聞き手の子どもたちとの関係の中で、彼らを未熟であるがゆえに、大きな可能性を秘めた存在としてとらえ返すことにもつながっているのだと思われる。

このように、「おはなし」は、声という身体性をともなう言語のコミュニケーションによって、聞き手との「間」に向けられた語り手の自己意識が、既述のように物語の「定型」と「自分化」との間で揺れ動きつつ、たえず変化していく営みであるといえる。また、そうであれば、ここで言う「自分化」は、語り手が「おはなし」を自分の声で語り、物語を「自分化」するということだけでなく、語ることによって語り手の自己意識が変化するという意味で、語り手自身を「自分化」しているともとらえることができる。しかも、「おはなし」の場では、それが子どもとの関係において成立していることをふまえると、「おはなし」は、「語り手─聞き手」の関係に語り手の自己が放たれることで、語り手自身の在り方が変化し、それによってさらに両者の関係が組み替えられていく構造をもった言語コミュニケーションであると考えられる。

次に、第2章では、一次的な声の文化である昔話の性質について、①語りの語源、②国内の昔話の語りの「座」の性質、③昔話の物語形式の特徴とその意味という三つの観点から検討した。ここで明らかとなったのは、まず、声の文化に生きる人々にとって、言葉は必ず話されるもの、かつ、力によって発せられ音として響くもので、そのような言葉に対する感覚が、言葉には魔術的な力が宿るという人々の連想を生み出したということであった。

また、語りの語源に着目すると、「かたり」には物語の真実性が求められ、内容や形式に決まりがあるため、そのような固定性から自由を求める人々の気持ちによって、中世以降、時間や空間にとらわれず、気楽な会話を楽しむ「はなし」が生み出された。加えて、「かたる」と「うたう」はともに、日々の生活と密接にかかわる行為で、語ることや歌うことには、その場に居合わせた者たちが情動を共有し、共同体の一員として互いを結びつける役割があった。他方、「かたる」は垂直の関係に基づく「告げる」とは異なり、水平の関係で成り立っており、聞き手が能動的にその場にかかわるところにも特徴があった。

さらに、近代以前の共同体における「語り」の営みの一つである昔話の座には、「聖なるもの」の力が宿ると見なされていた。昔話を語ることで発現するととらえられていた、その「聖なるもの」の力には、一方では共同体の秩序維持の役割、もう一方では、聞き手に日常世界の停滞を突き破り、新たなものの見方を獲得させる役割が期待されていた。また、こうした昔話の座の特徴は、物語そのものの構造や形式からもとらえられた。すなわち、昔話は、共同体のイニシエーションのように機能していた一方で、それが語り手と聞き手の相互行為によって成り立つものであるがゆえに、語りの場では時に物語に新たな意味が与えられ、それが語り手と聞き手の日常を刷新する役割も果たしていたのだった。このように、共同体の秩序構造に埋め込まれながら、同時に、その秩序を突き崩す可能性を秘めていたという意味において、相反する二つの論理を同時に兼ね備えているところが、声の文化としての昔話の特質である。そして、このような「語り」の特徴をふまえると、口演童話の文字化された童話が語り手の声によって聞き手に届けられる際にも、そこに物語の変容の可能性が生じると考えられるのではないだろうか。

第2節　学校教育との関係から見た口演童話の性質の変化 ― 対抗関係から補完関係へ ―

次に、本書の第二の課題は、口演童話が誕生し発展していく一連の流れを、当時の社会的な背景とともに描き出すことであった。特にここでは、口演童話が当時の社会状況を背景に、どのような性格の実践として生み出され、それが広まる過程でどのように変質していったのかを明らかにしようとした。

第3章では、児童文学作家である巌谷小波の「お伽噺」論を取り上げ、初期の口演童話の理論と実践の特徴を検討してきた。本章の議論をふり返ると、明治期以降、新たに掲げられた家族は、階層的な多様性や身分制度に基づく階級内部の等質性が特徴であったかつての「家」とは異なり、社会全体の平等性や均質性を基本とし、また、家族の団欒や家庭の経営、そこでの子どもの成長は、国民形成を通した国民統合および国家の安定・発展と結びつけてとらえられていた。加えて、当時、一家団欒の有効な方法として、母親を中心とする家族が、子どもに向けて多様なジャンルの啓蒙的かつ教育的な「お話」をすることが推奨されていた。そしてこの「お話」では、「教訓的な昔話」が教育に適した題材の一つに挙げられていた。

これに対して、巌谷小波のお伽噺は、教訓的な話よりもむしろ、子どもの特性に見合った、想像性のある空想的な話を重視するものだった。巌谷は、お伽噺を純粋で詩的な「美術文学」と見なしており、家庭でお伽噺を母親が子どもに与えることで、楽しみの中に教育的な効果が発揮されると考えていたのである。また、こうした巌谷のお伽噺に対する考え方は、口演童話の活動を通じて培われたものであった。すなわち、巌谷は、子どもに直接お伽噺を語り聞かせることを通して、子どもの本性には教訓的なお伽噺よりも、空想的なお伽噺の方がふさわしいと気がつき、そこから、自らの想像力を働かせて自由な発想で創作を試みるようになったのだった。

他方、巌谷のお伽噺は、古くからある国内外の昔話を再話、翻案し、「国民童話」として書き直したもので、その文体は、昔話のような素朴さやおかしみのある語り口調になっている点に特徴があった。巌谷は、お伽噺の教育的な効果の一つとして、それにより子どもが進取の精神に基づく「意志の力」を養うことを期待していたのである。巌谷がお伽噺の教育性をこのような点に見いだした背景には、日清戦争、日露戦争を経て、新たな時代に突入した日本が、欧米の列強国の中で外交上対等な立場で渡り歩いていく国力を身につけるために、過去に重んじられてきた堅忍などの性質ではなく、自らの望むことに邁進していく意志の鍛錬こそが必要であると考えたことがあった。また、そのような考えに基づく自らの教育論を、巌谷は「桃太郎主義」の教育と形容し、その理想的な姿を昔話『桃太郎』の主人公になぞらえた。そして、「桃太郎主義」の教育を通じて進取の精神を養うこととは反対に、十把一絡げにおとなしいだけの子どもを育てるような学校教育に、批判的な見解を示したのだった。

このように、巌谷のお伽噺論は、子どもの本性を重視し、その個性を伸ばす意図を含みながら、最終的な目的として、積極的に国家を担う子どもを育成すること、いわば能動的な国民統合を志向していたと考えられる。つまり、巌谷のお伽噺論には、体系的な知識を教師から生徒へ一方向の関係で与える学校の教育形式とは異なり、巌谷が子どもへ口演童話を聞かせることを通してお伽噺を作り変えたように、大人の側も子どもの想像力に刺激されながら、同時に子どもを正しく導いていくという相互的な教育形式が見られる。ただしそれが、最終的に国家の成長や発展の論理に収斂されていく点では、お伽噺の教育性も学校教育と同じ枠組みでとらえられるものだと思われる。

次に、第4章では、巌谷小波や久留島武彦、岸辺福雄の実践および理論から、口演童話の特徴や変化を検討してきた。本章では、まず、巌谷と久留島の創設したお伽倶楽部の実践から、口演童話は劇場や公会堂など、いわゆる「新時代」を顕現する場において語られる、大衆的な活動であったことが明らかになった。また、そのような特徴をもつ活動であったがゆえに、雄弁術をモデルにした久留島の大衆的な話術は、後の口演童話の基本的なスタイルとなっていった。一方、岸辺は、子どもの自主性を重視する教育思想に根ざして、話術では語り手が「児童化」することを重視していた。この久留島と岸辺の口演童話に対する考え方や語り口の違いは、「大衆性」と「教育性」という、口演童話の二つの方向性を映し出すものだった。

さらに、大正期、東京高等師範学校の卒業生らが大塚講話会を設立したことをきっかけに、口演童話が学校に普及するようになると、子どもに道徳心を養わせるという教育意図を達成することが童話を語るうえでも重視されるようになった。しかし、そのような教育的要求に相反して、当時の学校外の口演童話は大衆性と娯楽本位の性格を強めており、そうした傾向を批判的にとらえる教師が出てくるようになった。そしてこの頃から、学校で実施される口演童話に変化の兆しが見え始めた。教室で語られる童話が、岸辺の語り口に見られるような、子ども一人ひとりに語るという姿勢を重視するスタイルに変わりつつあったのである。

ここまで述べてきたことをまとめると、口演童話は、学校教育へ対抗的な性格を帯びて誕生したが、その発展過程で学校教育を補完するものへと変質し、さらに、従来の学校教育とは異なる教育的要求に応える中で、学校教育そのものの変化を促した実践であったと考えられる。学校教育の在り方が、いわゆる体系的な知識の注入主義から子どもの自主性を尊重する実践に変化していくこの過程は、第１の課題の議論を敷衍すると、語り手（教育者）と聞き手（子ども）の相互関係を通して、語り手（教育者）の意識が変化し、それによって両者の関係が組み替えられていく過程と重ねてとらえることができるのではないだろうか。つまり、富国強兵政策における国民形成の制度としての学校を、子どもが知識を一方的に受け取るのでなく、自主性をもって挑戦する自発的な国民を養成する場へと組み替えなければならない、また、だからこそ教育者はすべての子どもたちに可能性を見いだし、彼らを積極的な国家の担い手へと育成しなければならないという論理は、語り手が、聞き手の子どもたちとの関係の中で、彼らを未熟であるがゆえに、大きな可能性を秘めた存在としてとらえ返し、それにより両者の関係を組み替えていく論理と共鳴し合っていると考えられるのである。ここに、学校の授業における言語教育が功利主義的でありながら、同時に、子どもたちの日常生活において個性の伸長へとつながる、言語の多義性を発現させる可能性を持っていたことが示されている。

第3節　コミュニケーションの双方向性―口演童話と現代の「おはなし」の結節点―

最後に、本書の第三の課題は、口演童話の実践家がどのような子ども観や教育観、実践理論に基づいて活動したのかという点に着目し、時代状況とともに変化を遂げていく口演童話の在り方を検討することであった。

第5章では、口演童話家の松美佐雄の「動的」概念を手がかりに、彼の実践した「お話」において子どもと教育者との関係がどのように展開していたかを明らかにした。松美は、童話による教育を「知識」の享受による情操の発達と、子どもの幸福感という二方向から意義あるものとした。また、そこには子どもが物語の「観念」を実生活に生かすという意味と、学習する教師自身が考え、創意工夫するという意味で、それぞれが「実行性」を養うという意図が含まれていた。これらの観点のそれぞれに、活動の「動的」性格の意味が込められたのだった。

加えて、松美の童話における「動的」概念の核心は、お話の場における「目の交流」を通じ、教師が目の前にいる児童を多であり個でもある「子ども」として認識することにあった。そして、このように教師が一般化されてしまうことのない子ども一人ひとりの個別性を発見できた点に、「口演」が朗読とは異なり、子どもとの相互行為によって成立する場であることの意義が見いだされていたといえる。他方、松美の童話による教育は、新教育の児童観と親和的であり、国民国家の形成という学校教育の目標とも重なり合ったものだった。だがそれは、たとえば少年団のように規律訓練による身体の統制を重視した活動とは異なり、お話は、「語りつつ聴き聴きつつ語る」というように、教育者と子どもが上下関係ではなく、「信頼」によって結びつくことで「動的」に展開するものと見なされていた。このように、昭和初期の口演童話に見られる、教育者と子どもの関係がたえず組み替えられることで、子どもとともに大人も変化していくという教育の在り方は、当時にあって、既存の国民国家の形成という枠組みに必ずしもとらわれない社会形成の緒になったとも考えられた。

第6章では、須藤克三の戦前の活動の中でも、童話の創作と語り聞かせに着目し、それが彼の教育に関する思想や実践にどのように位置づけられるかを検討した。

須藤の少年期から山形師範学校へ入学した時期は、ちょうど大正デモクラシーの影響で綴方教育や自由画教育など、自由主義的な教育実践が学校で積極的に試みられ、発展した時期であった。また、同じ頃、日本初の教員組合が誕生するなど、教員らが組織して、自発的に教育や社会の改革を推進する運動もその頂点を迎えており、須藤はこのような教育界の新たな思潮を身をもって経験し、自ら教育運動に参画することで社会そのものを変革させていくことへの関心を強めていった。

加えて、須藤が教員になった1930年前後は、世界恐慌などの影響を受けて、国内で子どもたちの生活環境が極端に悪化し、社会的に問題となっていた時期で、教師たちも教育実践を通じてこの問題に真正面から取り組む必要に迫られていた。また、このような社会状況が、それまで一世を風靡していたロマン主義的な子ども観に基づく教育実践を物足りないと感じる青年教師たちを生みだすこととなった。そして、須藤自身もその一人として、日々の教育活動の中で、既存の学校教育の評価や規則の枠組みからはとりこぼされてしまう子どもの本心や生活の現実を目の当たりにし、これまで取り組んできた綴方教育に矛盾を感じるようになり、新たな教育実践を模索することの重要性を認識していったのだった。

特に須藤が重視したのは、学校で見せる児童らの様子を単に規則違反と見なすのではなく、その心に影響を与えている家庭の生活環境の厳しさを汲み取ることや、既存の評価では必ずしもはかれない子どもそれぞれの個性の芽生えを教師が受け止め、それに働きかけることであった。須藤は、そのような教育活動を行うためには、教科を教えるだけでは足りないと感じ、自分自身も幼い頃に夢中になっていた口演童話をはじめとする子どもの文化活動へ関心を寄せていった。また、実際に、学校劇や口演童話などの校外の児童文化活動にも積極的にかかわるようになった。

さらに、1930年代以降になると、子どもの個性を重視する教育観や作家独自の表現を重視する文学観が広まるにつれて、口演童話の主な話材であったお伽噺が、個性のない形骸化した物語と見なされるようになっていった。この流れに呼応するように、須藤も日本大学高等師範学校で学び直し、教員生活を再スタートさせてからは、校外の児童文化活動に携わりつつ、これまでとは異なるやり方で童話を創作するようになっていた。具体的に、彼は子どもに語り聞かせた数百という童話の多くを、日々の教育活動の中で子どもたち自身の発想や言動から着想を得て創作した。須藤がこのように、目の前の子どもたちに感情移入することで童話を創作した意図は、童話を書くこと、語ることによって、現実の子ども一人ひとりに呼びかけるため、子どもたちと心を通わせるためであった。

また、須藤は、童話の創作を、童話を通して作者が個別具体的な子どもに語りかけ、そのメッセージを子どもが受け止め反応し、さらにその反応に子どもの感性や個性を見いだした作者が、新たに物語を紡ぎ出すという、ある種のコミュニケーションのプロセスと理解していた。つまり、須藤にとって童話は、抽象化、一般化された物語ではなく、子どもとのコミュニケーションの現場でたえず変化するような具体性のあるものだったのである。このような須藤の童話創作の姿勢を「語り」に置き換えると、童話の創作には、教師が子どもに語りかけ、その語りかけを子どもが受け止め、それに応じ、さらにその反応から子どもの新たな一面を発見することで、教師の語りそのものが変化していくという、「語り」の営みに見られる双方向の関係の発展・変化の論理を見いだすことができる。

口演童話が隆盛した昭和初期は、児童文化運動や校外教育の実践および理論が確立された時代であった。これらの新たな活動は、童心主義や社会主義思想といった特定の思想をもつ実践者たちによって展開されており、昭和初期の口演童話を推進してきた教育者たちも、そうしたさまざまな価値観やそれに基づく実践が社会的に形成されていく過程に身を置き、自らの実践に取り組んでいたといえる。そして、口演童話は、この時代の新たな思潮にふれることで、現代の「おはなし」に通ずる、子どもと大人の親密な関係に基づくものへとその形式を変化させていったと考えられる。とりわけ、松美と須藤それぞれの実践を見ると、口演童話の変化はいずれも語り手の視点で展開されていたところに特徴がある。つまり、教育的営みとしての「語り」の場合、子どもとの相互行為は、常に教師自身が子どもをどうとらえるのかという視点の問題として展開されているのである。ここに、現代の「おはなし」が、単なる物語の「自分化」ではなく、物語の「自分化」が「語り手―聞き手」の二項関係を組み替えるものであるという議論との共通点を見いだすことができる。同時に、このような論理が、二つの時代の教育的営みとしての「語り」に通底していることをふまえると、反対に、知識の注入や抑圧を特徴とする教育が、ある意味で社会の解体を推し進める結果をもたらす可能性をもつということも示唆されるのではないだろうか。

第４節　「語り」と教育が紡ぎ出す「近代」―現代の教育への示唆―

ここまで述べてきたことをふまえて、あらためて「語り」と教育のかかわりが紡ぎ出す「近代」とはどのような社会であったのかという序章の問いに立ち返ってみたい。

これまで近代の学校における教育者と子どもとの関係は、上下の管理・抑圧という二項対立的な関係でとらえられてきた。また、学校教育は、社会が漸進的に発展していくように、子どもも教育を通じ段階的に成長・発達を遂げていくと、子どもの成長・発達を動的なプロセスとしてとらえることで、画一的な社会化（「平等」）と内的な価値の実現（「自由」）の両者の間にある矛盾が先送りされる論理をもつ点に特徴があった。しかも、学校教育において発達はプロセスでありながら、目的としても置かれているため、その目的は常に終わりなきものであることが、いわば約束されていたといえる。つまり、教育史上における「平等」と「自由」の対立は、子どもが現在を超えて未来へと発達する存在であるという、社会の進歩や発展という近代産業社会の論理、いわゆる拡大再生産の論理を共有することで、先送りされ、両立するものと解釈されてきたのである。

これに対して、近代社会において誕生、発展した口演童話における教師と子どもの関係は、近代以前から続いてきた「語り」の営みと同様、上下関係ではなく双方向の水平関係でとらえられるものだった。また、そこで教師と子どもとの関係は、童話を語ることを通じてたえず組み替えられており、さらに、その関係は常に、教師が子どもをどうとらえるのかという教師側の視点において、教師自身が意識を変化させることで、子どもとの関係が組み替えられ、展開されていくところに特徴の一つがあった。言い換えると、口演童話における教師と子どもの関係は、相互性でありながら、教師が常に自らを物語と子どもという二つの対象の「間」に置きつつ、それを組み替えて、新たな「間」へと止揚し続けるプロセス、すなわち、教える側の教師自身に生じている関係組み替えの運動としてあると特徴づけられる。そして、そのように両者の関係がたえず組み替えられていく場であるからこそ、そこに教えられる側の子ども自身の変化や、物語の変容の可能性、ある種の余白のようなものが生じるのである。このように、教師の「指導」か子どもの「自発性」か、という二項対立では解消しきれない点が、上下の管理・抑圧という二項対立的な関係で分けられる教育実践と、口演童話、すなわち教育的営みとしての「語り」の実践の違いであると考えられる。ここに、既存の「近代」の学校教育に対する見方とは異なる、豊かな教育の在り方が示されているのではないだろうか。

序章で述べたとおり、筆者が「語り」に関心をもったのは、学校に適応できず、支援施設にやって来た子どもたちとの出会いがきっかけであった。その子たちが見せるお話への態度は自由で生き生きとしており、筆者はそこに、従来の学校教育に見られるような評価を基本的性格とする教育者と子どもとの関係とは異なる関係を発見したのだった。このような子どもたちを評価に適応的でない存在として抑圧、排除する社会の在り方は、ある意味で、既述のような拡大再生産型の社会モデルとそれに基づく人間の発達観や教育観と親和的であると思われる。というのも、ここで言われる発達には「開発」や「進歩」といった観念が含まれるため、そこには既存社会へ適応していくための見えざる規範性が、同時に存在しているととらえられるからである。

哲学者のユルゲン・ハーバーマス（Jürgen Habermas）は、「近代（モデルネ）」が「たえず自己自身を否定」[1]し、自己修正することで発展していく終わりなき過程、すなわち「未完のプロジェクト」であると指摘している。ハーバーマスによれば、前近代社会は、模範を模倣すれば事足れりと考えるような歴史理解に由来する、閉鎖的な「偽りの規範性」[2]に基づいており、そこでの日常の生活実践はやがて「貧困化」[3]せざるを得ないものである。これに対して、ハーバーマスの理想とする「近代（モデルネ）」における生活実践は、公共の場における人々の自由なコミュニケーションによって問題の提起、解決がなされるような「対話的合理性」[4]に基づき、社会の認識が不断に改められ、たえざる内発的な自己革新をもたらすもので、かつ、一人ひとりの生存に安定感を与えてくれるものであるという。

このような前近代的な目的論の否定は、ハーバーマスの理論の中で、「近代（モデルネ）」の至上目的となっている。つまり、見方を変えると、それが終わりなき発展を志向しているという意味では、ハーバーマスの理論もやはり限界的な目的論の一つであると考えられる。また、これを既述の発達の議論に置き換えると、従来の発達観は、いわば未完でありながら、そこに既存社会への適応という見えざる規範があるという意味で、ある種の目的が予定されているという矛盾を抱えたもの、つまり閉じられた可能態であったといえるのではないだろうか。近代の国民教育制度である学校という場は、そのような発達を保障しつつ国民を形成し、同時に、国民一人ひとりの生活の向上を保障するという機能をもっており、その意味で、ハーバーマスの言う「近代（モデルネ）」を体現するものであった。そしてそのことをふまえると、ここでの「発達」とは、既述の先送りの論理として、目的化されつつ、実現されないことに意味がありながら、それが国民形成というかたちで「閉じられている」ことにこそ意義があるのだと思われる。

他方、本書で述べてきたように、教師の側から、物語を創造的に変化させる、「語り」という行為には、子ども一人ひとりの個性を発見し、それを大人が認め育んでいくという、引き出す、生成する意味における「教育」の営みが映し出されている。しかも、この「教育」には、教える側の変容がともなっていて、そこではまた、教える側によって、教えられる側との関係の組み替えが常に行われている。教育をそのようなものと見なし、関係の視点から子どもをとらえると、そこにはいわば「ひらかれた発達観」ともいえる、多様な発達の在り方が見えてくると思われる。さらに、そのように考えると、学校の授業における言語教育にも、子どもたちの個性の伸長へとつながり、子ども一人ひとりを社会に位置づけるような、多義的な言語コミュニケーションを発現させる可能性を見いだすことができる。

そうした言語コミュニケーションを教育において保障することが、子どもたちを大人との関係の中で豊かに育むことへ、そして、そのことがこの社会を持続可能なものとして形成することへ結びついていくのではないだろうか。

第5節　本書の到達点と残された課題

本書では、現代の「おはなし」の活動、および一次的な声の文化である昔話の特徴から、「語り」とは何かを検討し、そこから導き出された論理を軸にして、口演童話とはどのような実践であったのか、また、そこからとらえられる「近代」とは、どのような社会であったのかを明らかにしてきた。「語り」という営みに着目したことで、「近代」という時代の「教える側―教えられる側」という二分法的な関係においても、語る側（教える側）自身が「物語」と「子ども」という二重の関係の中で「間」の存在として生み出されていること、そしてそれが、「語り」に特有の「形式」によって生み出されている、語る側の「主体」の在り方であることがとらえられた。「形式」があることによって、物語の内容が「自分化」し、それがさらに、対象とのかかわりの中で二重の自己を生み出している。そのような「語り」の営みに特有の論理について、本書は、一定の示唆を得られたと考える。

その反面で、「語り」の対象である子どもたちにおいてはどうであったのか、また、ここから学校をどうとらえ返すことができるのか、さらに、今日の学校教育の実践における授業場面ではどうであるのかなど、たとえばこれらの問いについては、本書では十分に検討することができなかった。

他方、口演童話については、学校教育のみならず、社会教育との関連においても検討すべき課題が残されている。たとえば、口演童話家の松美佐雄は、口演童話の地方巡業の際、各地の小学校だけでなく、夜は青年たち、母親たちに対して講演を行っており、そこに村長や役場の人たちが来会した記録などもある[5]。また、須藤克三は、戦後、故郷である山形県の青年らの教育活動にも精力的に携わっていた。彼らの成人を対象とした実践やその土台となる理論を、「語り」の視点からはどのようにとらえることができるのか、さらに、社会教育史において、口演童話家らの実践はどう位置づけられるのか、これらのテーマについても、本書では十分に取り上げられなかった。今後の課題である。

注

1　Jürgen Habermas (1981) "Die Modern: ein unvollendetes Projekt", in Kleine politische Schriften I-IV, Suhrkamp Verlag, Frankfurt am Main〔三島憲一訳（２０００）『近代　未完のプロジェクト』岩波書店、11頁〕

2　同右『近代　未完のプロジェクト』13頁

3　同右『近代　未完のプロジェクト』39頁

4　同右『近代　未完のプロジェクト』20頁

5　たとえば、松美佐雄「女子青年團と連絡」（『話方研究』第6巻 第3号）、近藤俊裕「南設支部夏期巡回日誌」（『話方研究』第6巻 第10号）などに記録が残されている。

あとがき

本書は、２０１７年3月に早稲田大学大学院教育学研究科より博士（教育学）の学位を受けた博士論文を加筆、修正したものです。序章でも述べたとおり、筆者がこの研究に取り組むきっかけとなったのは、大学の学部生のときから数年間携わった子ども支援のボランティア活動でした。その施設で出会った子どもたちの様子から受けた印象を、研究を通じて深め、言語化するのに約10年もかかってしまいました。今もまだいろいろな心残りはありますが、ひとまず一つの成果として本書をまとめられたことに安堵しています。あらためて、施設で出会った子どもたちとその保護者の方々、スタッフの方々へ、御礼申し上げます。

インタビューに協力していただいた語り手の方々には、調査依頼をご快諾いただきましたことを御礼申し上げます。特に、突然ご連絡して、ご自宅で開かれていた「ゆうやけ文庫」を訪ね、調査のお願いをした筆者を快く迎え入れ、語り手の方々と引き合わせてくださった故櫻井美紀さんには、大変感謝いたしております。櫻井さんにお会いして、口演童話や「おはなし」についてのお話をうかがい、小学校などでの活動の現場にも同行させていただけたことは、貴重な経験となりました。残念ながら直接ご報告することはできませんでしたが、この場を借りて感謝と敬意を表します。

主任指導教授をお引き受けくださった小林敦子先生には、学部生の頃からゼミや授業で大変お世話になってきました。先生が教育で大切にされてきた“Learning by Doing”（為すことによって学ぶ）を実践し、学生のときにさまざまな場に足を運び、人に出会って学びを重ねてきたことは、研究を超えて、今の自分自身の糧になっていると感じます。また、研究にあたっては、自らの興味関心に基づいてテーマを探究することを認めていただいただけでなく、博士論文をなかなか完成できず提出を諦めかけていた筆者に、「鮎ならできる」と励ましの言葉をかけてくださったように、常にあたたかい目で見守り、気にかけていただきました。今日まで根気強くご指導いただき、厚く御礼申し上げます。先生から教わった、現場とそこにかかわる人を尊重する研究姿勢を、今後も大切にしていきたいと思います。

博士論文をご審査くださった坂内夏子先生、吉田文先生、また、学外審査員をお引き受けくださった東京大学の牧野篤先生におかれましては、審査において丁寧なご指導をいただき感謝を申し上げます。先生方のご指摘にお応えできなかった点については、今後も考え続けていく所存です。

なお、本書にまとめられた筆者の研究は、文部科学省科学研究費補助金の助成を受けています（課題番号：25780491）。経済状況が厳しい中で、各地での資料収集が実現し、研究を進めることができたのは、このようなご支援をいただいたおかげです。御礼申し上げます。

本書の出版をご決断くださった大学教育出版の佐藤守さん、編集をご担当くださった中島美代子さんには、脱稿が当初の締め切りよりも大幅に遅れてしまい、多大なるご迷惑をおかけしたことを深くお詫び申し上げます。それとともに、丁寧な編集をしてくださったことに深く感謝申し上げます。また、装丁家の小泉均さんには、この先何度も見返したくなるような素敵な表紙をデザインしていただき心より感謝いたしております。

その他にも、本書をまとめるにあたって多くの方々にお力添えをいただきました。ここでお一人ずつお名前を挙げて感謝の意をお伝えすることができず心苦しい限りですが、この場を借りて皆さまに感謝申し上げます。

最後に、不自由のない教育の機会を与えてくれ、時に叱咤激励し、支えてくれた家族にあらためて感謝します。

本書の内容は不十分なものではありますが、今日の教育にわずかでも貢献できることを願い、これからも研究と実践に尽力していきたいと思います。

２０２０年６月12日

松山鮎子

文献一覧

浅岡靖央（2004）『児童文化とは何であったか』つなん出版
――（2011）「口演童話と『教室』――青山師範学校における口演童話運動の系譜――」『子ども学論集』第4巻、23-30頁
有地亨（1977）『近代日本の家族観――明治編』弘文堂
粟田確也編（1968）『出版人の遺文 冨山房 坂本嘉治馬』粟田書店
飯島吉晴（1989）「昔話の仕掛け」『國文学』第34巻 第11号、学燈社、36-41頁
池谷壽夫（2000）『〈教育〉からの離脱（シリーズ現代批判の哲学）』青木書店
磯部孝子（1993）「名古屋と周辺地域の口演童話活動――明治末から昭和前期まで――」『文化科学研究』第4巻 第2号、17-29頁
――（1995）「仏教日曜学校の成立と口演童話活動」『文化科学研究』第6巻 第2号、79-93頁
市川圭・渡邊弘（2012）「日本における功利主義の流入と教育――明治期の『立身出世』を手がかりとして――」『宇都宮大学教育学部 教育実践総合センター紀要』第35巻 第61号、57-64頁
伊藤繁（1982）「明治大正期の都市農村間人口移動」『農業開発の理論と実証』森島賢・秋野正勝編、養賢堂、55-74頁
稲田浩二（1977）『昔話は生きている』三省堂
稲田浩二編（2001）『昔話ハンドブック』三省堂
岩田規久男編著（2004）『昭和恐慌の研究』東洋経済新報社
巌本善治（1895）「昔噺に就いて」『少年世界』第1巻 第18号、博文館
巌谷小波（1906）『家と女』隆文社
――（1906）「嘘の価値」『婦人とこども』第6巻 第8号、13-17頁
――（1907）『家庭口演十種』木村小舟編、大倉書店
――（1907）『女子処世 ふところ鏡』大倉書店
――（1909）「お伽話を讀ませる上の注意」『婦人とこども』第9巻 第4号、9-13頁

――（1912）『お伽芝居』博文館
――（1915）『桃太郎主義の教育』東亜堂書房
――（1916）『新家庭 女子供の巻』大倉書店
――（1920）『我が五十年』東亜堂
――（1931）『童話の聞かせ方』賢文社
――（1998）『「おとぎばなし」をつくった巌谷小波――我が五十年――』ゆまに書房
巌谷季雄（小波）編（1884-1897）『日本昔噺 第一編 桃太郎』博文館
上杉孝實編（1996）『社会教育の近代』松籟社
上田真弓・上間陽子（2013）「学校の演劇――『学校劇』と日本の演劇史――」『琉球大学教育学部紀要』第83巻、151-176頁
上野浩道（1981）『芸術教育運動の研究』風間書房
内山憲尚（1957）『童話学入門』東京文化研究所出版部
内山憲尚編（1972）『日本口演童話史』文化書房博文社
有働玲子（1992）「大正期の口演童話――下位春吉・水田光を中心にして――」『研究紀要・第二分冊・短期大学部（I）』第25巻、195-206頁
海老原治善（1975）『現代日本教育実践史』明治図書
遠藤薫（2009）『聖なる消費とグローバリゼーション――社会変動をどうとらえるか』勁草書房
遠藤滋（1975）『かたりべ日本史』雄山閣
大竹聖美（2005）「朝鮮・満州巡回口演童話会――児童文学者の植民地訪問」『東京純心女子大学紀要』第9巻、1-11頁
大塚講話会編（1933＝1989）『実演お話集』第9巻、大空社
――（1954）『復刻版 実演お話新集』第1巻
岡本定男（1993）『子ども文化の水脈』近代文芸社
小川利夫（1994）「学校外教育思想の歴史的遺産――学校外教育論序説」『学校の変革と社会教育――小川利夫社会教育論集 第4巻』亜紀書房
小澤俊夫（1983）『昔ばなしとは何か』大和書房

――（2007）「昔話で育つ子どもたちと昔話からのメッセージ」『教育展望』第46巻第7号、28－33頁
折口博士記念古代研究所編（1955）『折口信夫全集 第2巻』中央公論社
春日明夫（2007）『玩具創作の研究――造形教育の歴史と理論を探る』日本文教出版
片岡輝・櫻井美紀（1998）『語り――豊饒の世界へ』萌文社
金沢嘉市（1967）『ある小学校長の回想』岩波新書
――（1981）『人間のやさしさ強さ』童心社
金沢嘉市著作編集委員会（1989）『金沢嘉市の仕事1 児童文化とともに――子どもたちの心をより豊かに』あゆみ出版
上地ちづ子（1997）『紙芝居の歴史』久山社
――（1997）『児童文学の思想史・社会史（研究 日本の児童文学2）』日本児童文学学会編、関口安義ほか著、東京書籍株式会社
上平泰博・田中治彦・中島純共（1996）『少年団の歴史――戦前のボーイスカウト・学校少年団』朋文社
川勝泰介（1999）『児童文化学研究序説』千手閣
川喜田二郎（1986）『KJ法――混沌をして創造を語らしめる』中央公論社
河原和枝（1998）『子ども観の近代――『赤い鳥』と「童心」の理想』中公新書
菅忠道（1956）『日本の児童文学（増補改訂版）』大月書店
菅忠道 他編（1960）『日本教育運動史 第3巻 戦時下の教育運動』三一書房
如月六日（1999）「現代の語り手と昔話」『昔話研究と資料27 現代語り手論』日本昔話学会編、三弥井書店
岸辺福雄（1899）『お伽噺仕方の理論と実際』明治の家庭出版社
――（1899）『実験新遊戯』兵庫県師範学校内同窓議会事務所
――（1902）『遊戯的教授法』宝文館
北河賢三（2014）『戦後史のなかの生活記録運動――東北農村の青年・女性たち』岩波書店
金成妍（2010）『越境する文学――朝鮮児童文学の生成と日本児童文学者による口演童話活動（比較社会文化叢書 XVII）』花書院
木村太郎（2007）「倉沢栄吉の口演童話論の内実考」『学芸国語教育研究』第25巻、14－24頁
木村元（2016）「〈シンポジウム1 戦後教育史と近代教育学批判 報告論文〉生きられた学校と近代学校批判」『近代教育フォーラム』第25巻第0号、86－94頁

倉田喜弘（２００６）『芝居小屋と寄席の近代――「遊芸」から「文化」へ』岩波書店
久留島武彦（１９１６）『新文明主義：附・雄弁術』先憂会出版部
――（１９１６）『通俗雄弁術』広文堂書店
――（１９２８）『童話術講話』日本童話協会出版部
黒澤ひとみ（２００８）「松永健哉の校外教育論に関する研究――『児童問題研究』における理論展開を中心に――」『日本社会教育学会紀要』第44巻、31-40頁
国分一太郎（１９６０）『日本の児童詩』百合出版
小林輝行（１９８２）『近代日本の家庭と教育』杉山書店
小山静子（１９９１）『良妻賢母という規範』勁草書房
――（１９９９）『家庭の生成と女性の国民化』勁草書房
是澤優子（２００２）「明治後期の家庭教育における〈お話〉観に関する一考察」『東京家政大学研究紀要』第42巻 第1号、93-99頁
――（２００８）「子どもに語る「お話」の方法論に関する研究――岸辺福雄の口演理論」『東京家政大学研究紀要』第48巻 第1号、67-74頁
坂部恵（１９９０）『かたり』弘文堂
坂本辰之助編（１９４１）『豊島区史』豊島区役所
酒匂一雄編著（１９７８）『地域の子どもと学校外教育――日本の社会教育』第22巻
桜井哲夫（１９８４＝１９９５）『「近代」の意味――制度としての学校・工場（ＮＨＫブックス４７０）』日本放送出版協会
櫻井美紀（１９８６）『子どもに語りを』椋の木社
――（２００７）『心をつなぐ語り――これから語る人のために――』語り手たちの会
佐藤涼子（１９９８）「都市から発した現代の語り／ストーリーテリング」『國文学』第34巻 第11号、１１０-１１２頁
澤田真弓（２００９）『岸辺福雄の思想と実践――遊戯を基盤とした教育――』兵庫教育大学大学院学校教育研究科学校教育専攻教育コミュニケーションコース・２００９年度学位論文
重信幸彦（２００３）『〈お話〉と家庭の近代』久山社
島田剛志（２０１２）「教育的文化活動に関する歴史的考察――口演童話を中心として」『教育デザイン研究』第3巻、58-65頁

週刊朝日編（1988）『値段史年表――明治・大正・昭和』朝日新聞社
白百合大学編（2005）『口承文芸の世界』弘学社
鈴木実編著（2010）『やまがた児童文学の系譜（資料編）――あるいは、その体験的断章』山形童話の会
須藤克三（1934）『忠烈軍神物語』三成社書店
――（1934）『少年少女忠烈軍神物語』三成社書店
――（1935）『一年生オハナシ十二ヶ月』三成社書店
――（1937）『名作物語』三成社書店
――（1938）『学芸会用児童劇珠玉集』三成社書店
――（1940）『学芸会用銃後学校劇新集』三成社書店
――（1940）『らくがき教案簿』三成社書店
――（1941）『国民学校行事劇新集』三成社書店
――（1941）『教室風土記』三成社書店
――（1943）『学芸会用錬成学校劇集』三成社書店
――（1967）『自伝おぼえがき』みどり新書
――（1971）『随筆 山形師範学校』みどり新書の会
――（1972）『カヤ野のスゞメ』みどり新書の会
――（1975）『やまんばのたからもの』あかね書房
――（1983）『ばあちゃんのたからもの』童心社
角尾稔（1979）「『幼年教育』編集をめぐって想い出すこと」『子どもの発達と教育―子ども観と発達思想の展開』第2巻、岩波書店
勢家肇編（1988）『復刻版・久留島武彦著作集』第3巻、出版社記載なし
――（1993）『童話の語り発達史』海鳥社
関敬吾（1981）『関敬吾著作集5――昔話の構造』同朋社
関口進（2001）『大衆娯楽と文化』学文社
高橋勝（2014）『流動する生の自己形成――教育人間学の視界』東信堂

高橋勝・広瀬俊雄編著（２００４）『教育関係論の現在――「関係」から解読する人間形成』川島書店
竹内敏晴（２００７）『声が生まれる――聞く力・話す力』中央公論新社
武田正（１９８３）『日本昔話「語り」の研究』置賜民俗学会
――（１９９２）『日本昔話の伝承構造』名著出版
――（１９９３）『昔話の現象学』岩田書院
――（１９９５）『昔話の発見――日本昔話入門――』岩田書院
田中治彦（１９８８）『学校外教育論』学陽書房
谷敷正光（２００３）「『工場法』制定と綿糸紡績女工の余暇――工場内学校との関連で――」『駒沢大学経済学論集』第35巻 第3号、１-34頁
千野陽一（１９７９）『近代日本婦人教育史――体制内婦人団体の形成過程を中心に』ドメス出版
津高正文編（１９８１）『日本の社会教育・第25集――地方社会教育史の研究』東洋館出版社
土田茂範編著（２００４）『海図のない航路――山形児童文化研究会の五十年――』北の風出版
津曲裕次（２００５）「石井筆子研究――『大日本婦人教育会』との関わり」『純心人文研究』第11巻
土井直子（２００９）「猿江善隣館における隣保事業の展開―同潤会猿江裏町不良住宅地区改良事業に関する検討」『東京社会福祉史研究』第３巻、社会福祉史研究会、１０３-１３６頁
富田博之・中野光・関口安義（１９９３）『大正自由教育の光芒――「芸術自由教育」別巻』九山社
豊泉清浩（２０１５）「道徳教育の歴史的考察（１）――修身科の成立から国定教科書の時代へ――」『教育学部紀要』第49巻、文教大学教育学部、27-38頁
永井聡子（２０１４）『劇場の近代化――帝国劇場・築地小劇場・東京宝塚劇場』思文閣出版
中嶌邦（１９９５）「近代日本の家庭教育――女子教育を中心に」『現代家庭の創造と教育』ドメス出版
中野光（１９７６）『教育改革者の群像』国土社
――（１９７７）『大正デモクラシーと教育――１９２０年代の教育』新評論
中野光・浅岡靖央他（２００３）『教師とは――金沢嘉市が拓いた教育の世界』つなん出版
永嶺重敏（１９９７）『雑誌と読者の近代』日本エディタースクール出版部

滑川道夫（１９７０）『児童文化論』東京堂出版
――（１９９３）『体験的児童文化史』国土社
滑川道夫編（１９８１）『国語教育史資料――運動・論争史』第3巻、東京法令出版
日本学校劇連盟編（１９３８）『日本学校劇集』教文社
日本児童文学学会編（１９９７）『児童文学の思想史・社会史』東京書籍
日本童話協会編（１９８８）『童話研究（復刻版）』第1巻第1号、久山社
日本童話連盟本部（１９２５-１９４１）『話方研究』第1-17巻
日本雄弁学会編（１８７０）『雄弁学講座 上・下』潮文閣
野村純一（１９９８）『昔話の森――桃太郎から百物語まで』大修館書店
――（２００８）『昔話の旅 語りの旅』アーツアンドクラフツ
野村純一・佐藤涼子・江守隆子編（１９８３）『ストーリーテリング』弘文堂
橋本賢助（１９１８）『鳥海登山案内』山形山岳研究会
――（１９１９）『高山之智識』山形山岳研究会
――（１９２５）『光栄に祝して』山形県師範学校
浜田栄夫編著（２００９）『ペスタロッチ・フレーベルと日本の近代教育』玉川大学出版部
表現学会監修（１９８８）『表現学大系23巻――民話の表現』教育出版センター
福田晃編（１９８４）『日本昔話研究集成4――昔話の形態』名著出版
藤田湛水編（１９２２）『お伽の研究』日曜学校研究社
本田和子（１９８９）『フィクションとしての子ども』新曜社
――（２０００）『子ども１００年のエポック――「児童の世紀」から「子どもの権利条約」まで』フレーベル館
牧野篤（２０１５）「分配から生成へ、または省察的関係論的視点へ――教育学のエビデンスを問うために――」『教育学研究』第82巻第2号、２８７-２９８頁
増田周子（２０１３）「明治期日本と〈国語〉概念の確立――文学者の言説をめぐって」『東アジアにおける知的交流――キイ・コンセプトの再検討――』第44巻、３１５-３２６頁

松岡享子（1994）『たのしいお話——お話を子どもに』日本エディタースクール出版部

松美佐雄（1930）『教室童話学——初篇』日本童話連盟

——（1935）「童話一夕話」『話方研究』第11巻 第9号、日本童話連盟

松村一男（1999）『神話学講義』角川書店

真橋美智子（2002）『「子育て」の教育論——日本の家庭における女性役割の変化を問う』ドメス出版

南元子（2007）「子どものための演劇とは何か？——お伽芝居の誕生とその意義」『愛知教育大学幼児教育研究』第13巻、39-46頁

嶺隆（1996）『帝国劇場開幕——「今日は帝劇 明日は三越」』中央公論社

宮澤康人（1998）『大人と子供の関係史序説——教育学と歴史的方法』柏書房

宮本常一（1969）『宮本常一著作集8——日本の子供たち・海をひらいた人びと』未来社

——（1983）『宮本常一著作集別集2——民話とことわざ』未来社

牟田和恵（1996）『戦略としての家族——近代日本の国民国家形成と女性』新曜社

矢口裕泰（1987）『語りの伝承』鉱脈叢書

柳田國男（1938）『昔話と文学』三省堂

——（1942）『こども風土記』朝日新聞社

山形童話の会編（1954-1955）『もんぺの子』第1・3・8号、山形春秋クラブ

山田陽一編（2000）『自然の音・文化の音——環境との響き合い（講座 人間と環境）』昭和堂

山本敏子（1991）「日本における〈近代家族〉の誕生——明治期ジャーナリズムにおける『一家団欒』像の形成を手掛かりに」『日本の教育史学』第34巻 第0号、82-96頁

郵政歴史文化研究会編（2010）『郵政資料館研究紀要 創刊号』日本郵政株式会社郵政資料館

吉見俊哉（2004）『メディア文化論——メディアを学ぶ人のための15話』有斐閣アルマ

Benedict Anderson (19883) "Imagined Communities: Reflections on the Origin and Spread of Nationalism", Verso Editions, and NLB 15 Greek Street, London 〔白石隆・白石さや訳（1987＝1992）『想像の共同体——ナショナリズムの起源と流行』リブロポート〕

Ellen Key (1900) "Barnets arhundrade", Albert Bonniers Forlag, Stockholm 〔小野寺信・小野寺百合子訳（1979）『児童の世紀』富山房〕

Eileen Colwel l（1980）“Storytelling”, Bodley Head Children's Books〔松岡享子・石川晴子・太田典子・柴田晴美・中井登志子訳（１９９６）『子どもたちをお話の世界へ――ストーリーテリングのすすめ』こぐま社〕

Friedrich Fröbel（1826）“Die Menschenerziehung die Erziehungs =Unterrichts=, und Lehrkunst, angestrebt in der allgemeinen deutschen Erziehungsanstalt zu Keilhau”〔荒井武訳（１９６４）『人間の教育（上）』岩波文庫〕

Jane Ellen Harrison（1913）“Ancient art & ritual”, Kessinger Pub.〔佐々木理訳（１９６７）『古代芸術と祭式』筑摩書房〕

John Mcleod（1997）“NARRATIVE AND PSYCHOTHERAPY”, Sage Publications of London, Thousand Oaks and New Delhi,〔下山晴彦監訳（２００８）『物語りとしての心理療法――ナラティブ・セラピィの魅力』誠信書房〕

Jürgen Habermas（1981）“Die Modern: ein unvollendetes Projekt”, in Kleine politische Schriften I-IV, Suhrkamp Verlag, Frankfurt am Main〔三島憲一訳（２０００）『近代 未完のプロジェクト』岩波書店〕

Max Lüthi（1968）“Das europäische Volksmärchen: Form und Wesen”, Utb Fuer Wissenschaft〔小澤俊夫訳（１９６９）『ヨーロッパの昔話――その形式と本質』岩崎美術社〕

――――（1975=1990）“Das Volksmärchen als Dichtung: Ästhetik und Anthropologie”, Vandenhoek & Ruprecht〔小澤俊夫訳（１９８５）『昔話――その美学と人間像』岩波書店〕

Philippe Ariès（1960=1973）“L, ENFANT ET LA VIE FAMILIALE SOUS L, ANCIEN REGIME”, Editions du Seuil, Paris〔杉山光信・杉山恵美子訳（１９８０＝１９８３）『〈子供〉の誕生――アンシャン・レジーム期の子供と家族生活』みすず書房〕

Ruth Sawyer（1942=1962）“The Way of the Storyteller: A Great Storyteller Shares Her Rich Experience and Joy in Her Art and Tells Eleven of Her Best-Loved Stories”, The Viking Press〔池田綾子訳（１９７３）『ストーリーテラーへの道――よいおはなしの語り手となるために』日本図書館協会〕

Uwe Flick（2009）“Qualitative Sozialforschung An introduction to qualitative research”, SAGE Publications Ltd〔小田博志・山本則子・春日常・宮地尚子訳（２００２）『質的研究入門――〈人間の科学〉のための方法論』春秋社〕

Vladimir Propp（1928）“Morfológija skázki”, Leningrad〔北岡誠司・福田美智代訳（１９８７）『昔話の形態学』白馬書房〕

――――（1946）“Historical Roots of the wonder tale”, Leningrad〔斎藤君子訳（１９８３）『魔法昔話の起源』せりか書房〕

Walter J.ONG（1982）“ORALITY AND LITERACY: The Technologizing of the Word” Methuen & Co.Ltd.〔桜井直文・林正寛・糟谷啓介訳（１９９１）『声の文化と文字の文化』藤原書店〕

事項索引

あ行

か行

さ行

人名索引

あ行

か行

さ行

た行

な行

は行

ま行

や行

ら行

わ行

■著者紹介

松山　鮎子（まつやま　あゆこ）

生年：1983年生まれ

現職：公益財団法人　荒川区自治総合研究所　研究員
早稲田大学　非常勤講師
東洋大学　非常勤講師
日本社会事業大学　非常勤講師

最終学歴：早稲田大学大学院教育学研究科教育基礎学専攻博士課程修了

学位：博士（教育学）

主著：

『学習社会への展望 —— 地域社会における学習支援の再構築』（共著、日本学習社会学会創立10周年記念出版編集委員会編、明石書店、2016）

『人生100年時代の多世代共生 ——「学び」によるコミュニティの設計と実装（シリーズ　超高齢社会のデザイン）』（共著、牧野篤編、東京大学出版会、2020）

語りと教育の近代史
― 児童文化の歴史から現代の教育を問い直す ―

2020年10月31日　初版第1刷発行

■著　　者——松山鮎子
■発 行 者——佐藤　守
■発 行 所——株式会社 大学教育出版
〒700-0953　岡山市南区西市855-4
電話（086）244-1268　FAX（086）246-0294
■印刷製本——モリモト印刷㈱

ISBN978-4-86692-097-9